本書出版得到國家古籍整理出版專項經費資助

元明史料筆記叢刊

宦夢録　館閣舊事

〔明〕黄景昉 撰
朱曦林 點校

中華書局

圖書在版編目(CIP)數據

宧夢録;館閣舊事/(明)黄景昉撰;朱曦林點校. —北京:中華書局,2022.3(2024.2重印)
(元明史料筆記叢刊)
ISBN 978-7-101-13412-4

Ⅰ.宧… Ⅱ.①黄…②朱… Ⅲ.①筆記-中國-明代②中國歷史-史料-明代 Ⅳ.K248.066

中國版本圖書館CIP數據核字(2018)第198370號

責任編輯:劉 明 汪 煜
責任印製:陳麗娜

元明史料筆記叢刊
宧夢録 館閣舊事
〔明〕黄景昉 撰
朱曦林 點校
*
中華書局出版發行
(北京市豐臺區太平橋西里38號 100073)
http://www.zhbc.com.cn
E-mail:zhbc@zhbc.com.cn
北京新華印刷有限公司印刷
*
850×1168毫米 1/32 · 13½印張 · 2插頁 · 240千字
2022年3月第1版 2024年2月第2次印刷
印數:3001-4200册 定價:48.00元

ISBN 978-7-101-13412-4

前言

黄景昉（一五九六—一六六二），字太穉，又字可遠，號東崖，福建晉江人。景昉生於儒宦之家，自幼好古能文，萬曆四十三年（一六一五）舉乙卯科鄉試，中天啓五年（一六二五）乙丑科進士，考選爲翰林院庶吉士。時值魏忠賢亂政，景昉憂憤無仕宦意，遂告假還家。崇禎改元，景昉還朝，授爲編修，後歷任詹事府左春坊左中允、左諭德、右春坊右庶子、少詹事、詹事，署掌詹事府事。崇禎十四年（一六四一）京察，景昉奉有「學行素優」之旨，以原官改掌翰林院印。崇禎十五年（一六四二）五月，會推閣員，景昉名列第二，復以召對稱旨，升任禮部尚書兼東閣大學士，並題充實録、會典總裁官，同知經筵日講。翌年，加授太子少保，改户部尚書、文淵閣大學士。未幾，因多次諫諍，觸忤崇禎皇帝，不得已在同年九月上疏乞休。

隆武元年（一六四五），唐王聿鍵即位于福州，以景昉「敏慎宏亮，才堪救時」，特遣專使陳翔力聘其復職。翌年，因鄭芝龍暗通清廷，盡撤關隘之兵，致使清軍長驅入閩，景昉知時局無可挽回，再次致仕。自是，景昉杜門謝客，決意終隱，惟以著述爲事。康熙元年（一六六二）七月，卒於家，享年六十有七。易簀之夕，景昉仍心念故國，口占二詠：「國亡身合殉，家破弟先歸。

傷心陵北望，松栢不成園。」「嬉遊皆假合，啼笑亦隨緣。耿耿孤明處，佯狂二十年。」絶筆而逝。

黄景昉畢生著述甚豐，據其晚年自述，「總數百萬言」，但存世至今的屈指可數〔一〕。其中除《國史唯疑》經熊德基、陳士楷先生整理點校外，其餘著作多未經整理。《宦夢録》、《館閣舊事》是黄景昉的生平自述，其中的内容主要涉及明季的史事。由於崇禎朝無實録，而這二種著作又主要是黄景昉在啓、禎兩朝的親見親聞，其文獻價值尤爲凸顯，故此次整理即圍繞這二種著作進行。

一

《宦夢録》，亦題《自叙宦夢録》（本文所引統稱《宦夢録》），全書共四卷，分條記述：卷一，一百三十條（實計一百二十九條）〔二〕；卷二，一百二十條；卷三，一百二條；卷四，一百五條，實計共爲四百五十六條。記述的時間「始乙卯，訖癸未」，即始于黄景昉鄉試中舉，止於致仕；著述意圖上，黄景昉認爲與「宋歐陽永叔《歸田録》似矣」，即「朝廷之遺事，史官之所不記，與夫士大夫笑談之餘而可録者，録之以備閒居之覽也」〔三〕；内容上則「間得自同里同朝同籍同官所見所聞，或以册封主試，旁采風謡，或於掌院署簷，詳繙典故，以及講幄之所賡颺，綸扉之所票擬。主恩國論，世態物情，備載其中」，即黄氏在此二十九年間的所見所聞及其立朝作爲，但細讀該書，可發現實則以其立朝十九年間的事蹟爲主。

存世的《宦夢録》版本，據《中國古籍善本書目》、《羅氏雪堂藏書遺珍》前言、《北平圖書館善本書目》、《中國善本書提要》、《晚明史籍考》及《原國立北平圖書館甲庫善本叢書目録》可推測應該有兩種版本，其一，是王重民先生、謝國楨先生在北平圖書館所見，現藏於臺北故宫博物院的舊抄本（以下稱「臺北本」）〔四〕；其二，則是由羅振玉先生收藏的《羅氏雪堂藏書遺珍》本（以下稱「雪堂本」），現藏於遼寧省圖書館。

雪堂本〔五〕與臺北本〔六〕在板式上相同，都是每半頁「九行二十五字」，但存在以下幾點不同：第一，所鈐印章不同，雪堂本在自序部分及卷一首頁鈐有「偶園居士」、「魏唐金氏筱眉印」、「魏唐金氏偶園珍藏」、「羅繼祖印」等印章，而臺北本則鈐有「四明盧氏抱經樓藏書印」、「延古堂李氏珍藏」等印章；第二，從字體上看，以卷一首頁爲例，如「叙」、「初」、「廉」、「亦」、「歸」等字，兩個版本寫法明顯不同，並且臺北本相對於雪堂本書寫更爲工整；第三，内容上，臺北本比雪堂本多出三十五條按語〔七〕，如卷四「西協總兵唐通疏侵薊督趙光忭」條後，增入「文臣凌壓武，在承平時則然，兵興以來，武臣寖驕蹇，非復向時卑靡矣。上意偏右鎮將，終是矯枉過正，然非弼直如先生，亦何敢犯顔苦諍乎」〔八〕；第四，從附録和題跋上看，雪堂本卷末附有《夜問九章》、《屏居十二課》（文末還附有林胤昌、高兆、徐釚三人所作的跋文）、《紛紜行釋》八首、《金陵歎釋》二首、《三山口號釋》二首，而臺北本卷末則無附録及跋文〔九〕。

《宦夢録》的流傳，據雪堂本附録的題跋可梳理出最初的流傳情況，全録高兆、徐釚跋文如下：

（《宦夢録》）湘隱先生著撰，嘗從其長公元虚教授所借觀請鈔，教授許刻成寄貽，遂載之豫章。越二載，教授客死，書散逸。吾友郭君殿見于延平，語余。訪之，僅得此四卷，命用溪納環峰鈔歸，爲之三嘆。己巳（一六八九）六月七日，高兆識。

辛未（一六九一）夏，余客三山，曾從侯官高固齋所鈔得黄相國東崖《國史唯疑》□卷，今又借鈔此本，已三年矣。時康熙甲戌（一六九四）六月再游閩中記。菊莊徐釚。

跋文中的長公元虚，即黄景昉長子黄知白〔一〇〕。從跋文中可知黄景昉卒後，著作由其子知白保存，並曾謀求將之刊刻，但不幸客死異鄉，書稿隨之散逸。而後在康熙二十八年（一六八九）由高兆將之訪得，徐釚又在康熙三十三年（一六九四）重游福建時將之過録。而關於黄景昉書稿散逸的原因，傅燮詷在《國史唯疑》跋文中曾提及，可資補充：

未授梓人而公（黄景昉）捐館。久之，公之令嗣攜是書及他著作十餘種出遊四方，幸謁故舊，欲謀不朽計，迄無所遇。間有一二投贈，又不足供其纏頭之揮霍，竟至狼狽而歸，途窮無告，乃典是書於延津質庫。迨後榕城學士有知之者，備價購回，好事家轉相抄寫，然亦不過三四人耳，不特多也，咸珍重密藏以爲帳中之秘，往往不肯輕以示人……然黃公立長之業，誠可不朽，不可不爲之廣其傳，若輕以示人，亦似有不可者，在審其人爲何如人，以斟酌焉而已……遭令嗣棄之延津，落賈人之手，幾不可再得，又何如其不幸也；榕城士人購得而轉録之，不可謂之不幸〔一一〕。

傅燮詷的跋文是過録《國史唯疑》時所作，關於黃景昉著作的流傳亦當聞之于高兆，雖然二人説法相似，但傅燮詷的跋文有助於更清晰地釐清《宦夢録》的流傳經過：黃景昉卒後，其子知白欲籌資將其著作付梓，攜黃氏「著作十餘種」訪尋故舊，但「間有一二投贈，又不足供其纏頭之揮霍，竟至狼狽而歸，途窮無告」，不得已將黃景昉的著作典當於延津，所以傅燮詷説：「遭令嗣棄之延津，落賈人之手，幾不可再得，又何如其不幸也。」不久，黃知白「以丁艱補大田學」，未就任而卒〔一二〕，黃景昉著作也就存於延津當鋪之中。由於高兆是黃景昉的「高足弟子」〔一三〕，在跋文中出於爲親者諱，僅云「教授客死，書散逸」，而不言黃景昉著作爲其子所典當。此後，在友人幫助下，高兆將之訪得，所謂「迨後榕城學士有知之者，備價購回」與高兆跋文中「吾友郭君殿見于延平，語余。訪之，僅得此四卷」，雖言二書，當指一事，「榕城學士有知之者」即指高兆。而後徐釚在康熙三十三年從高兆處抄得。據雪堂本首頁所鈐印章，可推測此書曾輾轉爲魏塘金安清所收藏，最後才爲羅振玉收藏，雪堂本《宦夢録》很可能就是徐釚的抄本。吴壽暘《拜經樓藏書題跋記》對《宦夢録》的描述與雪堂本一致，但吴騫所收藏的是否即是這個本子，則仍有待考證。

臺北本《宦夢録》，因有「四明盧氏抱經樓藏書印」、「延古堂李氏珍藏」等印，則盧址〔一四〕及天津延古堂李氏皆曾收藏過該書。但如前所述，臺北本在内容上與雪堂本存在差異，所以臺北本與雪堂本是兩個系統的抄本。由於臺北本無題跋，故而盧址從何處抄得〔一五〕，又何以爲延古堂李氏所收藏，則仍待考證。但從現存抄本及清人題跋來看，該書在清代的流傳並不廣，直至乾隆年間，私人藏書目録和《泉州府志》、《晉江縣志》中才見著録該書。

二

關於《宦夢録》的成書時間，據卷首黄景昉的自序，可知作於甲申之變後，但具體成書於何時，則只能借助序文中所提及的幾個時間點作進一步梳理：

首先，序文寫道：「余以癸未秋謝政歸，逼臘抵里。越歲春，忽國變聞，意皇甚，忽忽無生。稍間，收召魂魄，因追叙余平生交遊。始乙卯，訖癸未，爲《宦夢録》四卷。……既復思歲月如流，時代已革，失今輟筆，後世何聞焉？噫！此《宦夢録》之所爲作乎！作去年十五六年，覺彼時投簪未幾，心力方壯，每一披尋，歷歷如睹，不然將併其人其事忘之。」（《宦夢録自序》）從此句推測，《宦夢録》作于甲申之變後不久，但序文很可能是補作於《宦夢録》完稿後的十五、六年。

其次，據《家譜》記載，黄景昉卒于康熙元年（一六六二）七月，則補作該序文的最遲下限即在康熙元年。而據「作去今十五、六年」一句上推，則《宦夢録》的至遲完稿時間在順治三年（一六四六）、四年（一六四七）。雖然黄景昉曾在順治二年（一六四五）十一月至三年（一六四六）八月間短暫復出任職于隆武政權，但據序文中「覺彼時投簪未幾」和「稍間，收召魂魄，因追叙余平生交遊」追溯寫作緣由的一句，則「投簪未幾」當指崇禎年間的致仕，而非隆武年間。因此，筆者認爲《宦夢録》作于甲申之變後不久，至遲在其復出之前完稿，即完稿于順治二年十一月之前。

最後，黄景昉在「甲申後十有三年」爲家譜所作的《睦宗十二志序・宗才志》中未見著録《宦夢録》，同爲晚年著作的《屏居十二課・著書》也未見著録。筆者推測，很可能是由於該書的内容涉及明代崇禎年間史事，而不便將之示人，故而在自述著作時不提及該書〔一六〕。

通過上述的梳理，雖然未能確定《宦夢録》的準確成書時間，但可知以下史實：該書作于甲申之變後不久，並且成書時間不會很長，即作於崇禎十七年（一六四四）三月之後，而完稿于順治二年（一六四五）十一月之前，序文則補作于成書後的十五、十六年。又據黄景昉《甌安館詩集》卷三十《變聞大臨》所云「三月凶音五月聞，迢迢閩嶺隔燕雲。興亡舊例今翻覆，覆國驚看到聖君」，則其聽聞國變之事，已經到了甲申五月，那麽《宦夢錄》之作當在「五月」之後。成書後，因書中内容涉及明季史事，並認爲與歐陽修的《歸田録》相似，故而黄景昉不願將此書示人，在自述著作時也未提及該書。

三

崇禎朝無實録，史事多有缺載，而黄景昉的仕宦經歷幾與啓、禎兩朝相始終，《宦夢録》即是其爲官十九載的見聞，並且黄氏長期任職于翰林院、詹事府，在崇禎末年更是以禮部尚書兼東閣大學士入閣，故其見聞亦非一般官員所能悉知。梳理《宦夢録》一書，其價值主要體現在如下幾個方面：

第一，補正黄景昉之生平。現存對黄景昉生平的記述以《檗谷黄氏家譜·景昉公傳》爲最詳，凡家世、生卒、升遷、宦績、著作皆備載其中，不過由於傳記類文獻的體例所限，内容稍顯簡略，而《宦夢録》的記載則起到補充作用。如崇禎十五年（一六四二），黄景昉偕閣臣施救劉宗周一事，《家譜》僅記：「於是偕諸輔臣，手奉御批，躬入面奏，以律有七十收贖之條，求免送刑部。上俯手接批，思移時，改云：『姑念輔臣伸救，革職爲民，免其擬罪。』」[一七]《宦夢録》中則詳述此過程：

亟語首揆周公，宜留批面奏。周慮文書官不肯授，難之。余躬請之文書官，曰：「旨漫抄發，暫留此，少頃再召，閣中尚有所陳。」適其人年少和雅，答云：「容詢敝堂翁可否？」嗣聞司禮王公意亦緩。於是上張燈再御，周公兩手恭奉批，余輩同入，跪案前奏：「劉某罪自難辭，念已老，律有七十以上收贖之條，伏望聖恩免其刑部擬罪。」言再三。上徐曰：「果已七十乎？」對：「誠然。」上略起，俯手接批，思移時，改云：「姑念輔臣申救，奏其已老，著革了職爲民。」衆叩頭出。噫！當日亦殊費苦心，有封還詔書遺意，誰知之者。（《宦夢録》卷三）

而黄景昉的致仕，史書中多歸結爲：由於時局日非，黄景昉已懷去志，又因揭争「南京操江專任誠意伯劉孔昭」和「惠世揚削籍」事，而觸忤崇禎皇帝，不得已連疏引歸〔一八〕。此記載雖不誤，但失於簡略。《宦夢録》中黄景昉結合時局，記述其致仕緣由：從揭奏唐通疏劾趙光抃事「始失上意」，到崇禎皇帝否決其票擬「罰俸」以留陳燕翼而造成「所處光景有岌岌不可再留之勢」，再到因「黄澍按楚」事爲毛士龍説情而「謀去益決」；而後，由於揭救惠世揚削籍、力争操江獨任劉孔昭、推任南京守備官等三事，並因吏部「起廢復官疏」多由其草擬，而此前又曾疏救吏部尚書鄭三俊及爲其同門趙光抃揭奏唐通，令崇禎皇帝懷疑其有黨比形跡，加深了對其不信任，故而批諭也「非復如平日温藹氣象矣」；最後，崇禎皇帝更是在黄景昉直閣時，通過增加票擬量欲以「鞅掌見困」，並越次點用魏藻德主考會試，以示不信任，令其自去，以致黃景昉有「不啻以日爲歲」之感，最終使其不得不執意求去。

另外，《宦夢録》的記載亦可糾正有關黃景昉生平記載的舛誤之處，如《明史》本傳所載「時庶常停選已久，景昉具疏請復，又請召還修撰劉同升、編修趙士春，皆不報」〔一九〕。以《宦夢録》的自述與之比對，則發現《明史》所言「皆不報」，不確。其中，疏請起復趙士春、劉同升一事，黃景昉在崇禎十四年時，因「念前後輩廢謫多」，已與吏部尚書李日宣密商，「自羅公喻義而下得九人，各詳開履歷予之」。崇禎十五年正月，崇禎皇帝諭令李日宣將奏請起廢諸臣「自崇禎元年以來並列之」〔二〇〕，此時，黃景昉「先爲項公煜、劉公同升、趙公士春疏請復官」。雖然趙士春、劉同升没有當即復職，但在是年九月皆以原官先後復職〔二一〕。而恢復庶吉士考選一事，黃景昉云：

余疏末附言：「起居注體宜正，庶吉士官宜復。」旬月，忽得旨允行，蒙御筆字字加圈。時考選，諸推知鱗集，渴望館員，怒甚，即前自推知改入者亦不便余言。楚廖公國遴首造余，詰何主意，且欲率同考諸公俱見過，意示要脅。余正色答之，不爲動。是歲，竟罷館員議，因有癸未庶吉士之選。此官廢十二年矣，始自余復。（《宦夢録》卷二）

從黃景昉自述可知，疏請恢復庶吉士考選與起復趙士春、劉同升爲同一奏疏。其中，廖國遴即在崇禎十五年三月的考選之列〔二二〕。考選館員，舊例由「一甲進士除授及庶吉士留館授職」〔二三〕，因鄭以偉票擬將「何況」二字誤爲人名，而受到崇禎皇帝的詰責〔二四〕，「自是詞臣爲帝輕，遂有館員須歷推知之諭，而閣臣不專用翰林矣。」〔二五〕此後，崇禎七年（一六三四）、十年（一六三七）皆不從新進士中考選庶吉士充當館員，而從「俸深候考知、推」中選授。據《宦夢録》的記載，黄景昉疏請恢復庶吉士考選，得到崇禎皇帝的應允，並在崇禎十五年九月諭令恢復考選庶吉士〔二六〕，從崇禎十六癸未科新進士中考選庶吉士〔二七〕。故此，《明史》説「皆不報」，亦不確。

第二，補充明季史事缺載、未詳之處。首先，是補充明季史事之未詳，如對崇禎十三年（一六四〇）庚辰科殿試和「庚辰特用」的記載，該科殿試與以往稍有不同，以往殿試以「對策」定名次，此科在「對策」之後，將選中的應試者召對面問，《宦夢録》記道：

庚辰廷試，上就中選四十人入對，自鼎甲外，優補科、道、吏、兵部屬。有進士某，試牘偶忘提頭，旋追改，塗注滿紙，亦與選中，得御史。時方急材，不復以區區帖括爲意矣。同邑蔡公肱明，臚傳首二甲，應授禮曹，竟從新例改兵曹，亦稱異事。（《宦夢録》卷三）

此科選中召對者，如「試牘偶忘提頭，旋追改，塗注滿紙」亦被選中，而不似初年嚴苛。並且召對稱旨者，即「優補科、道、吏、兵部屬」，不必再歷觀政。同時，黄景昉提到「同邑蔡公肱明，臚傳首二甲，應授禮曹，竟從新例改兵曹」，其中「應授禮曹」即舊例「二甲第一名例除禮部主事」，而「從新例改兵曹」則因「時中外多警，上雅意邊才，議以樞密席禮曹之上」〔二八〕，所以二甲第一名授兵部主事而非禮部。

關於「庚辰特用」，此前曾因清人李周望《國朝歷科題名碑録初集》的影響，長期被誤置於「崇禎十五年壬午科」，《宦夢録》中的記載亦足資考證：

> 庚辰廷試……會試後，舉人乞恩就教，忽有旨，槩授部屬、推知，其廷試貢士亦選百餘人，一體擢用。閣臣陳公演揭請，上手報數百言，有「贊襄在卿，威福惟辟」之語。諸人輒自稱「庚辰特用」，請釋褐，豎碑，窮鄉俚傳，或呼「御進士」，至有給假家居公用進士冠服者，尤可怪也。余後在閣見江右一舉子疏，自詡「榮均及第」，駁之。比旨下，已從删削，知聖意不欲人議及。（《宦夢録》卷三）

據此記載可證「庚辰特用」即在崇禎十三年，而並非在崇禎十五年。而對「庚辰特用」，崇禎皇帝持以「聖意不欲人議及」的態度，在當事人史惇的記載中即可窺見：「特用諸人亦自謂盛典，於是史惇等上疏，請援進士例，謁文廟、行釋菜禮，並立石題名二事。下禮部議，已具覆矣。費縣閣臣張四知票旨不允，上大怒，盡行抹去，不發改票，御筆直批：『這所請謁廟、立石俱依議行。』然後外廷無敢嘩者。」〔二九〕崇禎皇帝不顧閣臣對此有異議，故而不發内閣重票，直接御批議行。而崇禎皇帝删削「庚辰特用」舉子自詡「榮均及第」的舉動，正如張自烈所言「此又明旨之不可以告中外臣民者也」〔三〇〕，看法與黄景昉亦同。黄景昉作爲庚辰科殿試的「廷試受卷官」，庚辰科殿試人數、召對情形皆其所親見，故記載詳備，足資參考。其次，是填補明季史事之缺載。如對黄道周坐贓的記載則獨見於《宦夢録》，關於黄道周坐贓事，書中記道：

少司寇惠公世揚久經摧折，乍到，衣冠古樸，舉止生疎，具有先輩典型。初爲黄公解網計甚力，值其門人陳公新甲在中樞，必欲坐贓，必注定辰州戍，亦弗能移也。（《宦夢録》卷二）

據此可知二事，其一，陳新甲爲惠世揚門人；其二，黄道周坐贓、戍辰州皆緣于陳新甲。黄景昉此處並未解釋陳新甲何以欲陷黄道周坐贓，但考之《明史》，黄道周曾在崇禎十一年（一六三八）六月彈劾楊嗣昌、陳新甲，即可知此事之緣由，黄道周認爲：「古有忠臣孝子無濟於艱難者，決未有不忠不孝而可進乎功名道德之門者也……我朝自羅倫論奪情，前後五十餘人，多在邊疆。故嗣昌在邊疆則可，在中樞則不可；在中樞猶可，在政府則不可。止嗣昌一人猶可，又呼朋引伴，竟成一奪情世界，益不可。」〔三一〕崇禎皇帝最終未用其言，而起用楊嗣昌、陳新甲。黄道周繫獄時，楊嗣昌、陳新甲蒙眷而不救，至周延儒復相，楊嗣昌雖已卒，陳新甲恰爲兵部尚書，鑒於此前不救黄道周，此時令其「坐贓」亦非不可能，因而有爲黄道周「醵金輸納」

事：「譾上，黄公等得免死，各遠戍，黄加永遠，坐贓五百餘，諸同志陰醵金輸納，不使黄知也。」（《宦夢録》卷二）黄景昉親歷此事，關於黄道周「坐贓」事的記載當亦不誤。此外，《宦夢録》中關於崇禎皇帝在學識方面的記載以及崇禎皇帝諸子的記載也爲他書所不經見，足資參考。

第三，揭明季史事之隱諱。如孫承宗殉難未得恩恤，史書對此説法不一〔三二〕，黄景昉則認爲因其「違忤」崇禎皇帝之意所致：

樞輔孫公承宗自關寧歸數載，會事急，即家召入，先遣巡閲城守，比面對，稍拂上指，趣遣守通州，竟未一莅閣任也。時賊騎充斥，公自募數十丁行，夜抵通，城閉，呼炬自縋入。未幾，以築大凌城議罷。公高陽人，丙子邑陷，闔家殉節，恩䘏久稽，猶因前違忤故。（《宦夢録》卷一）

黄景昉的説法考之《明史》可見其端倪，崇禎皇帝在詢問孫承宗方略後即説道「卿不須往通，其爲朕總督京城内外守禦事務，仍參帷幄」，但次日即「傳旨守通州」〔三三〕。而以崇禎皇帝對大臣「一言合，則欲加諸膝」〔三四〕的性格，不至於頃刻間即改變，實則在其召對問答時，孫承宗已不得上意，故而次日即令其出守通州。《畿輔人物志》亦記：「中外聞公之出也，皆驚而相告，尚書李騰芳、鄭以偉，講官羅喻義要衆伏闕請留。」〔三五〕可見大臣對於孫承宗出守通州亦覺突然。而從大臣伏闕請留，未能獲允，亦可推測其出守通州是出自崇禎皇帝之意。錢謙益對此説道：「事秘，人莫得知，知者亦莫之敢指，斯其故難言之矣。」在其殉難後，崇禎皇帝諭道：「故輔承宗，罵賊死義，慘及闔門。朕心殊惻。該部其從優議恤。」但「部覆疏上，詔止復原官，予祭葬，而贈蔭易名，皆未許」，此規格「視他閣臣考死牖下者有不逮焉」〔三六〕。此事在許多史料中都被認爲是「當國者主之，非上意也」，但薛國觀敗後，也未見封贈，因而黄景昉認爲孫承宗「違忤」之説實爲有據。

再如，趙光抃之戮，論者皆以爲冤，但黄景昉則認爲必然，《宦夢録》載：

> 薊督趙公光抃自戍罪釋用，未受事，寇已大入，率各總兵逐寇。過都門言：「諸將願一望清光，求賜對，假之顔色。」上悦，如所請召見，命光禄寺備宴，閣臣陪，具儀衛以待。踰午不至，忽疏稱：「總兵白廣恩赴召，垂入城，有密言于馬首云：『召非佳意，疑即席擒之。』廣恩懼，奔還。慮他變，臣立馳詣其營，慰安之，召未能赴。」舉朝愕然，不得已改諭邊報急，諸將免召見，筵席牛酒等物仍賚賜。緣廣恩職鎮薊門，有失信地罪，方自危，憸弁得乘機要嚇，顧所傷國體多矣。上所爲深憾趙，卒置之法坐是，非外廷耳目所知。（《宦夢録》卷三）

此事趙光抃使崇禎皇帝顔面盡失，「所傷國體多矣」，其與范志完同誅，究其因實由此事而起。不久，唐通疏侵趙光抃，黄景昉票擬駁之；而後，雷演祚、吴履中及蔣拱宸皆彈劾范志完而爲趙光抃奏辨，使崇禎皇帝疑爲有朋比行跡，而崇禎皇帝「憾范志完輕、趙光抃重」，並鑒於此前白廣恩事，故而將趙光抃與范志完同誅。白廣恩事，黄景昉時以閣臣陪侍，故記載詳於他書；唐通疏侵趙光抃，票擬批駁出自其手，爲他書所不載；而對趙光抃致戮之所由，崇禎皇帝疑大臣黨護趙光抃之心態，則可補《明史》之未詳，揭趙光抃必然被戮之隱諱。

此外，《宦夢録》中不乏制度、大臣、風俗、詩文、制敕等方面記載，並且多爲黄景昉所親見，在此再以制度方面的記載舉隅：明代票擬制度「弘治、正德以迄萬曆初成首輔把持事例，萬曆中復歸於同官『協恭』，天啓中始行分票，抵崇禎十年，復令閣臣票擬屬名」〔三七〕。《宦夢録》中對於崇禎年間的票擬情形屢有記載，如「進賢傅公冠……在閣日，嘗分票疏章」（卷二），傅冠在崇禎十年八月入閣，十一年八月致仕〔三八〕，除在崇禎十一年六月至八月間短暫位居次輔外，在閣中排名並不靠前，但同樣獲得了票擬權。與傅冠相似，黄景昉自崇禎十五年六月入閣至其致仕都未曾任首、次輔，但仍有票擬之權：

> 蔣公遺祭國雍，余獨守閣。是日疏最多，余手票六十餘本，他汎嘗出旨者不與焉，殆百餘矣。
>
> 方周公在事，遇吏部起廢復官，疏多委余，不知何意。如許公譽卿、蔣公允儀、張公采等，俱經余擬旨釋用。（《宦夢録》卷四）〔三九〕

據此，則崇禎年間内閣的票擬延續着天啓年間的分票制度，凡閣臣皆有票擬權，並且從

「方周公在事，遇吏部起廢復官，疏多委余」一語，可推知首輔對票擬有選擇權和委任權。崇禎初年，章允儒曾上疏：「自魏廣微交結逆璫，專擅票擬，一時輔臣，依阿澒涊，而中旨奪封駁之權，至黄立極專取易者與己，難者與人，而票擬乃分，後遂爲固然。」〔四〇〕可見自天啓年間首輔已有票擬選擇權，而直至崇禎末年，黄景昉爲内閣大學士時仍遵循此例。

通過以上的梳理，可以看到《宦夢録》中關於明季史事的記載多不見於其他史書，而見於其他史書的記載，《宦夢録》所記更爲準確且詳備，特别是在補正黄景昉之生平、補充明季史事及揭示明季史事之隱諱等方面，具有較高的史料價值。並且從本文所舉隅的數則來看，除黄景昉所親見親歷之事外，考之《明史》、《國榷》及其他明季史籍，其餘的記載或多或少都能找到印證之處，這也從另一個側面佐證了《宦夢録》記載的可靠性。

四

如果説《宦夢録》是側重黄景昉個人經歷的自述，那麽《館閣舊事》則是黄景昉對其所見内閣規制的記録。該書的成書時間，由於史料的闕如，尚難論定，但書中黄景昉曾云「聞南海、宜城、曲沃三家禍尤慘」，其中曲沃即李建泰，於清順治七年（一六五〇）因反清被誅，故是書之成當晚於此時。

關於《館閣舊事》的撰著緣由，黄景昉在書中曾説：「憶乙酉冬，余將詣三山，刻有《内閣典儀》，題其端云：『兩都傾覆，故籍無存，視此恍漢官威儀，爰付梓人，以示吾邑之後來居此者，抑爲廊廟諸公言耳。山林中那復關是？呼牛呼馬，直應之矣。』茲《館閣舊事》成，亦同此意。」可見是書的撰寫即旨在保存明代内閣之故實，故凡其在内閣之所見、所聞皆備載其中。如《明實録》的舛誤，明清兩代學人曾多有批評，在書中，景昉則記載了《實録》的編纂過程及其致誤之緣由：「《實録》所資，惟六曹章奏及科抄，邸報。事本闊略，纂修官才識有限，爲總裁者復漫無留心，篇中重出錯見，誤難縷舉。如『流星西南行近濁』，『濁』訛作『蜀』；『攻我矣蘭箇舍等寨』，按，『矣蘭箇舍』□寨名，輒圈『攻我矣』三字爲句，得乎？學淺才疎，真不能辭其咎也。」

又如經筵日講制度，在相關政書中雖已有明文的記載，而是書中黄景昉則通過他的講筵經歷，從講官的數量、進講的流程、講筵的地點、講官的着裝等方面詳細記述了崇禎朝經筵日講的具體規程。其中關於講官的講授情形，他記道：「既上殿分班，隨中堂入殿屏後，於穿殿門旁立，上呼『先生每進來』，同俯躬承旨入，行叩頭禮。中堂爲一班，講官爲一班，東西退立，候舉案。當講官一躬出班，進近御案前，一躬向左，盤旋三步至案，取所講書展開，用金尺壓定，或壓上，或壓旁，八字斜安俱可，以右手俯靠案，左手執紅牙籤，讀本文二遍，方講。」「讀時，籤指書某句，以次移下，講如之。講本章完，略起以大意□□，間及時事。既畢，就案掩書，壓金尺，籤置書旁，頭向上仍一躬，盤旋三步，退就本班。次講者如前儀，進退俱矩步行，有慮退背聖躬，作邪行者，僉謂非體。」

復如詹事府、翰林院、文淵閣三印，其款式、用途各有不同，黄景昉則以其署篆的經歷詳述三者的差異：「詹事府印，永樂二年造；翰林印，正統六年造，俱銅鑄。詹印稍加鉅，用紫粉，院印間用朱，移各衙門，有寫銜不寫銜，僉名不僉名之分，具詳《典故》。余於崇禎庚辰年，以學士掌院署詹，得兼視二篆。」「文淵閣銀印，玉箸篆，用密封章揭，直達御前，不以下諸司也，下諸司用翰林院印。崇禎壬午冬，宜興周公以元輔出視師，請攜文淵閣印行，許之，閣中用翰林印者累月，爲從來未見之事。噫！獨無可另給者乎？」

另外，在《館閣舊事》中也有對崇禎朝弊政的批評，如崇禎七年定議庶吉士考選「須歷推、知」的做法，黄景昉就認爲其弊端有四：「以學，庶吉士初釋褐，鉛槧尚親，推知久困案牘間，素業荒盡；以人，庶吉士如未字女、未雕璞，推知於宦途徑竇全熟，營求已慣；以味，庶吉士泊然耳，推知經五六年，身家肥足；以體，詞林踞省、臺、銓三衙門上，今多爲推知薦師選師，見側坐，行避馬，成何規矩？遇崇禎甲戌、丁丑間，動更張自喜，久興闌，癸未尋復舊制，顧於時無及矣。」此外，書中關於鄉試會試的閲卷録取、閣臣的考選、閣員的值宿、票擬的流程等記載，對於探究明季的館閣制度，實爲不可多得的材料。

五

現已知《宦夢録》的存世版本有兩種，即現藏於臺北故宫博物院的舊抄本（臺北本）和現藏於遼寧省圖書館的《羅氏雪堂藏書遺珍》本（雪堂本），兩個版本的差異之處，前文中亦已詳述。《宦夢録》成書之後，由於書中内容涉及明季史事，黄景昉生前不願將之示人，逝世後其子又謀刻不果，因此該書在清代流傳不廣，著録鮮稀，後人獲見不易，亦未曾有人予以校勘，故兩種鈔本的訛誤之處頗多。但若以書中内容和鈔傳時代的先後論，則以雪堂本爲佳，因而此次整理即以雪堂本爲底本（篇名從底本），以臺北本爲校本，並將臺北本多出之案語以【】標識補入。

至於雪堂本後所附《夜問九章》、《屏居十二課》等，在整理時從舊置於《宦夢録》之後。需要説明的是，由於《夜問九章》、《屏居十二課》二種除了雪堂本以外，尚有乾隆年間金忠淳輯刻的《硯雲甲編》本（該本將《夜問九章》附於《屏居十二課》之後，另有金忠淳跋文，《叢書集成初編》曾據該本排印）。故此次整理《夜問九章》、《屏居十二課》，還參校了《硯雲甲編》本，參校所得校記，均以尾注形式説明於後。爲了更便於讀者了解《夜問九章》、《屏居十二課》二種之性質，二本中原有的林胤昌、金忠淳所撰跋文一併收入，附在文末。

《館閣舊事》存世的僅見清抄本一部，現藏於國家圖書館，《中華再造善本叢書》曾將之影印出版。是書凡二卷，每半頁九行二十四字，末附《玉堂三考》、《桐郡四徵》、《追舊十志》、《連棲五懷》、《砭俗八針》等五種雜著。此次整理，即以《中華再造善本》影印的清抄本爲底本，原書所附整理時一仍其舊。至於有疑誤、缺漏之處，則參以相關明代史書及黄景昉《宦夢録》爲之補正，難以考證之處則仍存闕疑。

值得注意的是，據《屏居十二課》之《著書》記載，黄景昉曾撰有雜著《三攷》、《四徵》、《五懷》、《六化》、《七遺》、《八鍼》、《九説》、《十志》、《十二課》、《十五繹》等，今存雪堂本《宦夢録》後之《屏居十二課》，清抄本《館閣舊事》後之《玉堂三考》、《桐郡四徵》、《追舊十志》、《連棲五懷》、《砭俗八鍼》五種，或即是雜著中的《三攷》、《四徵》、《五懷》、《八鍼》、《十志》、《十二課》六種（《夜問九章》是否即雜著之《九説》，待考），照道理應重新編次。然而從雪堂本《宦夢録》與清抄本《館閣舊事》之鈔撮痕跡考察，鈔手將黄氏雜著附在二書之後，是有意爲之，故此次整理，一仍其舊。

本書後附有《黄景昉詩文輯存》、《黄景昉傳記資料彙編》、《黄景昉年譜簡編》等三種資料。這三種資料，是整理者在閲讀和研究過程中所搜集整理的零散材料，此次結集作爲本書的附録，以便於讀者進一步了解黄景昉的生平及著述。另外，《詩文輯存》部分中的序跋、尺牘一類，除原有標題者外，皆爲整理者根據文中内容擬定。

本書得以出版，要感謝衆多師友的提攜和襄助。首先要感謝中國社會科學院文學研究所劉躍進先生的鼎力推薦，中華書局俞國林先生的厚愛，使本書有幸列入「歷代史料筆記叢刊」。我與黄景昉結緣，是在碩士導師趙軼峰先生的指導下選定以黄景昉爲題撰寫學位論文，並鑒於當時學界對黄氏尚乏關注，遂對其著作進行了較爲全面的爬梳搜集。讀博期間，導師陳祖武先生曾多次鼓勵我整理黄氏著作，每有疑難之處，先生皆爲之細心解答。其間，承蒙中國社會科學院歷史研究所明史研究室張兆裕、陳時龍、趙現海先生的抬愛，邀約整理《宦夢録》一書，並全文刊載於《明史研究論叢》第十五、十六輯，使我獲益良多。在文獻整理過程中，還得到了中國社會科學院文學研究所吴光興、王達敏、鄭永曉、張劍先生，歷史研究所袁立澤、林存陽、楊豔秋先生的指正和幫助。同時還要特別感謝中華書局周絢隆先生對本書整理提出的寶貴建議，朱兆虎、劉明先生爲本書的出版編輯所付出的巨大心血。

限於學力，整理中的舛誤當所在多有，祈請各位方家、師友指正。

朱曦林謹識

二〇一七年八月一日初稿

二〇一七年十二月二十一日修訂

二〇二二年十二月十一日補訂

【注】

〔一〕據筆者考察，現存世的黄景昉著作有：《甌安館詩集》、《讀史唯疑》、《國史唯疑》、《宦夢録》、《古今明堂記》、《館閣舊事》、《屏居十二課》、《夜問九章》、《紛紜行釋》八首（附《金陵歎釋》二首和《三山口號釋》二首）、《刻黄太穉先生四書宜照解》、《新鐫三太史評選歷代名文鳳采文集》。

〔二〕由於標計與實計差距不大，筆者推測應是抄寫時將需要提行的一段，未提行而造成，如雪堂本中「省垣談兵疏」條即未提行，而混入前一條中，而在臺北本中則提行。另，臺北本《宦夢録》卷一實計爲一百二十八條，又缺雪堂本中的「工部葛公大同」條。

〔三〕〔宋〕歐陽修：《歸田録》自序，《歐陽修全集》，北京：中國書店，一九八六年，第一〇一一頁。

〔四〕二〇一三年國家圖書館編輯出版的《原國立北平圖書館甲庫善本叢書》據美國國會圖書館贈送北平圖書館的微縮膠片，將此版本的《宦夢録》影印出版。

〔五〕雪堂藏書的輾轉經過，詳見《羅氏雪堂藏書遺珍》前言。（王清原：《前言》，王榮國、王清原編：《羅氏雪堂藏書遺珍》第一册，第四—一五頁。）

〔六〕臺北本《宦夢録》的輾轉流傳經過，可參閲《原國立北平圖書館甲庫善本叢書・出版緣起》。（中國國家圖書館編：《原國立北平圖書館甲庫善本叢書》第一册，北京：國家圖書館出版社，二〇一三年，第一—五頁。）

〔七〕在這些按語中，在兩處涉及了撰寫者的信息，他説「先文簡在史館時」、「先文簡晚更號止菴，意亦取是」，在明代曾任職翰林院，謚號文簡，晚年又更號止菴，據考符合以上條件者僅有景昉的同鄉前輩黃鳳翔。黃鳳翔與黃景昉祖父爲同學，在《宦夢録》中曾提及「宗伯黃文簡公鳳翔，與先祖嘗同學，投刺稱窗王，余幼及望見之，身不踰中人，蕭然儒素」，且言「黃公鳳翔實父子孫曾四世進士，爲闔郡冠」，稱讚「得如文簡宗伯公之爲有後也」，可見臺北本的按語很可能出自黃鳳翔的子嗣之手。

〔八〕〔明〕黃景昉：《自叙宦夢録》卷四。

〔九〕筆者查閲國家圖書館善本部藏CBM膠片，臺北本《宦夢録》無附録及跋文。（黃景昉：《宦夢録》，國家圖書館善本部藏CBM膠片，索取號：CBM No. 486210：1—133。《宦夢録》CBM膠片所據拍攝版本即臺北本《宦夢録》，而《原國立北平圖書館甲庫善本叢書》雖據此套膠片選録影印，但該叢書「不著録行款、題跋項」。）

〔一〇〕黃知白，字原虚，元虚即原虚之誤。（《檗谷黃氏家譜》不分卷《知白公傳》）

〔一一〕湯蔓媛撰輯：《傅斯年圖書館善本古籍題跋輯録》第一册，臺北：中研院歷史語言研究所印行，二〇〇八年，第四三頁。

〔一二〕《檗谷黃氏家譜》不分卷《知白公傳》。

〔一三〕〔清〕黃晉良：《國史唯疑抄本原序》，〔明〕黃景昉著，陳士楷，熊德基點校：《國史唯疑》，上海：上海古籍出版社，二〇〇二年，第一—二頁。

〔一四〕盧址《抱經樓藏書目》中著録了《國史唯疑》和《官夢録》，其中《官夢録》當爲《宦夢録》之筆誤。

（〔清〕盧址：《抱經樓書目》子部，王榮國、王清原編：《羅氏雪堂藏書遺珍》第七册，北京：中華全國圖書館文獻縮微複製中心，二〇〇一年，第一九六頁）

〔一五〕據楊豔秋先生《〈國史唯疑〉雙雲堂抄本傳藏考略》一文的考證，全祖望死後，其藏書爲盧址所有，而全氏又曾評價過《宦夢録》，所以，筆者推測盧址所藏《宦夢録》很可能是全氏的舊有藏書。（中國社會科學院歷史研究所編印：《第三屆中國古文獻與傳統文化國際學術研討會論文集》，第三三八—三三九頁。）

〔一六〕黄景昉在清初局蹐不安的處境，從其寫給王忠孝的信函中即可窺見：「自三山奉教後，世界滄桑……所闊候聞問者，八載於斯。台翁翱於海外，不肖局蹐於郡中……不肖家有八十餘歲老母，一舉足，則闔門受禍。又於當事非夙交，曩福京獲戾尊侯，意嘗惴惴，故未敢爲蹈海之行。」（〔明〕王忠孝：《王忠孝公集》卷八《相國黄景昉來書》，福州：福建人民出版社，二〇一〇年，第二一一頁。）

〔一七〕《檗谷黄氏家譜》不分卷《景昉公傳》。此事《明史·劉宗周傳》僅記「閣臣持不發，捧原旨御前懇救，乃免，斥爲民」（第六五八四頁），《劉忠介公年譜》、《明儒學案》記載與《明史》相似，而《明史·黄景昉傳》、《石匱書後集·黄景昉傳》皆未言及此事。

〔一八〕筆者所見有關黄景昉生平的記述，包括《檗谷黄氏家譜》在内多將其致仕歸爲此因，故僅以《明史》舉隅。（《明史》卷二五一《黄景昉傳》，第六五〇四頁）

〔一九〕《明史》卷二五一《黄景昉傳》，第六五〇三頁。此事《檗谷黄氏家譜·景昉公傳》缺載。

〔二〇〕〔明〕談遷：《國榷》卷九八，崇禎十五年正月戊戌，北京：中華書局，二〇〇五年，第五九一六頁。

〔二一〕《國榷》卷九八，崇禎十五年九月丙子、辛巳，第五九四一、五九四二頁。

〔二二〕《國榷》卷九八，崇禎十五年三月辛卯，第五九二〇—五九二一頁。

〔二三〕《明史》卷七三《職官二》，第一七八八頁。

〔二四〕〔清〕孫承澤：《春明夢餘録》卷三二《庶吉士》，北京：北京古籍出版社，一九九二年，第五〇三—五〇四頁。

〔二五〕《明史》卷二五一《鄭以偉傳》，第六四九五頁。

〔二六〕《國榷》卷九八，崇禎十五年九月庚寅，第五九四三頁。

〔二七〕《國榷》卷九九，崇禎十六年十月庚午，第五九九五頁、崇禎十六年十一月辛亥，第六〇〇二—六〇〇三頁。

〔二八〕〔清〕周學曾等纂修：《（道光）晉江縣志》卷七六《雜誌下》，福建地方誌編纂委員會主編：《福建地方誌叢刊》，福州：福建人民出版社，一九九〇年，第一八四七頁。《（道光）晉江縣志》關於此事的記載引自黄景昉的佚文《東崖雜記》。

〔二九〕〔明〕史惇：《慟餘雜記》，北京：中華書局，一九五九年，第八四—八五頁。

〔三〇〕〔明〕張自烈：《芑山詩文集》卷三《上皇帝論特用書》，《四庫禁毁書叢刊》集部第一六六册，第八四頁。

〔三一〕《明史》卷二五五《黄道周傳》，第六五九六、六五九八頁。

〔三二〕《明史》解釋爲「當國者楊嗣昌、薛國觀輩陰扼之」(《明史》卷二五〇《孫承宗傳》,第六四七七頁);《國榷》則認爲:「知縣雷之渤宣言其靳餉生變,薛國觀惑其説,故未卹。」(《國榷》卷九六,崇禎十一年十一月戊辰,第五八二四頁。)

〔三三〕《明史》卷二五〇《孫承宗傳》,第六四七三頁。

〔三四〕〔清〕張岱:《石匱書後集》卷一《烈皇帝本紀》,北京:中華書局,一九五九年,第四二頁。

〔三五〕〔清〕孫承澤:《畿輔人物志》卷一一《孫閣部承宗》,北京:北京出版社,二〇一〇年,第一二三頁。

〔三六〕〔清〕錢謙益:《牧齋初學集》卷四七《特進光禄大夫左柱國少師兼太子太師兵部尚書中極殿大學士孫公行狀》,上海:上海古籍出版社,一九八五年,第一二〇三、一二二三頁。

〔三七〕趙軼峰:《票擬制度與明代政治》,《明代的變遷》,上海:上海三聯書店,二〇〇八年,第六五頁。

〔三八〕《明史》卷一一〇《宰輔年表二》,第三三八八頁。

〔三九〕與黃景昉同時入閣的吴甡也説:「文淵閣在午門之東,初僅五間,崇禎時閣員獨多,改七間,爲各輔臣分票之房……凡分本及分票完,首輔與諸輔參酌於此坐,他不得與。」(〔明〕吴甡:《憶記》卷三,《四庫禁毁書叢刊》史部第七一册,第七一二頁。)

〔四〇〕〔清〕孫承澤:《山書》卷一《輔臣冢臣忠告》,杭州:浙江古籍出版社,一九八九年,第二四頁。據《明史·宰輔年表二》和《明史·黃立極傳》,黃立極曾在天啓年間爲首輔。(第三三八〇—三三八一頁、第七八四六頁)

目録

前言……一

宦夢録

宦夢録自序……三
自叙宦夢録卷之一……五
自叙宦夢録卷之二……三九
自叙宦夢録卷之三……七五
自叙宦夢録卷之四……一〇九
夜問九章……一四三
屏居十二課……一五一
紛紜行釋八首……一六一
金陵歎釋二首……一六七
三山口號釋二首……一六九

館閣舊事

館閣舊事卷上……一七三
館閣舊事卷下……二〇三
玉堂三考……二三五
桐郡四徵……二四一
追舊十志……二四七
連棲五懷……二四九
砭俗八鍼……二五一

附録

黄景昉詩文輯存……二六一
資料彙編……三一三
年譜簡編……三四一

宦夢録

宦夢録自序

余以癸未秋謝政歸，逼臘抵里。越歲春，忽國變聞，意皇甚，忽忽無生。稍間，收召魂魄，因追叙余平生交遊，始乙卯，訖癸未，爲《宦夢録》四卷。間得自同里同朝同籍同官所見所聞，或以册封主試，旁采風謡，或於掌院署詹，詳繙典故，以及講幄之所賡颺，綸扉之所票擬，主恩國論，世態物情，備載其中。於壬癸之際，尤嗚咽有餘悲焉。宋歐陽永叔《歸田録》似矣，要多戲謔之談。又，昔賢居大位者，類有幕客、門徒爲之左右追隨，代述其事。余性簡，坐無雜賓，即子弟輩不以自侍。記與某公同直召對，每對訖，輒修飾寄歸，鏤板行，家傳户誦矣。余家人亦以爲請，答曰：「某公所對，所可知可言者也；余對，其所不可知不可言者也。」余意造膝之誼，昔尚秘密，温樹幾何，人防窺測，自謂所履之地宜爾。既復思歲月如流，時代已革，失今輟筆〔一〕，後世何聞焉？噫！此《宦夢録》之所爲作乎！作去今十五六年，覺彼時投簪未幾，心力方壯，每一披尋，歷歷如睹，不然將併其人其事忘之。然其有取於夢，何也？今夫朝野，夢場也；省署，夢栖也；餘尤其夢中伴、夢中身，毫無可把捉想像者也。莊子有言：「方其夢也，不知其爲夢也。覺而後知爲夢也。」余曩滯公車十年，通籍仕宦者十有九年，至癸未四十八歲而夢醒矣。然則後此皆醒局乎？否否。凡人晝動夜静，覺動夢静，仕動隱静，少動老静。惟是，夢中所寃苦勞劇，有百倍於覺，往往而是。吾烏知晝夜之所繇分者乎？且即隱矣，夢常及仕；老矣，夢常及少。自驗鮮夢隱、夢老之時，豈宦之於夢較習歟？抑魂氣顛倒爲之也？尚期隱愈深，老愈甚，夢或異是。異日有持《宦夢録》示之，將不審爲何人之詞也，而後夢境庶少清夫？

【校勘記】

〔一〕失今輟筆　「失」，臺北本作「夫」。

自叙宦夢録卷之一

1 余初舉于鄉，時舊輔李文節公廷機里居，孝廉例三投手板，庭謁如屬禮。余憚之，再及門，罷。其後史文簡公繼偕亦然。余爲庶吉士，假歸，嘗一延見。授編脩後屢往，輙固辭。前輩嚴重如此。

2 宗伯黄文簡公鳳翔，與先祖嘗同學，投刺稱窗生，余幼及望見之，身不踰中人，蕭然儒素。

3 侍御吳公龍徵，爲先祖里中文酒社，過從相懽。值二家兄稚年同入泮，公製駢語爲賀，云：「江夏童誰證無雙，雙璧詫難兄難弟；東石裔其昌在五，五玄徵聯甲連科。」公雅善尺牘，余幼所裒集往還札若大牛腰，今無存者，猶時時懷其秀句。

4 余外祖海鹽令謝公吉卿，舉萬曆庚辰進士第五人，宦蚤廢，工詩，追和唐人韻數百首。性至孝，居喪如禮。何司空公喬遠贈之詩：「七十在身猶致毁，三年食旨未嘗甘。」蓋紀實也。晚及見余舉鄉試，憶送行首末韻云「羡汝蚤登科，魏舒宅相多」，「三春臨别去，不覺醉顔酡」。詞樸情真，誦之彌深寒泉之感。

5冏寺謝公台卿〔一〕，爲先外祖同氣同榜，口微吃，好追叙夙昔困阨狀。余時滯公車，貧甚，公每過，語家慈曰：「未也，愈貧迺當愈佳耳。」迄今恒有味乎其言。

6司寇蘇公茂相，初得余鄉舉牘，頗見奇，手束獎藉，特治具款余。公自學憲家居久，弘獎風流，後起至大官，微有身名俱泰之目，然在世路中猶爲難得。

7光禄駱公日升於余有國士知，嘗序余詩藝，期許良至。記一日以持身大概爲問，公毅然曰：「年少或人情物理未諳，誼須共商耳。立身行己自有法度，奚問爲？」余極慙，感其意，每往還，未嘗不拜公墓下。

8孝廉駱君志賓〔二〕，舉癸卯第二人，即光禄族子也，亦雅期余。君湛精經史，酒間偶誦其《詠史》絶句云：「成信非蕭謀，敗信非吕計。不測之恩威，大抵自高帝。」君有韻文，兹其可讀者耳。

9省元李公光縉〔三〕，蚤歲善舉子業，邑多從遊者。所居距余邇，余未一詣其門。余心念學務自得耳，摹倣先輩，追隨名士，均爲用心於外，非實益，遂一意閉户，同二家兄誦。李公後卒潦倒場屋間。

10宫庶莊公際昌，余鄉舉同籍，己未與之連寓〔四〕。初，得會元報，爲色動，即莊亦不自意也。

既以鼎元歸，每過，觀者如堵。嘗邀余輩詣其鄉，遇暑月，偏袒行酒，戲云：「古語三世仕宦，方知著衣喫飯，明喫飯著衣之未易也。」性特開爽，以廷試牘一字偶誤貽譏，無傷盛德。

11 司業莊公奇顯，妙年登鼎甲，負才縱酒，病潰中〔五〕，以未獲交林公胤昌及余爲恨。余頗感其意，爲賦哀詞。

12 余以庚申出遊湖海間，困甚，惟同年陳公烜奎有緩急誼，餘屢遭白眼。余性不修宿憾，即甚慢余，後遇之歡好如初，竟忘之矣。陳公終端州守，豪儁，好面折，人寡悅者。獨與余善，嘗語余：「孝友二字，孝誠非所克當，友無媿矣。」聞者亦以爲實録。

13 司空何公喬遠，邑名德長者。壬戌，余始識之京師，嘗夜侍，露坐論文，余狂率頗陳所見，公喜。越日，以所譔著屬余評騭，手柬云：「前輩文章多因身後被後生駁壞，歐陽公所謂：『不怕先生罵，怕後生笑也。』」余時以學未成，固謝不敢。公詩文有逼真古人處，余夙枕藉其中。

14 壬戌，蜀奢酋變作，禮部試觀政進士《五月渡瀘》詩，有傳宗伯鄭公以偉詩用「布伯」二字者，何公偶問奚出，余對曰：「出田汝成《炎徼紀聞》。」公亦喜余能記也。「布伯」猶華言主管，爲西南夷相尊大之辭。

15 余有謁長陵、定陵詩，頗見賞作者，時何公卿光禄，余從之行。會公先出殿門，余後至，屬一胥偕往，告守陵閹宦俾余一觀，閹詢其人安在，胥指余曰：「此是矣。」閹愕，且笑曰：「即此是乎？」余時易皂帽，被一青布直裰，短纔至膝，故不欲人識之。公子九雲序余詩謂：「爾時意色寒遜。」正指其事。

16 宮贊鄭公之玄，負絶代才，夙愛余諸生文，比偕計，遂與定交。公文視余異趣，顧盛相契洽，嘗戲評諸人文，各加標目自贊，如：「人家覓失貓子，力索不可得，有時還自來，其來時亦可喜。」合坐大噱。屈指同社八九人，六舉制科，鼎元一，史館三，兩登銓省，信一時意氣之盛也。

17 給諫傅公元初爲余同社，鄭宮贊公嘗序其文云：「凡子訒文成輒自喜，吾黨見子訒文亦復大喜，子訒見人之喜其文，又復大喜。」傅得之，怒，亟裂去。聞者頗亦謂中肯之譚。子訒爲傅字，其人特英爽，勇於嗜義〔六〕。

18 選部林公胤昌、孝廉郭公煒並余姻〔七〕。記一日讌集，各言勳名所至，余徐答曰：「他日稍有補於國家，無得罪於名教，足矣。」二語故未易承當，負負，良媿。

19 太宰鄭公三俊爲余督學師，鄉舉後，同林選部、傅給諫晉謁，色嚴冷，不假一辭也。其後見之京師〔八〕，乃温藹家人不啻。閲數十年督學竟推公第一，鮮繼者。

20 中丞陳公士奇，同榜中最善余，好論文，掎摭利病，雖得雋牘，經其目，鮮弗删改者。恒對客自誦其文，鄉音不甚辨，唾沫滿面。嘗謁座師蕭山來公宗道，忽起曰：「師面色何太清減，願保重自愛。」師笑謝之。或咎詞太盡，非所宜言。公意氣自若，余鄉、會稱同榜相善者，惟公一人。

21 太僕姜公性，余副座師，僅於丙辰春一晤而已，約束門役，嚴費特省，所獎許余亦至。師尊人廷頤公，官少司馬，世載清德，身後僅一猶子嗣。庚午余典楚試，爲檄祀之學宮，贈官誥亦出余手。

22 禮部徐公觀復，余鄉試房師也。令粵新會，閩仙游，著廉惠聲，性峭直，嘗大署楓亭道左云：「數叢煙火，一掌溪山，拄頰挹爽氣朝來，笑主人真堪吏隱；撇却紅塵，展開青眼，入關訝薰風乍至，問使車可是仙遊？」誦之可以知其概矣。後棄官學道，每書來，自題「獨往散客」。

23 乙丑廷試，初擬翁公鴻業第一，以其卷有「崩析」二字，不便進讀，已之。夏試庶吉士《皇極殿告成》詩，同鄉陳公士奇才最高，內有「天子焚裘出」之語，涉忌，置不録。雖榮進數定，亦可爲踈脱落筆之戒〔九〕。

24 宗伯林文簡公堯俞，長身玉立，善敷奏，余舊未識之，忽一夜夢從外祖謝海鹽公集公園亭，分韻賦牡丹詩。未幾，余擢第，公時知貢舉官。

25 甲子冬，同李給諫公焻赴公車，出南都浦口，李公忽夢詣一所，宮闕崇麗，守衛森嚴，內有鸚鵡聲，傳「高皇帝將臨御，驗有文書放入」。余即出文書授之，旁或云入則殺矣[一〇]。余不顧，入。李難之，給以文書未具，立逡巡，見一衣冠老人，如俗所畫朱文公像，呼吏持一碗艾湯飲之，遂醒，不解所謂。越歲，余倖售，李至甲戌始第，出余同年朱公兆柏門，年五十艾矣，始悟夢中朱艾之説。遡夢時，朱尚未第也，異哉！

26都諫羅公尚忠，貴池人，余乙丑春遇〔一一〕之少司農鄭公三俊邸中，以鄭爲同里姻，遜余揖。鄭目余，笑謂羅曰：「此閩中名士，公且入闈，得此公焉。足矣。」比榜放，果出師門。師最精鑒識，所得士爲一時冠，鼎元余公煌、庶吉士劉公垂實本《春秋》房孔公貞運落卷，師爲搜出之，二公終身執門人禮惟謹。

27羅師素善談論，酌理揆情，援彼證此，雖昔人霏玉粲花之喻，不能絶也〔一二〕。所誨誘余尤至。自云令平湖日，有一孝廉爲人祈免徒罪，意未許。越日，忽更請移罪他姓。師答札云「徒法不能以自行，猶可言也。徒取諸彼以與此，則決不敢聞命矣。」其人慙，亟謝罪去。

28太宰崔公景榮，余觀政，恒肅揖堂前。屬試庶吉士，公分閲闈卷，首拔余。時少宗伯薛公三省與聯坐，公以閲卷事委之，實定自薛公手。事後余偕同邑張公維機趨謁，時公以病予告行，席地坐余輩門外訓勉之。公子胤茂金吾能詩，雅與予往來。

29南樂魏師廣微，在閣殊不滿輿論，其人實清肅，班役輩無敢横索一錢者。頗留意人材，臨庶常試，舉省直知名士密先疏記〔一三〕，試日躬出巡行。過余及同鄉黄公文焕几前，各駐視少頃。會日暮，師以腹痛出，未幾罷。機局倏變，於是所取士有間屬意外者，若或使之。

30庶常初謝恩，余與同年丘公瑜、李公覺斯、張公維機到稍遲，合疏待罪。得旨，念係新進書生，宥之。余《紀誤》詩有云：「因思適館初，獲事熹皇帝。同舍三四郎，大昕仍摇曳。」蓋追詠是也。丘與余先後入閣，張至少宗伯，李改給事中，至大司寇。余輩尚未離坊局，李官至部堂久矣〔一四〕。其人長纔數尺，有精采，談笑豁如。

31館師少宗伯丘公士毅、李公康先咸器賞余文，余時年甫壯，意氣溢發，每閣試，未嘗起草，惟詩一再推敲耳。同館王公建極，齒固遜余，從之。無何，王得孫醵金爲賀，詢之則長於余幾倍矣，衆大笑，始從改序。

32館中頗酬應前輩筆札，如李公康先、李公國檣皆嘗以文字委余。太常霍維華爲時要人，忽介其門客同邑徐君芬來屬某壽序，勉諾之。踰月再至，余柬徐云：「令師雅意，偶一爲之可耳，若頻頻屬草，則近于奉常門館之役矣，某亦不敢任也。」霍，逆案中人，余故欲以是遠之，遂絶。

33御史吴公裕中，於余非素交，偶同鄉大理王公命璿有母喪，會之喪次。時吴有疏攻丁公紹軾，余詢及之，吴意甚和，答云：「疏僅據實，有欲授余事款者，不應。同臺中尚以乏風力見誚耳！」談正洽，忽外譁動，有數旗尉直入覓吴，附耳語趣詣朝房候旨，甚急。吴盡委衣冠王公所，易服出，余送之門曰：「公好自愛！」吴回顧曰：「小疏不審奉旨云何，即有不測，莫非聖恩也。」倉卒不亂，余大以是服之。良久，聞杖一百，革職爲民，即以其夕驅出城。次日，余趨視之城外。卧簀上，傷重，語自如，但慮驚家中老母爲詞。越數日，卒。楚人無敢臨其喪者，余割俸金數鐶賻之。既抵里，其子附書來謝余。庚午，典楚試，過其家，蕭然立壁耳。屢屬余誌其墓，未果。

34閣師丁公紹軾，爲羅師同里，余嘗謁見之，剛果自任，恩怨較然。夙仇熊廷弼，疑吴公裕中熊姻，疏代熊報復，遂陰中以危法。未半載，丁病，見吴爲厲，欲殺之，如漢魏其、武安故事。天道神明可畏也。

35羅師擢太常，余爲辦輿棍等物，師柬云：「真藤棍價高，用假者不妨。天下萬事不可假，獨此可耳。」丙寅，師奉使過里，卒。嘗云爲諸生時，夢乘里中劉御史光復車。劉終奉常，竟驗，念之痛惋。師又云，壬子元旦祀先，族某讀祝文，忽誤呼師名尚忠爲尚志。先是，有羅尚志者，亦師宗人，卒諸生。太公恚，疑某有意詛之。是秋，師登賢書，報帖初題尚志，以字畫訛故，久之知誤，始改。因歎造物縫湊之巧如此。

36時瑫談方張，余憂憒無仕宦意，以丙寅五月請假歸，同館請假自余始。時吴淳夫方郎兵部，過别。余問歸見里中諸紳有見命者乎？吴曰：「里中某公必大拜，某公必内召，某公必賜環。」余私笑一曹郎何妄擅部署乃爾。甫抵里，靡弗驗者，始知吴綫索關通久矣。

37乙丑館課，余刻獨少，以假歸靡任刻貲故也。内一題爲《古今名宰輔評見》，某文作臚列頗詳，末獨推韓魏公琦，却去一「韓」字，云「惟魏公卓然爲不可及」。館師字字加圈批曰：「歸結專重魏公，尤爲卓識。」時章疏稱「廠臣」、稱「魏公」遍天下，不知此作者、批者有意乎？無意乎？不欲言其名，聞堪噦嘔。

38金壇虞學憲大復，爲其邑周應秋壻。周官太宰，虞貽書祈援云：「挾泰山以超北海，小婿固有所不爲；入寶山而空手回，丈人亦有所不必。」余聞之陸嗣端工部云。

39方崔魏烜赫時，省垣李魯生、李蕃、李恒茂尤所注意，門如市，京師爲之語曰：「官要起，問三李。」

40同年雲間袁熿以工部郎二載擢太常少卿，金緋造朝，同事或豔且駭之。袁自指其帶語曰：「諸丈銀帶是真的，我金帶是假的。」陸澄原笑曰：「不是假的，是僞的。」「僞」與「魏」音近，蓋戲之也。陸字嗣端，饒才情，蚤歲負伉直聲，惜後乖異，竟鬱鬱自放聲酒間卒。

41少保黄公克纘平生持論與時賢不合，學博才雄，精吏事，稜稜務伸其説。居官實廉甚，撫齊十二載，家無厚貲，爲余言囊守贛郡滿考歸，僅存俸金十數兩而已。又云，幼避倭浮海，浪高數十丈，舟中莫不顛撲嘔眩者〔一五〕，獨正襟端坐自如，長年輩異之。鉅公偉度，髫齓中蚤自不凡。

42少保公雅善聲律，嘗同諸公讌集，用妓，得句云：「休言伐木人求友，須念提筐女有夫。」微婉近風人體。比年八十餘生子，余爲詩賀之，次韻答。屢貽余短幅細書，章草法殊遒媚多致。

43侍郎林公學曾以病引年歸，晉尚書銜，給三代誥命。尚書非滿考不封，未有自賜歸加銜得之者，聞魏南樂師與公善，故借是優之。雖云積行之報〔一六〕，終屬異典。

44御史徐公縉芳初入臺，家族横里中。李文節公時正當國〔一七〕，寂若也。傳有「九我門前霜滿地，十洲家後火連天」之謡見奏牘中，今其家傾覆盡矣。

45觀察陳公亮采饒幹局，所蒞著聲，前招撫鄭帥，議多出公手，書法、棋品並勝。嘗問余：「能棋乎？」余以實對。公曰：「得省此累甚善，此木野狐也。」有子兆琳，博學工文，夙善余，未成驟隕，士類惜之。

46太守林公雲程，舉嘉靖乙丑進士，及見余輩登第，稱先後同年。公嗜詩，多鑒別書畫，弘獎風流，當時沈嘉則、黄克晦山人咸依公，年九十七卒。泉郡相承海濱樸魯之氣，稍稍開闢自公始。

47參議蔡公一塊，生平頗詳余《誌銘》中。閲其家集，有文三橋嘉贈公絶句云：「沙塘作事太郎當，不肯清晨入太倉。呈子不知何處去，空勞文老寫千行。」詞類諧謔，不知所指云何。沙塘，公别號。

48光禄李公叔元家居，數與余通問，好稱説李文節、郭恭定舊事，論學宗陳僉事琛。公性儉，自云與蘇司寇茂相數十年同籍媚好，折柬往來，未嘗用一全楮也，簡質至此。公於制舉藝特佳。

49得散館報，同年削籍四人，或以梓里，或以師門，内亦有不可知者。庶吉士原以書生作養，未隸品官，何職可削？亦苛繩及之。朝議淆極，業預知其不久矣〔一八〕。

50逆閹誅，海宇歡聲雷動，余尚未萌出山意。會戊辰元旦，具章服拜慶，覺家嚴色微不懌，緣登極恩詔，諸同年多榮，所生庶常未授職，二尊人尚仍初服，所邑邑者此耳。久之，詢知王公建極、李公建泰各赴京題授有成命，余始黽勉爲趣裝計。

51内閣楊公景辰、劉公鴻訓同門同官，閣中例以會推先後爲次，楊先推，業有定序。偶出同拜某官，以劉年長，微遜之，劉處之不疑。坐定，班皂輩競噪於門，以非舊規故，因有隙。楊竟爲所擠歸。劉頗任事，性麤疎，卒用非望，編管去，法亦稱苛云。

52舊輔張公瑞圖自里中遺余書云：「憶初第謁李文節，爲述所聞于申文定者，曰：『識人多，立朝難。』又謂：『不肖字不必寫，此事到底有是非。』繇今思之，文節公真聖人也。」張公以善書名處天啓丙寅、丁卯間，覆用爲累，事後蓋深悔之，不止韋仲將頭白之恨。

53座師來公宗道既得配贖旨，小輿詣淛江驛，設坐堂上，躬蒲伏階下，叩頭去，驛宰輩咸驚匿。每與余書刺，字細若蠅頭，竟用民禮終身，亦可憐也。

54戊辰鼎甲管公紹寧，廷試卷内一「誠」字寫未完，御筆爲添一撇湊成之，管署號「誠齋」本此。以余所見，辛未狀元陳于泰卷内重寫二字，榜眼吴偉業卷内「彍騎」，「彍」字誤填「馬」旁，俱御筆爲塗改，以後進呈卷經改換尤多，不復盡繇閣擬矣。

55館中以侍講、侍讀爲屬官，久罷不設。天啓丁卯有躐冒兩京典試者，自知非例，因濫加是官〔一九〕。其後，壬戌諸公因之，亦祇行之戌榜止。洵稱變局。

56召對，或言中國兵力非匈奴敵。上曰：「儻爾，我太祖何以掃蕩胡元？」記注官誤書「成祖」以進，尋發下，多所塗乙，獨于成祖「成」字不敢加筆，端書一太字于旁。上于尊祖敬宗，其天性也。孔公貞運嘗歎息以是語余。

57給事韓一良疏：「科道官俗號『抹布』，只要他人浄，不管自己污。臣惡此名，素不愛錢而錢至矣，兩月内所却五百餘金。」上覽奏，嘉其鯁直，擬超授僉都御史，閣部臣尼之，勒令指名回奏，竟負譴去。信立言之未易也。

58督師袁崇煥召至，自詡五年滅寇〔二〇〕，舉朝聳動。嘗于會極門宣賜蟒衣玉帶等物，袁固辭云：「自來督臣只爲貪却蟒玉誤事，倘此行稍放尺寸〔二一〕，受未遲。」堅伏地不起，旁内璫譬曉之：「即辭宜具疏，無面却理。」始罷。余時偕李公建泰爲捧敕官，見其人面如黄葉，昂首結喉，瞻視速，疑非成功相，私憂之。不兩年旋驗。

59劉公鴻訓每對御，多所指陳，詞或俚質，輒招呼諸同官前，卒得禍重，上意或疑爲輕己耳。其後覩温公體仁於講筵屏氣鞠躬，進止有度，覺恭謹之氣浮眉目間，因之受眷獨隆。《禮》云：「嚴威儼恪，非所以事親也。」觀温、劉得失之殊，可爲事英主、沖主鑒。

60曲沃李公建泰偉儀觀，音吐如鐘。爲編修日，職宣讀〔二二〕，偶下直，上特遣中使即其家召入，簡在有素。同館中，余最善公及閔公仲儼、丘公瑜。後并入閣，閔至少詹事卒。追念昔啣杯促席狀，猶爲神往。

61僉院左公光斗贈官誥爲余視草，内云：「柴市悲揚塵之慘，如可贖兮百身；虞淵念夾日之勳，猶將宥之十世。」本宋人語，變化用之。又其父誥〔二三〕云：「伍奢盡節，預明胥尚之心；狐突抗辭，不改偃毛之事。」其母誥云：「讀范滂訣母之語，能不悲傷；雖蘇軾爲兒之時，已知慨慕。」頗精切，爲時傳誦。余前後再司制誥，詳具《制詞》中。

62同門凌公義渠，質清癯，神特淵静，望若世外人。與同饌，惟舉肉邊蔬菜而已。所著有《湘煙録》、《使岷詩》，殊極幽蒨。官大理卿，遇都城破，死之。時同門抗節者二人，宣撫朱公之馮死尤烈，朱有志性命學，至孝，居喪即紅皮蘿蔔亦撤去，餘可類推。

63司理滇蕭公運泰，以教職登第，雅自負。臨庶常試，羅師偶集諸同門，有「閉户謝客，肆詩文，多觀前輩館課」之諭。衆唯唯。蕭忽起，自贊曰：「門生於此道頗工。」聞者哂之。江右萬公元吉笑尤劇，爲蕭怪恨終身。

64中丞朱公之馮有二妹，長適工部金公鉉，卒；次爲朱尊人篤愛，臨没囑朱必嫁一年少官人，門户相埒。朱覓久未得，會同年唐工部公昌世喪偶。唐美風儀，甫壯，朱擬以妹許之，仗同門趙工部公光抃道意。趙時亦喪偶，忽曰：「我與唐同年同官同議繼室，曷若歸我？」朱愕然。趙年業稍長，于思滿面，突有毛遂之薦，共傳爲笑。朱妹後仍適金公。

65京師酒帘好標題俗句，如「劉伶」「李白」星密雷同之類。御史姜公思睿爲余言，嘗奉使晉中，見一聯云：「天堂每引貪杯客，地獄專拏戒酒人。」尤爲險諢。

66詞林冷局，非相知鮮過從者。有某同年再過適左，怒語門役：「汝主係翰林官，我非有求也，何爲屢謁不晤乎？」余内媿，詭寄聲曰：「將來文請誥命時不求我歟？」余公煌嘗云，詞林長班呵殿，人鮮下馬者，惟小史輩必下，值之輒聲高氣揚，戲詫爲千載一遇。亦雅謔也。

67早朝當捧敕，領敕官路周道年老，出班蹶蹶，詞復不清。駕甫起，隨傳諭輔臣曰：「路周道語言蹇澀，步履蹣跚，河南雖無事之地，布政司亦要緊之官，吏部何因推用此人？著察奏。」上吐詞爲經，俄頃間，有倫有脊，誠所云「大哉王言」。

68經筵展書，例惟一展一收。是日，倪公元璐講章長，御座披不盡，既半講，東面内官屢點頭招余，仍膝行前。上微聲曰：「再展過。」凡再展一收，爲從來未有之事。講章舊長十二幅〔二四〕，准御座爲限云。

69記注攜楮墨袖中，袍服爲濕，猶古人荷囊簪筆遺意。立或文華殿御座旁，或平臺檻外。余供事四次，同顧公錫疇、方公逢年、張公四知等，辭繁聲急，呼吸倏過，僅草録一二字，出共憶所聞，補就之。值己巳有警，所記尤多，五官並用，莫有盛於此時。

70寇初從大安口、龍井關入，趙率教先馳援，死之；滿桂死都城下。趙、滿爲時驍帥，既敗，軍中氣奪。上震怒，逮繫尚書三人：兵部王洽、刑部喬允升、工部張鳳翔〔二五〕。司官杖死者數人，督師袁崇焕以謀叛論，坐極刑。自世廟庚戌以來未有也，亦一時殺運所鍾。

71庶吉士金聲、劉之倫請對，薦申甫才任將。即召見，拜副總兵。擢劉兵部侍郎，金改御史，監其軍。申甫本遊僧，好大言，余偕李公建泰、閔公仲儼夜訪之，西字臉，舉止猥陋，動稱犁庭掃穴，業知必敗。比師出，流丐、戲子皆從，未至盧溝橋，戰潰死；劉趨援遵化，至白草頂，矢貫腦死；金謝病歸。聞二公素師事吾閩人柯仲炯，柯舊從董公應舉屯田，一妄男子耳。

72袁崇煥通賊事未卜有無，但其師偕賊同日到。駐城外，不戰；給之芻糧，半委地；每夜歌吹響徹。上遣中使往視師，輒拜哭，應對不倫，縋城召入者再，竟坐誅。袁初有守寧遠功，輿望赫然，聞其後自矜甚，嘗對客云：「合皇帝王霸儒道釋爲一者，袁自如是也。」即其驕愎可知〔二六〕。

73樞輔孫公承宗自關寧歸數載，會事急，即家召入，先遣巡閱城守，比面對，稍拂上指，趣遣守通州，竟未一蒞閣任也。時賊騎充斥，公自募數十丁行，夜抵通，城閉，呼炬自縋入。未幾，以築大凌城議罷。公高陽人，丙子邑陷，闔家殉節，恩卹久稽，猶因前違忤故〔二七〕。

【樞輔孫公初受事，氣果甚，及師潰後，頓沮喪。其還秦中整兵，勢亦頗振，但敵新得志，我兵氣奪，再招募者又未經行陣，以守則有餘，以戰則不足。賊素憚孫威名，屢遣騎往潼關偵候，蓋防其再出，尚未敢爲入關之謀也。當時若按兵守關，疆場事猶未至大壞。乃嚴旨屢下，趣督臣出關，督臣外怯敵，内懼法，不得已而出，不待兩軍相當已有必敗之形矣。大都廟堂之上，於外則諱言和，於賊則諱言守，蓋戰之名義甚正，而守則疑于養寇，所以決不肯擔此擔子，只以催戰一着了當了自家事，不顧疆臣之能戰與否耳。賊與我不兩立，守亦終非久計，但當日賊勢雖熾，僅盤踞汝南、陳、許間，我若調集各鎮，共犄角之，約會師，期四面并進，賊勢分力薄，可一戰而殲也。乃東南北三方並無重兵，僅使秦人以一面東制賊，賊前後無牽制慮，遂得以全力注秦，秦師再潰，賊遂入。關中陷，而晉、燕遂同破竹，天下事去矣。國家存亡，實争此一着，僅殺運之未除云乎？愚嘗謂自有一事以來，兵疲糧匱，外訌内噪，兼支良難。東本無中原志，子女玉帛飽即颺去，寇處我腹心，其勢與我相爲負勝，國家大計宜納東款而一意辦賊。乃左支右吾，茫無成畫，譬治病不識緩急，而標本并治，寧有活理。卒致一敗不振，社稷爲墟，反示外以中國易與之形，嗚笳南牧若摧枯拉朽。然迂儒不知權變，其弊乃至亡人國，可慨也夫。】〔二八〕

74 省臺中倡議各省直分任城守，或兩省共守一門，自捐貲募士，即用本仕紳巡察之。既報允，閩粤議共守德勝門，可否未定，宗伯何公如寵密奏，罷之。識者謂：「城守宜肅静，法宜歸一，倘任各省直，來往紛紜，成何約束？仕紳既不便行法，所募士亦未審從來，萬一姦宄潛踪，誤事非細。」是役也，何公故老成長慮，事理亦確如此，始悟倡議諸公之爲兒戲。

75 祖大壽所統兵原隸袁督部下，袁既誅，内自驚疑，一夕徑拔營去，觀聽駭然。舊帥馬世龍新釋自獄中，奮追及之，諭之還，不可，暫止關門外，朝議姑亦羈縻之。余感事詩有「庸僧詣闕言無效，驍將拔營去不辭」之句。祖後竟叛去，屢書招吴三桂降，吴即其甥。

76都城圍久，有潛匿妻孥他所者，余恒指笑之。一日，過所同記注某公，爲余言：「某惟一子，昨私送出城，阻兵，欲歸不能，欲再入不可，憂甚。」語次，忽云：「某是要求生的。」余不答。其人後簡入綸扉，每見余，常有慙色。

77總憲李公邦華初協理戎政，頗振刷，爲營弁積忌。罷歸日，率群無賴卒於郊外詬辱之〔二九〕，狼狽僅免。因思劉華容、楊新都得謗晏然，猶爲遭逢之幸。

78協理李公罷，閔公夢得繼之。受事日，上諭令：「用心料理，不可推諉。」對：「不敢。」上曰：「偏見也使不得。」對：「不敢。」遂出。余輩記注，僅記兩「不敢」而已。其實京營事權在總督勳臣、提督内臣，協理即別有展布，無繇也。任事政自難。

79司寇喬公允升，負宿望，召對，跪久，伏地不能起，同官旁掖之，不動，特命錦衣衛扶出。老宜去，仍復因循，卒坐逸囚累繫獄，可爲士大夫夜行不休之戒。

80司農畢公自嚴精心計米豆數目，能於御前屈指筭，不差升合。有警，勞尤倍。余《楚録》中有云：「按臣駐通之略，雅追王忬；農部給餉之敏，喻勝李翺。」駐通按臣指方公大任，次指公也。公特造余謝，後亦逮繫。李翺實爲李士翺，世廟庚戌時户部尚書。

81少司寇丁公啓濬署都察院篆時，擬差某御史視北畿學，業咨吏部矣。某求改南畿，屬一掌科爲公言，以咨訖辭之。掌科笑曰：「咨在也。」出諸袖中〔三〇〕，蓋密與太宰索回矣。公駭然，歎言路之横至此，持不可。公性温藹，好奬誘後進，與余善。

82余隸史館時，同邑丁公啓濬、張公維樞並爲侍郎，同省四衙門醵爲公讌，月數集。適楚人某御史有所憾於張公，疏以聚族而謀詆之，併及丁。未幾，二公先後去，有一箭雙雕之〔三一〕喻。自是公讌例遂廢，冷落久之。

83御史蘇琰爲諸生，落落自負，司空何公喬遠以所譔國史示之，直加點削無所讓，何公詩「何生謬有千秋志〔三二〕，蘇琰爲吾一字師」指是。其人躁慢〔三三〕，鮮合者。

84中丞顔公繼祖在諫垣，頗負風采，驟與人交好，往輙泮涣。有老明經顔孚中者，余邑人，顔與通譜，呼爲兄，屢同家宴。明經業選爲粤高州通判，不解事，恃宿誼，故有所囑。顔怒，遽以上聞，奪通判職，下獄，予杖配。昨固歡然兄弟也，忽至此，輿論畏之。

85少師温公體仁，初以枚卜不與，疏劾錢公謙益。錢既得罪去，遂蒙眷。省臺數醜詆之，不動。間一推南宗伯，不用，示欲留之，尋柄國。累年門庭頗静，才亦鍊直，以始進熱中，出於訟師、博徒之習，爲公論厭薄，因之啓上殺機，釀成十數年乖戾刻深之治，實始基是。

【門庭頗静未必是本來面目，既已犯衆怒，不得不自刻厲，以結上心也。】

86總憲鍾公炌，以給諫偕余典楚試，周慎詳穩。覩余《試録》中多鯁切語，屢相嫉訓〔三四〕。余媿謝其意，究亦不能從也。公應譔次義及表，余並代草，相與歡然。無何，公擢都禮垣，是科楚闈士得免於磨勘之罰，余幸藉手逭罪，賴公力。在閣日，每圖推轂公，未果〔三五〕。

87楚撫洪公如鐘，業得罪去，以余《録》序中有「楚兵抵司馬門實非徒手」之辭，頗代浣雪。感甚，特貽札謝。而鄖撫梁公應澤，乃以「鄖師後至」一語爲恨，幾欲出揭。余不任德，亦不任怨，聊直述所見聞而已〔三六〕。

88楚督學蔡公官治衡文，不甚洽士論，放榜後，或題句嘲之云：「案首一枝花，遺才四十八。嘉魚四五等，橋梓一時發。」時楚士以領批得雋僅江陵王泰徵一人，嘉魚任弘震偕其子喬年俱劣等，赴訴，蔡仍朴責之。是科任父子同榜，楚人以爲譏。王泰徵、任弘震尋登進士。

89闈中，余待諸房考有禮，即批駁卷爲詳述所以得自盡，寡齟齬者。房考中，胡公守恒、林公增志、徐公開禧至館員，李公汝燦、宋公學顯至給諫，李公一鵬、禹公好善、楊公四知、楊公一儁、歐公起鳴至御史，爲前後鮮及。

90房考林公增志精内典，戒殺。闈中例，日供雞鴨等物，林祈余爲言之直指罷給。直指事煩，所司仍循例供，林勉納之。放榜前一日，盡數驅出，語余曰：「早出，等殺耳。姑豢畜之〔三七〕，爲暫留數日之生。過此，心力盡矣。」余爲悚然。林魁南宫，其邑人夢報捷旗，大書「不淫不殺之報」。時令蒲圻，有惠政，嘗一致甘露祥。

【不淫不殺，五戒之也。世人聞持戒輒嘆之，未有不豔心科第者，亦知有持戒福報乎？與粗人言只得如此。】

91 解元譚公元春因其弟元禮過鄂謁余，贈詩：「因友知君深夢寐，得師教弟荷穹蒼。」友指王公鳴玉也。余答之有「相思不藉弟爲媒，蕭槭江帆肯自開」之句。譚兄弟三人連舉子、卯、午三榜，頗稱盛事。

92 任弘震既父子同舉，爲詩投余云：「點參有道皆宗孔，洵軾何緣得遇歐。」語亦可誦。

93 工部葛公大同，余舊識之南都，時過訪，老矣，風流未墮。記在南都僧寺中，同夜粥，給諫李公焻時爲孝廉，極譽其粥米之佳，云：「敝鄉所産，有其大，無其長，即有其長，無如許鮮紅色。」葛大笑不答，衆詢其故，葛曰：「諸公第思之，備斯三者，是何等物也。」爲絶倒〔三八〕。

94 憲副陳公之渻舊令余邑，最奇愛伯兄澹叟文，仲兄可發及余亦蒙賞識。邑彙試，伯兄第一，余第二，仲兄第三，稱知己。出闈後，余首過其家，歡宴成禮，略爲區處家事去。楚人謂余有敦舊思，實情誼應爾。

95放榜次日謁楚王，偕給諫鍾公炌、直指黄公宗昌入，四拜，王下座揖，留讌。殿燬，久未復，坐蓬席下，即三十年前所喧争假王也。余以汝陽眉宇驗之，殊非假，不審諸公昔何緣作許葛藤。

96景陵王給諫鳴玉、黄廣文問，余舊交，記壬戌落第，給諫别余詩：「南歸莫作悲秋賦，閩楚於今有二黄。」至是，廣文已没〔三九〕，給諫方謫外里居，余特迂道過存，流連累日。給諫間語〔四〇〕余：「景陵僻邑，辛酉適宫坊羅公喻義過是，壬戌邑登第二人，同選爲庶吉士，嗣後寂寥者數載矣。兹幸辱車塵，庶續勝事乎？」余笑謝曰：「某蹇劣〔四一〕，何敢望前輩？」踰年辛未，譚元禮、龔奭果同舉制科，譚即余是秋所舉之士也。及選庶常，得趙公之英〔四二〕。稽趙實景陵學論，亦稍符給諫言，每書來輙舉爲笑。

97余自景陵過襄陽習池，便道游武當。初抵均州，禮浄樂宫，華表通衢，高闊類輦下。自山門入，甜遇真宫〔四三〕，觀張邋遢像，所遺銅扇笠猶存〔四四〕。晚宿太子坡。凌晨，繇絳霄上三天門，初坐小軟輿，以機發之，高下適平；至三天門下輿，用布爲絙繫腰後，兩夫前挽手，巡旁轆轤鐵索行，喘甚，遂登太和絶頂。金殿光四射，旁存元人小銅殿，制不逮。五鼓，道士爲奏青詞〔四五〕，凌虚禹步。良久，日出如頳玉盤，雲氣滃之，衆峰僅露末，列階庭下。已，從山背行，歷南巖、五龍、玉虚，諸勝莫麗玉虛，莫幽五龍，莫峻太和絶頂，恨水少耳。道士屋居綴附壁〔四六〕，如蜂蠣房，或坐樹杪，或穴樹腹爲龕〔四七〕，經聲琅琅，實陰利檀施而已，例呼進香客、齋公男女遍唱無量壽佛，哀音滿壑。榔梅樹已枯〔四八〕，有小栢葉，可篋藏，得水，青潤如初，號「萬歲松千年栢」。或貽余紅豆，亦佳。銅像大小無慮千萬尊，遊客各用磁石勒名嵌道左，數如之。余後亦屬襄守唐公顯悦爲刻數詩其上，近此中遂爲虎豺嘯聚之區，往來人絶跡久矣。回首舊游，真何啻南柯一夢。

98 過信陽州，棹楔巍然，知何大復先生故里，爲俯躬式。已，經定州諸學宫〔四九〕，觀蘇子瞻所詠雪浪石，和其韻。宿真定，適郡倅黄公，余里人，邀遊大佛閣。佛指大如椽，頂以上容一壯夫，傑閣三重，圍其體始盡。旁一鐘，唇厚尺餘〔五〇〕，以扇横量之稱是，高廣可知。自謂南還數偉觀也。

99 滹沱河春溢冬縮。余夏甫渡過，比歸，業架木爲梁，草土雜壅填其上，車行坦然，因悟孟子徒杠輿梁之説。歲十一月始成，春仍撤去，南人罕習其制，宜不解此書指。不然，既杠梁成後，那又煩歲歲議及〔五一〕。

100 先是，中書原抱奇，粤人，突跪闕，請逐首揆韓公爌，偵有陰主之者。時初議並用三途〔五二〕，如孫元化、丘禾嘉等，屢膺節鉞。余《録》中有云：「事急〔五三〕而叩閽伏闕，謬出貲郎；功成則開府建牙，半非甲榜。」語切中，側目寢多。

101司馬梁公廷棟自邊道拔任中樞，方以逐寇自功，覩余《試録》有「逆寇遁北，爲上威靈變化，諸臣無能發一策（五四）」等語，怒甚。温公體仁亦銜鯁刺，必欲處余。宗伯李公騰芳爲楚人，都諫鍾公炌爲同事，持不可。鍾爲余言，一日謁見，温聲色俱厲，云：「部科不肯任怨，該參的不參。」時盛傳温欲處南直、湖廣試官，指余及姜公曰廣言也，竟不行。余益知行止有命。

102庚午之役，江浙閩楚四省典試三屬閩人，浙黄公道周、江鄭公之玄、楚則余，頗稱鼎立，閩爲同年閃公仲儼。先是，閩士或夢題目（五五）出「三人行」章，果協閃姓名，亦定數也。

103詹事姚公希孟，高持清議，嶽嶽少許可，於余初亦淡然耳。自楚歸，遂承奬飾，深以意氣相期。公文特精麗，典北闈試，全部《試録》概出其手，副考蘄水姚公明恭謹譔一後序（五六）而已。世競推服公，亦頗以善讓亮蘄水云。

104逆案定，屬蒲州韓公爌當國。姚公希孟、倪公恪，其門人也，經二公手居多，中不無苛濫。惟是書以維持名教懼後世亂臣賊子，當逆奄時，士大夫自不合仕宦，稍有牽染，總屬罪過，即微枉一二人，亦何足惜。聞其時，多輦金求脱，往往將稱頌紅本潛匿去，利半歸蒲州姻戚。

【以愚所見，但有挂漏，並無誣枉。】

105《要典》一書初議焚，孫之獬忽詣閣免冠痛哭，若風狂然，爲時姍笑。孫無足責耳，廼有當日躬任筆削，仍附聲議毁，致來秦灰魯壁之譏。而又有陰倩人出脱，如姜逢元投筆一歎云云。意當姜投筆時，誰見之哉。

106 宜興周公延儒於同榜中善余邑莊公奇顯，莊爲鄭公之玄兒女婣，因亦善鄭。是科江右試題「女爲君子儒」，鄭本無心，或挑搆之云：「題寓意明以下文小人儒爲譏。」詞適湊，鄭難自明，致周怒，遂不可解。

107 周公延儒在閣日，雅以文事知余，躬求余誥命。余聞訃歸，特賜吊。歸後閲給諫吴公執御疏云：「以《楚録》砭切異同，欲逐詞臣黄某。」周辨揭云：「詞臣何仇而至欲逐之。」余愕然，當時下石余屬烏程，非屬宜興。雖默感給諫意，而亦以其言爲失實也。

108 桐城何公如冠，辛未出闈，忽邀余至其邸，手同館某丈所擬表屬改譔。余曰：「表具矣。奚改？」公詳言不可狀，因代草，今刻《試録》中。公賢倩宫詹方公拱乾，余素交，自戊辰來，閣臣出處竟當以公爲正。

109 庶常張公溥，初廷試有巍峨望。余時掌試卷，或爲言卷送宗伯徐公光啓所，從之。適卷有茶濕痕，透累葉，歎科名之有定分如此，僅擢首三甲。

110 少詹金公秉乾好諧謔〔五七〕，爲史館假歸，聞某同年過之，戲贈句云：「君王若問金元夫，正在家中養寶丞。」元夫〔五八〕，其字。舊例，閣臣得蔭子爲尚寶司丞，金意蓋自負也。在講筵日，上驟問：「三物六德云何？」不能對，旋卒官。一嗣子得入監讀書，竟孤夙志。

111祭酒陳公仁錫，余嘗見其邸壁大書云：「不通私牘，亦不預公書；不赴一席，亦不留一飯。」介靜可想。公嗜書，恒對客談乾坤二卦，余嘗輪侍殿班，偶忘持笏，趣號班役得之，公迎笑曰：「笏所以備遺忘，正謂是耶？」

112同鄉林文穆公釬，好雅談，余過之，偶及賀公逢聖，公曰：「賀極高明而道中庸。」次及錢公士升，公曰：「錢致廣大而盡精微。」余不覺失笑曰：「如老先生，所謂尊德性而道問學也。」公默然。少年狂率，念之迄今汗媿。

113方戊辰選吉士，余見李公明睿疏請增江右額數名，引國初翰林多吉水爲詞，氣甚鋭。無何，江右選二人，李國球遽卒，朱統師以宗室改授中翰，究不得一人。始信天下事不可著意，鬼神將弗福。朱久之始仍改史館，終祭酒。其年北畿以增額疏，侍講張士範、進士張星至有革職禍〔五九〕，可爲炯鑑。

114宗伯顧公錫疇體弱不勝衣，執持挺然，與余同記注。適冢臣王公永光於御前有所挑激，公疏詞云：「至於銓衷之未化，益徵聖怒之不遷。」余心服其剴亮。

115太宰王公永光初負賢名，晚乖剌〔六〇〕，性特深刻。省中當例轉，吏都諫陳公良訓以李公覺斯名開送，公不可，陳堅不肯易，曰：「不爾，即以某充數可也。」公怒，即外轉陳，吏都諫久無例轉矣。其特起御史高捷、史𡎺，至不用選司案呈，選郎徐大相以不得其職去，公亦不顧。

116給諫劉公斯𤦺，名以來從土，上初呼「來」音，旋改呼「已」音，衆茫然，查灰韻實無埭字，始深服聖學之博。閔仲儼嘗語余：「凡韻本〔六一〕十四寒内無完字音，即爲俗本。」

117汰兵議始陶給諫崇道，裁驛遞議始劉給諫懋，皆謾言之耳。賊已入口，順撫王元雅猶汰墩臺南兵。驛遞裁，諸驛夫無所得食，往往散爲盜。有言之娓娓可聽，實窒礙難行，此類是也。聞郵亭中多畫劉懋像射之。

118華亭錢公龍錫以預聞袁崇煥殺毛文龍議逮繫，幾論斬，賴宜興周公力救得編戍去。毛在東江名牽制，寔多虛冒要挾。袁此舉猶有古人入其軍誅其帥舉動，即閣中密加參決〔六二〕，亦不失大臣謀國之義。遽罹重譴〔六三〕，自兹益相戒藏身，容頭過足，無復任天下事者矣。

119尚書王公洽得罪，繇余同年項公煜面對，痛切言之。王偉幹修髯，既下獄，會獄囚夜逸，爲首盜貌頗類王，喧傳大司馬持刀破獄門遁去矣。久始知非是，竟死獄中。

120召對著錦衣衛拏人，自拏章允儒都諫始。仍諭錦衣衛拏人何不遵舊例，著回話。或疑上安從覲舊例，有云「當神祖末年拏劉光復御史時，太子、諸皇孫俱旁侍」。疑幼嘗覲此，亦可謂作法於涼也。

121 有警，時宗伯徐公光啓請自將精兵五千人出戰，遇降人，驗其頭髮係新舊剃，以網痕爲辨，詞亦落落。命協理城守，復命編修李公建泰副之。李尊人舊守遼安樂州，幼從宦，頗習邊情，要之席中國大氣奮而已〔六四〕。

122 北畿密邇帝座，呼吸易通，以余所覩，凡館員鮮弗大拜者。甲辰，孫公承宗、黄公立極、魏公廣微；丁未，成公基命、李公標；癸丑，李公國槽、馮公銓；至己未後始寥落矣，中邊多警亦始是。昔人《雒陽名園記》語自可思。

123 己未春，四路潰師報至〔六五〕，一朝貴予人書〔六六〕云：「杜將軍已覆師，北騎且抵山海矣。」時遼陽、廣寧見在，豈山海容易蹴至？比壬戌遼陷，則計偕士紛紛南下，有甫入都，旋襆被出城者，縉紳多遣眷歸，公用郵符〔六七〕。同鄉蔡公復一爲易州道，檄北至郵符概罷給，蔡得謗坐是。士大夫無特操迺爾，可歎也。

124 寧遠用炮擊退，實袁崇煥功。余見飛卒持紅旗入城，闔都歡動，稍遲數日者〔六八〕，無人色矣。時羅師宿兵垣，連上十疏，咸鑿鑿中窾，内有「兵守城，非城蔽兵」等語，尤曲盡邊將蓄胸狀〔六九〕，爲時嘖嘖。

125滿桂既戰死，麻登雲、黑雲龍二將各降，黑夜自拔歸，仍舊職，冀以招徠降人，卒鮮至者，知漢法尚寬。

126省垣談兵疏云：「雞鳴狗盜之劍客，紅鬚黑面之神兵。」余不知所指何物。兵垣常某劾某督臣縱敵罪云：「如華容之攩曹乎？而聽其冉冉以去。」其後御史蔣某疏亦有「張良用三傑，趙普調四將」之語，竟是戲耳。

127同館楊公觀光所著書，如論諸葛武侯云「草廬三顧，出師二表」似矣，忽以「周瑜三氣，祁山六出」配之，余爲悵絶。楊雅自負，豈陳壽《三國志》未寓目乎？抑偶誤歟？

128御史郁公成治疏有竹兜之請。時禁乘肩輿，庶僚皆騎馬，請以竹兜代之。坐謫外。上召對，嘗出「郁某欺朕幼沖，輙請竹兜」也。郁頗開爽，余舊識之江右旅中。

129同館楊公汝成每述其尊甫宫諭公〔七〇〕，輙稱「老官人」。性廣交遊，姬侍多，不甚談文字。或爲口號嘲之，云：「館元能事最通神，夜擁如花晝迓賓。開卷便呼怎麼子，傳呼賴有老官人。」聞者胡盧。

以上一百二十九條

【校勘記】

〔一〕冏寺謝公台卿　「冏」，原作「問」，據臺北本改。

〔二〕孝廉駱君志賓　「君」，原作「公」，然同條中「君有韻文」則兩本皆同，故據臺北本改。

〔三〕省元李公光縉　「公」，臺北本作「君」，下同。

〔四〕已未與之連寓　臺北本「連」上有「毗」字。

〔五〕病潰中　「潰」，原作「漬」，據臺北本改。

〔六〕勇於嗜義　「勇」，原作「曾」，據臺北本改。

〔七〕孝廉郭公煒並余姻　「公」，臺北本作「君」。

〔八〕其後見之京師　「京師」，臺北本作「京邸」。

〔九〕亦可爲疎脱落筆之戒　「疎脱落筆」，臺北本作「落筆疎脱」。

〔一〇〕入則殺矣　「入」字原脱，據臺北本補。

〔一一〕乙丑春遇　「遇」字原脱，據臺北本補。

〔一二〕不能絶也　臺北本「絶」下有「喻」字。

〔一三〕舉省直知名士密先疏記　「舉」，臺北本作「各」。

〔一四〕李官至部堂久矣　臺北本「部」前無「至」字。

〔一五〕莫不顛撲嘔眩者　「莫」，臺北本作「蔑」。「撲」，臺北本作「仆」。

〔一六〕雖云積行之報　「積」，臺北本作「績」。

〔一七〕李文節公時正當國　「當國」，原作「常固」，據臺北本改。

〔一八〕業預知其不久矣　「業」，臺北本作「叢」。

〔一九〕因濫加是官　「濫」，原作「監」，據臺北本改。

〔二〇〕自詡五年滅寇　「寇」，臺北本作「胡」。

〔二一〕倘此行稍放尺寸　「放」，臺北本作「效」。

〔二二〕職宣讀　「讀」，臺北本作「講」。

〔二三〕又其父誥　「又」，原作「文」，據臺北本改。

〔二四〕講章舊長十二幅　「十二幅」，臺北本作「二十幅」。按，據黄景昉《館閣舊事》卷上載：「崇禎己巳二月，余忝供役，值講官倪元璐講章長，特再進前展。舊講章滿十二幅，以御案爲度，未有踰是者，事屬創見。」作「十二幅」是也。

〔二五〕鳳翔　「鳳」，原作「風」，據臺北本改。

〔二六〕此條「賊」字，臺北本均塗改作「敵」。

〔二七〕猶因前違忤故　「因」，臺北本作「用」。

〔二八〕臺北本此處有批眉：「此段是説孫白谷，非高陽也。誤抄當初奏。」

〔二九〕率群無賴卒于郊外詬辱之　「郊外」，臺北本作「外郊」。

〔三〇〕出諸袖中　「諸」，臺北本作「自」。
〔三一〕併及丁未幾二公先後去有一箭雙雕之　此十六字原缺，據臺北本補。
〔三二〕何生謬有千秋志　「生」，原作「主」，據臺北本改。
〔三三〕其人躁慢　「躁」，原作「蹂」，據臺北本改。
〔三四〕屢相嫉訕　「嫉訕」，臺北本作「婉諷」。
〔三五〕未果　「未」，原作「求」，據臺北本改。
〔三六〕聊直述所見聞而已　「直」，原作「且」，據臺北本改。
〔三七〕等殺耳姑豢畜之　「耳」，原作「再」；「姑」，原作「始」，竝據臺北本改。
〔三八〕臺北本無此條。
〔三九〕廣文已没　「文」，原作「史」，據臺北本改。
〔四〇〕給諫間語　「間」，原作「聞」，據臺北本改。
〔四一〕某蹇劣　臺北本無「某」字。
〔四二〕得趙公之英　「公」，臺北本作「君」。
〔四三〕憇遇真宫　「憇」，原作「愁」，據臺北本改。
〔四四〕銅扇笠猶存　「笠」，原作「翌」，據臺北本改。
〔四五〕爲奏青詞　「青詞」，原作「責詢」，據臺北本改。

〔四六〕道士屋居綴附壁　「居」，原作「若」，據臺北本改。

〔四七〕或穴樹腹爲龕　「穴」，原作「大」，據臺北本改。

〔四八〕楜梅樹已枯　「已」，原作「也」，據臺北本改。

〔四九〕經定州諸學宫　「諸」，臺北本作「詣」。

〔五〇〕脣厚尺餘　「脣」，原作「屑」，據臺北本改。

〔五一〕那又煩歲歲議及　「及」字原缺，據臺北本補。

〔五二〕時初議並用三途　「初」，臺北本作「物」。

〔五三〕事急　「急」，原作「意」，據臺北本改。

〔五四〕發二策　「二」，臺北本作「一」。

〔五五〕或夢題目　「夢」，臺北本作「榜」。

〔五六〕謹撰一後序　「謹」，臺北本作「僅」。

〔五七〕少詹金公秉乾好諧謔　「好」，原作「所」，據臺北本改。

〔五八〕元夫　「夫」字，臺北本均作「甫」。

〔五九〕進士張星至有革職禍　「禍」字原闕，據臺北本補。

〔六〇〕晚乖剌　「乖剌」，原作「年辣」，據臺北本改。

〔六一〕凡韻本　「本」，臺北本作「末」。

〔六二〕即閣中密加參決　「閣」，原作「閡」，據臺北本改。

〔六三〕遽罷重譴　「罷」，原作「懼」，據臺北本改。

〔六四〕要之席中國大氣奮而已　臺北本「大」上有「廣」字。

〔六五〕四路潰師報至　「報至」，原作「教主」，據臺北本改。

〔六六〕一朝貴予人書　「人」，原作「入」，據臺北本改。

〔六七〕縉紳多遺眷歸公用郵符　「用」，原作「同」，據臺北本改。

〔六八〕稍遲數日者　「稍」，原作「誚」，據臺北本改。

〔六九〕尤曲盡邊將蓄眴狀　「眴」，臺北本作「胸」。

〔七〇〕同館楊公汝成每述其尊甫宮諭公　「宮」，原作「言」，據臺北本改。

自叙宦夢録卷之二

1皇太子生己巳春，擬以庚午春册立，會是冬有警，不果，改他期。殆班固所云「生長於兵，與之終始」之兆。

2宗伯羅公喻義好談《易》、談兵，有警，數疏陳戰車之利。有旨，令造成進覽。公以造車非詞林事，疑閣中故困之，怒不應。其後以講章戇直，爲温公體仁塗改，不勝忿，直詣閣，大聲詬誶之，坐閑住去。温故忮害，其實講官無詬誶閣臣體，亦自非德舉。

3辛未春，久旱。五月朔，上躬出南郊步禱，史館充導駕官〔一〕，余與焉。先一夕，宿右掖門外，候黎明駕出，忽徧體狂熱，神驚肉戰，終夜不成寐。晨逐隊踉蹌，幾仆，不揣何故？是夕爲先嚴大故之期，罪大釁深，合爾爾。

4余以辛未夏奔父訃歸，家居二載，不復問人世事。值癸酉秋，伯兄可文舉於鄉，始出與應酬〔二〕。伯兄安貧力學，自余通籍十載，郡邑未一知姓名，有開列及者，至疑爲非久困。竟仲遂連第，允稱福善祐怙之報〔三〕。

5選部林公胤昌，開講社筍江壇側，孝秀多從者，余爲題堂聯云：「泉山群拱紫，襟江帶海，斯文重遇在兹時；閩學首尊朱，窮理致知，吾黨更觀未發處。」稽閩學始楊龜山，以静觀喜怒哀樂未發氣象爲宗〔四〕，至紫陽微屬轉解〔五〕。今人率遵朱遺楊〔六〕，有沿流忘源之弊，故聯語及之。同社布衣黄公文炤輯有《道南一脉》〔七〕，書甚佳。

6兵憲曾公櫻嘗於講社極言：「士大夫宜安貧。」余曰：「以愚所見，祗安富足矣。」曾駭問何故。余曰：「公試觀海内仕紳，那箇是真貧的？自通籍後，誰無數畝之田，數椽之屋，但肯安心於此，勿復生事旁求，即以稱賢士大夫可也。」座頗稱善，謂余言陰中世情〔八〕。

7甲戌春暮，忽報李公焻廷試鼎元，滿城讙動。豎旗日，有司俱造宅拜，余以居邇趨陪，賀客喧嗔。既二十日後，方知其誤。先是，李試卷實擬第一，臨期，上忽易劉理順，而以李首二甲，卷經御墨。比部秦公鐘震詩：「南村紅杏浪飛蹄，躔雒文星自紫泥。點爾何如三子後，猶榮御筆注親題。」傳者異之。

8本朝狀元經會試十科，惟文公震孟、劉公理順二人。劉性恭遜〔九〕，館中執後輩禮特謹，遇國難，闔門殉節，卓然能行所志，稱完品。余原給三世恩綸，出公手。

9禮部顔公茂猷，鄉試以五經得雋，至甲戌會試復然。榜出，初弗録，特疏請，奉旨准名列會元前，真異數也。自顔首開此格，嗣後揭重熙、譚貞良輩繼之，彬彬多宏博之士。顔好談修煉學，奉使歸，上嘗記及之，手録姓名詢閣，擬大用。會其卒，不果。

10嘉善錢公士升，初登庸，衆疑出鄉衮烏程援引，實不然。嘗譔爲「四箴」以獻，多規切語，失上意。旋復有所陳奏，上手報云：「倘欲沽名，前四箴已足致之，無勞汲汲。」錢皇恐，得致仕去。余趨别，及門，垂登車矣。無他語，第以世道人心爲囑〔一〇〕，意惓惓可念。

11同邑蔣公德璟以癸酉南闈事回奏，時主考丁進業革職，勢垂劇。余詣錢公士升邸，力言之。既得旨，錢貽余札云：「令親事已奉處分，及於寬政，皆聖恩也。先此奉慰。」蔣得降級照舊，實錢公偕何公吾騶力。時温公體仁病，王公應熊被糾，同不入直，不然事正難測耳。

12吴門文公震孟在講筵專講《春秋》，上每傾聽，亦以其神采英毅異恒人，故入閣。甫踰月，會太宰謝公陞疏攻許都諫譽卿，閣擬重譴，公力捄不能得，微愠，云：「諫官獲革職爲民，是極榮事。」温公體仁怒，遽以上聞，謂股肱心膂之臣，作此違禮蔑法之語。得旨，閑住去。余輩送之郊，雪中乘騾輿行，爲閣臣去國未有故事。

13文公震孟數爲余道其師葉文忠公遺事，云：「師好詼諧，當國日恒以談笑解紛，御史周公宗達嘗疏詆魏璫不識一丁，璫恨甚。會於工所自叙述數百語，欲重處周。師笑曰：『公如是，雖讀書萬卷亦何遠過？妄言何足介意。』瑨爲意釋。一日，有文書官傳旨到閣，擬罪某言官，云某疏誣上好龍陽，應罪。師佯爲不省，曰：『龍陽義何解？《易》以龍比君德，如陽剛、陽明類皆佳語，殊不見可罪。』文書官謂公寧有不解理。師曰：『某衰病善忘，誠不解此。』再三言之。其人方少，佼笑面赬，辭去。」

14又云一日謁葉師，言朝端有異事，師曰：「豈非王司寇紀落職事乎？」已，公具閣揭救，頗言事恐非公揭可了，師連聲曰：「汝言是，良啓我意。」其夜方對客坐，忽外傳到閣函，發之，即師所自草救王揭，相與歎。前輩從善之圓、轉機之敏如此，恨余不及見其人也。

15香山何公吾騶亦坐吴門累，罷歸。臨行夕[二]，稱余在講筵風度有異，將來當大用，祝余自愛。時甫供事旬月，局蹐甚，不審公何自見賞，恒媿謝其意。

16淄川張公至發，以少司寇入閣，爲上兼用别衙門之始。先是，召各部侍郎卿寺偕詞林諸臣集廷中，給筆札，人予一疏，面擬旨進覽，余與焉。越日，發下查履歷者九人，竟特用張。其人寬然長者，非夢想及，或云官光禄卿日，群閹善之，或云出烏程密薦，欲爲姻某公地，跡秘難明。余《感事》詩云「相事遂煩司寇攝」，指是。

17侍郎張公元佐舊爲孝廉，能詩，如《山居》云：「朋舊寬無賴，山林養不材。」《渡易水》云：

「寒風吹易水，落日吊荆軻。」並佳句，爲余歎賞。後稍傷善宦，性躁誕，其鄉人王公鐸至目爲窮奇、檮杌，都無復昔年韻致。

18司業馬公之驥，素持准提咒，晚長齋。自云初奉命典闈試，坐前鏡忽露一叶字，紫色如金〔一二〕。後值國雍丁祭，例省牲，心動，輒累夜夢牛頭人纏擾。無何，卒。識者謂其鏡中異覩，已寓著魔之兆。居官特清素，没無餘貲，家伯兄可文爲所取士，亦嘗與召對九人列。

19淮海楊公一鵬，以鳳陽陷，論死。楊初爲成都司理，遊峨眉，遇一道人，約三十年後當於淮陽相見。既開府其地，日暮，外傳鼓投家書，啓之，非是，乃昔所遇某道人書。楊遲疑，俟質明呼見，索之已去矣，莫知所之。書内數絶句，勸楊急棄官歸隱。不自決，卒及於禍。時都下盛傳某道人詩，寺院中往往粘題爲誡。

20孟津王公鐸，自余偕計即定交，每見惟極論詩文，罕及他事。軀幹偉，飲噉兼人，車後衣箱遍藏食具。善書，用兩人張縑素於前，筆如風雨，詩草真妙絶一時。

【大宗伯林公素輕王，每云：「王覺四只是寫字，餘無他長。」】

21進賢傅公冠卧恒晚起，客謁非至午弗通〔一三〕。在閣日，嘗分票疏章，忘之，誤視爲各衙門投揭，大署其上。既覺，懼，引罪。上遣小黄門詣閣詢故。先是，閣房惟四窗，南向，内四房洞黑，白晝張燈自照，入閣者以先後爲序，號「繇閤入明」。傳政處閣中，上聞，命改拓。迄今閣中存六窗，南向，後進免燈薰苦〔一四〕，自傳始。

22 南昌姜公曰廣每進講，貌莊詞峻，儼若老師宿儒，余輩旁侍，爲踧踖。上意寢不悦，坐南遷去。其後諭首揆周公延儒曰：「初枚卜，吏部廷推曰廣有『清任和合而爲一』之目，朕嫌部過譽，奈何以孔聖加人，命再察覈。次日，曰廣進講，聲色俱厲，知其意不慊朕也，朕亦姑容之。越數日，進講復然。」周爲叩頭謝，聞者戰慄。聖意默窺人言動間，漢景帝曰：「此非不足君所乎？」正同。

23 侍郎陳公子壯亦同余輩講筵，美鬚眉，音節可聽，每講畢歸班，喘息若弗屬然。余與聯班立，熟聞之。時尚書黄公士俊狀元、左侍郎孔公貞運榜眼、公探花，同官禮部，稱盛事。上方篤念宗藩，公疏諍，坐以訕祖間親罪，落職去。

24 尚書黄公錦，粤人，操鄉音，不論何語，必以「這等樣」發端，旁伺之，十得四五。適詹府鼎新書庫，祀先師，公用「文不在兹」四字題其額，重爲觀者姍笑。

25 余草編修衛公胤文敕命，内云「秦聲能夏，敷暢迥異尋常；漢禮爲容，周旋不失尺寸。」衛，陜人，大聲，音微帶西氣，余陰以是規之，卒坐講音太宏更换去。日講視經筵不同，天顔咫尺，自無取發揚蹈厲。記同事惟丘公瑜最善，神静氣肅，安安直若固然。

26初，余題日講官，窘甚，念平日捧敕御前，手猶微戰，兹保無隕越羞。既未繇辭免，祇得黽勉供事。盤辟前，牙籤在手，直信口講去，毫無懼意，緣事急併競，懼亦所不遑，始知蘇子瞻所云〔一五〕：「樂事可慕，苦事可畏，此未至時心耳〔一六〕。及苦樂既至，以身履之，求畏慕初不可得。」數語妙甚，明乎畏慕之猶屬第二念也〔一七〕。

27癸酉，南闈墨有用「奢閆嫫刀」，爲御筆塗乙者，詢及，惘然〔一八〕。顔公茂猷爲余言出《荀子》。閲之，篇名《佹詩》，其辭曰：「閭娵、子奢，莫之媒也；嫫母、刀父，是之喜也〔一九〕。」又荀子與春申君書後賦亦有此語。學不厭博，信然。

28部科磨勘闈墨，或用「今古如一丘之貉」句，或用「地過日月之表」句，並擬參罰。余曰：「一出《漢書·楊惲傳》，一出《春秋緯》，云『神農地過日月之表』，見《楊升菴集》。」爲覓二書示之，得免究，莫知何人。士大夫不讀書，輒謬訾摘人文字。後語猶小奥〔二〇〕，豈有《漢書》未經目理。

29祭酒孫公從度語余，甲戌分闈，每聞三聲：某笑聲、某吟哦聲、某落棋子聲。噫！闈中方日夜閲卷，寢食不遑，何暇作許閒事。昔李文節讀書史館，同年擬弈於孔目廨舍且不可，況闈中乎？前後輩不相及迺爾。

30給諫陳啓新本淮安漕運理刑胥役，冒登武舉，流落長安，值廣言路，倩其曹稍知書者爲疏，席藁跪闕門累日。内璫爲持入，上激賞，授吏科給事中，朝論駭然。自是草澤求上書者踵至，甚或輿櫬題詩，猥褻萬狀。陳每建白，多謬誤可笑，承寒賜貂〔二一〕，獨裹一布帽自異，希動觀聽，中枵實無有也。上久亦厭之。

31時都下喧傳，上宫中啓一秘室，得畫圖，有僧冠進賢，兆爲有官無法；有鬖髾髮連頂數冠，兆爲官多法亂；又作隔河無數人馬，一主者傍徨不能渡，披髮狂走。語莫測從來，草澤上疏，至有指及之者。先是，上登極，即有謡言倡爲天啓七崇禎八之説〔二二〕，殆妖讖也。

32丙子秋，寇自陵後潰牆入，破昌平州，殺掠甚慘。總兵巢丕昌降〔二三〕，巡關御史王肇坤死之。迤邐南下，陷雄縣，阻白溝河〔二四〕。返時，逼諸生鄉試期，議暫改，偵既出口，始以〔二五〕九月二十九日闔闈試，亦異事。

33闈中例，房考呈卷，主考閲定去取，落卷從無經目者，意省煩，亦避形跡。余不可，悉取《易》、《書》二房皿字號落卷繙閲，《易》拔張羅俊、王龍賁，《書》拔葉永華。初，房考微有難色，余爲詳加開譬，各欣然。榜放，三生俱名士，張、王同舉癸未榜。葉尤負奇，厄於渡，卒，爲痛惋久之。其不能遍及他經者，職也；即一經落卷，僅能閲皿字號，而不能遍及於貝字號者〔二六〕，勢也。僅此三生已費余多方曲折矣。王爲同郡人，亦無疑者，大都心事皦然。

34葉永華，松陽人，即遂國御史葉希賢後。卷有「南陔白華，深衣投壺」等語，余慮爲不知己者詬，厲批曰：「過用六經。」屬禮科一給諫覆閲，駁云：「仲尼好學，何至讀此等怪書。」迺以《詩》、《禮》爲怪書，異哉！非聖無法〔二七〕，其真胸無點墨乎？

【先文簡在史館時，有一大老問：「盡信《書》則不如無《書》，出何典？」君意謂若以實告，必媿恨無以自容，僅以偶忘答之。】

35宗伯姜公逢元，余出闈偕閔公仲儼謁之，明言其二弟及某姻戚卷佳，不蒙收録。余業訝其不倫，磨勘之役，遂一意吹索。嘗於朝語余云：「闈卷有『草者草之』四字，何解？」余私念卷俱親閲〔二八〕，無如許紕謬理，查爲劉砥中二場論，釋題内「藴」字云：「藴，從艸，從糸，從皿。艸者，草之微生者也。」余原批云：「亦《説文》、《字説》遺意，勿哂其支。」始知劉一句八字成文，姜故中斷之，不惟文理不通，併句讀亦不識矣。大宗伯舛陋至此，將無令天下學子笑人。

36姜公曰廣嘗語其門人丘公瑜曰：「講筵遇午節，忽大璫饋遺豐甚，怪安從致此，辭之。其人謂：『送禮容或不受，此答禮耳，無不受理。』姜諭：『無之。』其人驚自咎云：『錯錯。』本送禮部尚書姜逢元，以姓同，日講同，誤抵是耳。」足見其通内有素也。在禮部納賄無算，屢與枚卜，擯不用。每廷推，上笑曰：「駝背子又來矣。」以姜背微傴故。其後因考選濫圈多人，御批：「何廣知若此！著閑住去。」輿論快之。

37陳啓新疏摘北闈元卷，自有公論，事緣大理少卿史䓘爲北畿要人，其姻親靡入彀者〔二九〕，憾甚，陳即史武舉門生。史與政府厚，部科惴惴，百計求悦其意。聞上於宮中懸金募發科場弊，廠衛大無所得，僅以一胡維孚應命，復於余無涉。會史忽丁艱去，風波始息，史後竟以貪横論罪，死獄中，家資没入。

【史䓘之累長垣，猶吳昌時之累建德也。生平皆負耿介，名士末路潦倒乃爾。】

38余既以北闈事積忤温公體仁，分無完理。一日温忽詣余，求爲譔三代誥。此公終識文字，每制詞中，甫自覺一二字未安〔三〇〕，隨點出。柄國累年，於所憎無弗毒螫者，余猶倖全，因爲譔數語云：「凝塵蔽席，人莫敢干；積案如山，判可立盡。」亦不盡没其實也。

39余先後所譔閣臣誥命：周公延儒、成公基命、何公如寵、錢公象坤、温公體仁、孔公貞運。孔誥〔三一〕有云：「温公作相，時逢雒蜀之互争；晏子論和，道取鹽梅之既濟。」時烏程當國，孔懼語致忌，陰祈删潤，余亦笑爲解之。

40綿竹劉公宇亮於余無深交，莫窺涯際，覽余所草謝公陞、鄭公三俊制詞，深加賞歎，要余重録送。從之。詞林久無復文事相商，即如劉公比，已稱寥闊。

41戚畹田公弘遇爲皇貴妃父，喜結客，貴遊無不造請者〔三二〕。席半，出家姬佐酒，夜或留髡。諸少年恒趨之，舉國若狂。余始終不一撇裾其門，頗自謂分誼應爾。

42薊督吴公阿衡疏，自稱取田弘遇女爲妾，曩當壯年，善酒善御女，近已疲薾，每服食求强健方。語淫褻無復人理。其首及田氏者，欲上知爲皇貴妃妹也。舉朝憤歎，謂人臣無禮於君，未有甚此者。未幾，虜驟入，尚在酣酗中，慘被屠劙，蚤已天奪其鑒矣。

43中州士大夫豪富，僕妾多，僕以數十計〔三三〕，妾以數十計，直謂固然，各省直未有也。小民積憤不堪，逞於一決，如褚泰初、曹文衡之禍，可爲炯鑒。聞北三郡俗樸重，士大夫尚知自好〔三四〕，迥異中州氣習。

【憶在都時，輿論咸推雒陽郭景昌，幾與成公勇齊名。及承乏天中，則見其人暴横閭里，陵轢有司，雖窮奇、檮杌不〔三五〕。方悟建言一道，浪得名者不少，非居是邦者不知也。然河北三郡俗樸重，士大夫類多賢者，迥異中州風氣。】

44參政江公鼎鎮蚤登詞林，清伉，待鄉人禮簡。其父家居，爲郡守楊呈秀所侮，江怒，愬之政府。楊舊令長山，故與劉公鴻訓左，劉曰：「信爾，宜疏參。」江從之，楊革職提問，竟坐鄉紳參本管官得過輿論，例轉後，仍計處。可爲少年不自含忍之戒。然使江不遇劉，劉不柄政，不夙恨楊，事未決裂至此。亦其寃業之適湊也。

45 乙亥内計〔三六〕，詞林擬李公明睿，李爲姜公曰廣同鄉，姜憚之，計典倖全，迺被臺省拾遺疏羅及，備列醜狀。李疑姜陰移之臺省也，怪恨終身〔三七〕，屢疏攻揭辨，姜公備受其累〔三八〕。江右人婉爲調停，曲薦李，俾召見復官，始罷。是年，程公正揆坐浮躁免，程才佳，小輕脱耳。

46 時温公體仁、王公應熊定議處項公煜，院長姜公曰廣不可，王曰：「項某衣冠言動多不循理。」姜以頗讀書爲解，王曰：「渠讀得幾句書？」項所繇竟免者，姜力也。詞林守身嚴如處子，稍有異同，論即傷玷缺矣〔三九〕。項生平屢沮人筆舌間，其鄉人尤嗛怪之。

47 甲戌會元李青出項公煜門，初疑楊解元廷樞，拆卷始知誤。吴人爲語云：「僥倖李青，豈有文章驚海内；糊塗項黑，更何面目見江東。」項貌微黔，舊號「項黑子」。

48 祭酒陳公仁錫登鼎甲，計歷會試九科，嘗見其祭李宗伯騰芳文云：「聞某每落第，先生輒爲廢餐三日，奈何以小子故，累先生二十七日不舉火乎〔四〇〕？」傳者笑之。李公建泰每舉是嘲庶常何公九雲，何歷十一科始第，尤爲前後榜稀有。

49 枚卜推孫公慎行、林公釬、劉公宗周，俱在籍，趣來京陛見。孫公道病，抵都門，卒；林公、劉公同入對。劉引蘇子瞻「求治太急，聽言太廣，用人太鋭」語爲規，上不悦，以劉官工部侍郎，用林入閣。踰月，林病卒，劉亦旋齟齬去。初廷推三公，頗極一時選，並弗竟所志，劉最伉直，屢起屢躓，輿論尤共惜之。

50巴縣王公應熊鄉舉出楊公一鵬門，鳳陽陷，先奉有撫臣不必移鎮之旨，屬王筆。楊既逮繫，衆遂力攻王〔四一〕，上亦未有譴王意。適給諫何公楷疏入未下，王遽録疏中語辨，何得以是枝拄之，用漏旨爲詞。家人坐罪戍，王尋罷歸。自來未有輔臣在事，遽刑戍其紀綱之僕者，稱異事。或謂陷陵禍大，漏旨罪微，未免舍大繩細，然時亦弩在弦上，不得不發也。

51上最重窺探招摇漏洩罪，防内閣中書官尤嚴，數年所見王陛彦誅，黄應恩絞，周國興、楊餘洪杖死。周、楊起白丁，窟穴東西房二十年，罪誠多端，然以歷事久，頗習典故，既斃，後進茫然，緣薛公國觀毒螫，莫敢言者。薛後勒自盡，聞二家親屬多就道揶揄之。

52自坊局五六品得列枚卜，各部院三、四品得與綸扉，各部屬得改授科道，各推官、知縣得選入詞林，於是内外大小衙門咸囂然，有踰涯越幅，希榮競進之心。因之厭棄職業，窺伺徑竇，弊有不可勝道者。亂國多制，往哲誠有味乎其言。

53東宮講官既定〔四二〕，項公煜、楊公廷麟各疏讓黄公道周。旨以餙讓詆之，廷論頗歸咎閣中。

賀公逢聖具揭辨，有「世之治也，君子自謂不足；其衰也，自謂有餘」之語，微寓箴砭。聞者因不滿賀，或云揭爲林公增志屬草，或云出黄應恩手，莫能明者。公揭賀特引自居〔四三〕，亦樸甚。

54北闈考試官出東長安門，乘輿詣順天府宴，宴罷入闈，比撤棘，仍騎馬歸。次日宴，往返亦如之。闈中略倣會試體，用中書官寫白紙題捲入大竹筒，加小銅鎖，外黄絹裝裹，具香案拜，府丞鼓樂接出進呈，始闔闈試。填牓夕，先畫格填號呼「草榜」，余紀事詩「烏絲畫榜馳爲帖，黄袱裝題鎖入筒」指是。

55闈中東壁有張公孚敬辭場詩，爲其庚辰會試日賦。己丑主會試日刻石，落句云「至公堂上焚香坐，有力誰能繫紀綱」，時一老舉子耳，殊稜峥有氣〔四四〕。

56丁丑會榜，北畿士連第者十三者，正魁二人〔四五〕，楚諸生亦登五人，頗稱快意。廷試王追駿卷甚佳，在進呈列，因「法」字依古體寫作「灋」，内閣黄公士俊指爲訝，抑置二甲。王爲余最賞識士，官真定守，遽没，余痛惜之。

57中翰陳公龍正篤學善談論，闈中所拔，如黄國琦、朱充鰈輩〔四六〕，才已窮，姑取胡維孚殿後。胡行稍不簡，物論籍籍，陳呼到訓飭之，答復不遜，陳怒作《醒迷記》一篇自訟，辭漸流傳，至上達聖聽，回奏再三，大行胡公麒生竟坐累逮。擬胡實於陳無涉，第以胡維孚同姓同經，頗曾來往，不無瓜李之嫌，上微聞之，特寬陳罪胡。事牽連踰年始息，亦其數也。

58蘄水姚公明恭初抑於廷論，掌院篆日，值會推，故擯不與，更優列其同鄉後輩。丘公瑜示意余，私憂之，事不宜激，且有變。無何，姚果與政府合，不一歲，裒然首推矣。諸少年意氣用壯，苦逼人入勝地，往往如此。

59上元程公國祥負清望，官大司農，待郎吏多不以禮，衆怨之，亦間涉詭激。嘗元旦大朝會，著緋袍，用藍繡補蓋其上，朝儀未有也。雖貧，何至不能具一補子。會武陵楊公嗣昌入閣，得連綴進，未幾，坐閑住去。

60北畿連用二太宰，爲田公唯嘉、傅公永淳，頗不協輿論，田尤有通賄聲，嘗有餽珠衣者，群妾喧爭至形白簡。二公進亦驟，大都北人善宦，諸大璫多其邑里，互致游揚。以余所見，直皭然塵壒之外，惟朱公之馮、金公鉉二人耳。卒並以殉難抗節聞，信挾持有素。

61編修黄公文煥，初以山陽令考選，值推擇館員，同鄉多欲得之者。給諫何公楷過詢，余曰：「屬黄是，如某某俱親誼，望亦佳，若論館員材料，非黄不可。」何曰：「君何言之決也？」余曰：「某生平不能作遊移語。」事遂定。是年各省以推敲館員屢致嚷鬧，獨閩中終始靡間言者。

62余既以經筵面對成公勇、朱公天麟不宜先轉部曹，上著閣臣傳吏部察奏。時閣傳偶誤，以余奏爲編修楊公廷麟奏，冢宰田公唯嘉恨楊甚，遂摘江右考選某事誣楊〔四七〕，經楊疏辨明，田始知誤，不便再改口攻余。恒思兹誤若或使之，使當日閣傳非誤，田必直攻余，必亦摘閩考選事爲誣，黄公文焕將受累非淺。黄每談及，輒歎爲弩下避箭，信功名之有定分云。

63御史成公勇先被推爲南銓部，改南臺，在事數月，弊絶風清，南中頌先後僅見。以救黄公道周疏，逮繫累年，困中節愈厲，真鐵漢也。余於公同年，僅一識面耳，若朱公天麟併面未識〔四八〕。時因余奏，得自部屬改館員、科道者十數人〔四九〕，上亦自是罷館員議。

64戊寅考選，同鄉有用匿名帖夜投省臺門，祈陰中諸同事者，跡絶醜。己卯枚卜，復踵行之，余身受其謗。所投帖後爲余收得焚之，謗沮不行，害人者竟亦何益。

65舊例，講筵禮隆重〔五〇〕，鮮與册封差，惟江右傅公冠嘗一行之。余援爲請，傅自云：「某座師錢公龍錫調之曰：『君離講筵得封差，何異巨魚之縱大壑耶？』」

66御史盧公世漼有恬退風，初授户部，辭疾，家居累年。勉起，改臺班，仍趣歸隱。余過德州，與歡飲，劇談别去。盧篤嗜杜詩，即家爲亭祀之，署「杜亭」，所詠有「將書抵塞三間屋，用酒消融萬古愁」之句，余深賞之。

67閩缺督學，太宰謝公陞偶過余，詢及。余遂辭，謝强余言之，余以翁公鴻業、侯公峒曾、馮公元颺、郭公之奇對。謝面加評品，决用馮，退語人以余言爲當。時顏公繼祖爲吏都諫，意有他屬，怪余撓其議，陰馳信吴撫，疏留馮，囑部即覆允，時謝業罷歸矣。余服謝能知人，私歎都諫器宇之非裕也，所舉四公，後翁、侯、郭各爲督學，馮至巡撫。

68學憲翁公鴻業舉浙解元，會試冠經房，廷試臚傳首二甲。禮部序應典中州試，宗伯李公騰芳頗意屬莊公應會，翁不平曰：「某與莊同臚傳，科名忝竊過之，公舍某用莊，何也？」李徐答曰：「吾意欲正文體耳。」翁默然。翁制舉藝詭奥，别爲一體，同年宋公玫亦然，時有「翁宋」之目，故李舉爲譏。翁後陷濟南難，死之。

69司寇鄭公三俊以屯豆、錢局二端忤旨下獄，甫就繫，風霾陡作〔五二〕，道路咨嗟，上旋采余奏，赦出。閣擬諭稍遲，二日始傳到部。時政府孔公貞運，其里人也，鄭繇是憾孔。察刑部尚書相繼繫獄者：喬公允升、馮公英、鄭公三俊、劉公之鳳、甄公淑，凡五人，劉、甄竟死獄中。時政方鍥急，嚴刑峻法，禍先中於執法之吏，若或祟之。嗣後，劉公澤深驟卒，李公覺斯落職去，無一免者，中惟胡公應台得賜告乘傳歸，嘖嘖稱前後稀遘矣。

【劉平恕，甄執險，得禍乃同，天道何繇可問？甄本天資刻薄人，鑒劉以寬敗，益文深自喜，福堂諸公皆恨之，及下獄，户外日有詬詈聲。】

70宫庶余公煌因經筵進講，内及時事云：「有加派不能無催科，有催科不能無鞭朴。」語自平正。上怒，於召對畢，特呼出責讓之，且曰：「凡言須可行，如前講臣姚希孟言漕糧可改折一年，豈是可行的？」衆聞失色。時姚已去位多年，猶嫌其講語不少置，英主難事，信然。

71宫諭項公煜，以召對面訐首揆張公至發，奉旨議處。部未覆，屬經筵，項出供事，既分班立，忽内傳「項煜見在議處，不准入班」，項踧踖退，尋外謫。余贈之詩云：「席前講草暮猶删，新散文華殿外班。」蓋指是也。初張與項並跪辨御前，項厲聲叱之，上曰：「輔弼大臣何得輕詆？」因之積嫌項。張亦旋罷政歸。

72簡討王公邵，山西保德州人，貌寢，氣誼挺然，最服膺黄公道周，亦與余善。輪對，頗爲上屬目。典楚試，中濕病，歸卒。志業未就，爲同人所共嗟惋。

73編修吴公偉業登會元鼎甲日尚未娶，余爲制詞云：「爾齒似爾鄉文貞，科名似文肅。」指華亭、太倉二公也。又云：「陸機詞賦，妙齡獨步江東；蘇軾文章，一日喧傳天下。」頗極鄭重。初周公延儒以會狀歸娶，年最少，吴爲周舉士，復如之，共傳爲衣鉢盛事。

74御史金公聲值有警，以庶吉士入對，改官。余視草，用「劉大夏力求補外，趙貞吉自請視師」況之，庶常未散館授臺省，亦固然耳。迨其後編修楊公廷麟坐殿，上疏條陳，改兵部主事，監督師盧象昇軍，則明置之死地矣。時内閣楊公嗣昌恨甚，巧中之，俾楊難解免，亦以併怵諸詞林。楊伅不死者，幸耳，視漢張湯、狄山事何異。

75 中書黄應恩以歲貢夤緣入，性狡狠，招摇納賄，遍交遊縉紳間，凡閩中黄姓皆與通譜，獨余否，且待之無加禮，爲所積憾。值張公至發在閣，才鈍，票擬茫然，稍延訪之，益藉此誇嚇人。嘗以子夜逼余代譔某講章，不可，晨遇直房，微數之，遽作色慢駡〔五二〕，從來無閣中眥郎詈五品講官理。余戲語諸同事曰：「某生平幸無得過於人，惟爲陳啓新參，黄應恩駡，其不善者惡之，差存本色耳。」拏問論罪，絞如法。

76 顔公繼祖爲余述黄應恩之言曰：「上御講筵，渠服沉香帶侍，香氣酷烈，上數拂龍鼻，莫測所從來。久之，渠趨過，上悟曰：『香廼從卿帶發乎？』」聞之笑絶。凡應恩所爲詭誕不經皆此類也，此詎可欺三尺童子。

77 余過郟城，令王某華州人，爲翰譔王公庭譔子〔五三〕，投余雜記。内載王在館中，適曾公朝節服新衣，稱雞皮縐，或屬對云：「魚頭參政雞皮縐。」馮公琦應聲答：「燕頷編修豹子班。」以王有燕頷相，面麻，又俗嘲陝人爲豹，用是戲之。其後周公延儒語余，昔鄭公以偉偶集諸同年，席間有云：「三甲原稱同進士。」蓋以同爲銅也，衆莫對，許公獬笑曰：「得之矣。五更最怕鐵夫人。」以鄭公夫人姓鐵故。又余邑舊令戈公簡嘗云，蒙陰公公鼐與臨朐馮公琦至交，馮主會試，公始第，出其門，書小楷請曰：「事之云乎，友之云乎？」〔五四〕馮立書其旁復之：「彼一時也，此一時也。」三事頗相類，録此存前輩雅謔。

78舟過鎮江，覩余媚周公廷鑨生祠巍然〔五五〕。時周適以銓部郎左官，爲題柱云：「地勝控金焦，此郡猶存三代直；碑豐嗣渤穎，如君豈藉一官高。」又安仁有二儒童，吴姓，迓郊外，不審謂何，聊題其手版勗之云：「此地曾産桂文襄，誰繼百年相業；二子倘如吴季札，請觀六代工歌。」

79淮藩册封禮竣，讌殿上，具太牢，用樂，饅頭大如車輪，王坐立南向，揖必三。越日，爲曲宴，宣勸甚勤，始終不出一語，疑藏拙。然淮故貧藩〔五六〕，宴辦自所封郡王手。余趣辭去，僅留二日，領甆器數種而已。

80經萬年縣，得楊公嗣昌、程公國祥、蔡公國用、范公復粹入閣報，爲悵惘累日。數公實非輔弼器，蔡、范在臺班平平，免例轉爲幸；程耄、楊愎。緣上疑深，决意簡六曹參大政〔五七〕，爲厭薄詞林之舉，僅禮部方公逢年在列，不久閑住去。楊恃蒙眷，卒用加派練餉亂天下。

81初，太宰商公周祚枚卜，先後推詞林二十一人，新資末品靡弗與者。得旨，汰其半，猶存冒濫，余亦叨列名，啓上疑始此。商旋逐去，本吾輩自釀成之過。

82 詞林封差舊倍於六垣，值薛公國觀爲政，盡奪予垣中，僅差吴公偉業一人。聞掌院王公鐸偶失辭，以敝衙門爲言，致薛怪怒，即余在籍轉假疏，爲例所宜得請者，亦票駁，乖戾可知。自是，詞林漸改心事薛，有入幕者，此蘄水、費縣之所爲首簡也。薛尤忌王甚，序應轉少宰，屢阻。王南行後，黄公錦遂俄頃得之，軒輊顯然。

83 余己卯家居，秋忽病，病中屢囈語，云：「魏文帝丕索太后册文，甚急！」不測何解。愈後爲家人所强，姑謬草數語焚之，攜藥餌行。中途始全平復，以逼臘入都。

84 敵破齊南，壓高唐州，垂陷，州守某窘急，適他省解到銀鞘無數貯城中，某遣諸生數人入營與講，以銀十萬兩雜綵繒遺之，喜去，城賴無虞。初，議事平後即地畝起科，加賦補還前鞘，至是諸衿紳持未肯，某竟坐逮繫論斬。余過高唐，傷之，題其邸壁云：「十萬全城計已窮，衿紳紛愬亦非公。廟堂不主仲淹議，空泣西風白露中。」時上怒甚，自東撫顔公繼祖、保撫張公其平而下，所誅三十餘人。士大夫進死敵，退死法，惴惴有莫必旦夕之懼。覺范文正公當時議論猶寬。

85 任丘稱近畿巖邑，列炮爲禦，點放不如法，炮内擊，城隳，遂蟻登。火器爲大利害所關，誡諸。

86庚辰，薛公國觀、蔡公國用主會試，連日大風，闈前虞門坊吹到棋盤街東，弘文華表復焚，觀者惡之。出闈未幾，蔡驟病卒，薛逐歸，尋有追回勒縊之禍。自來考試官不利無過是者，信文場大柄之未易闇奸乎。

87余乙丑同館，辛未應以編、簡入闈，值周公延儒欲多用宫坊，僅華公琪芳一人與焉。其後庚辰爲宫坊應入闈，復值薛公國觀欲多用編、簡，前後俱舛，余嘗訟言之姚公明恭所，姚嘻曰〔五八〕：「此好少好老之喻也。」色不懌。緣姚最畏伏薛，奉若神人，即薛議論强半出姚手。

88余輩方出郊送姚公明恭行，是日，適聞薛公國觀有府部看議之舉。偶便道過金魚池，余句云：「沉李浮瓜看過鳥，知他秦楚幾行歸。」意爲二公發。又余前賦《百舌鳥》詩起云：「物化悲何始，三生靳尚魂。」亦陰有所指。時政值烏程、虞山喧詬事，讀鮮知者。

89井研陳公演、德州謝公陞入閣。初，傳李公建泰亦蒙點用，三家得報同，李竟寂然。先是，蘄水、費縣大拜時，上即欲用李，爲韓城顯沮，云：「李某偏鋒，不可用。」至是復然。雖行止有命，可爲小人媢嫉之鑒。李旋丁艱去，遲三年，至癸未冬始真拜，雖欲不歸之，命不可得也。

90謝公陞再起太宰，過余，適敝郡缺守，衆思得舊守孫公朝讓〔五九〕，余以告，許諾，隨啓事，即家伯兄議部，亦推自公手。余於孫無交，採自輿議耳。孫後治狀稍遜前，爲惜。謝最落落難合，不揣何自投分？譴歸，余特贐送之如禮。

91余以少詹事署理府事，内計，詹府應考察屬員，久不舉行矣。余時廉其最無行者趙某開送，部列不謹。趙某爲茗溪私人，交通貴遊，嘗見緝於廠衛，逃歸，黜之。去一巨蠹〔六〇〕，頗亦捉免費獅子力。

92辛巳詞林考察，屬院長李公建泰爲政，被處者陳美發、魯元寵、王用予。陳韶年俊雅，苦爲暴於鄉，其邑人比之同時丁進且過之。初擬閑住，奉旨改爲民，旋邑邑卒。魯後仍以外計重處。

93薛公國觀既追到，寄郭外寺中。半夜，上遣錦衣衛偕巡城御史就寺勒自盡，其後周公延儒亦然。屈指十七年間，輔臣縊死者二人：韓城、宜興；遣戍者三人：長山、華亭、興化；餘爲民、閑住尤多。他若逆案中追擬〔六一〕徒、贖諸人尚未槩論，盤水氂纓，莫有峻於此時。

94庶吉士鄭鄤，余舊識之邸中，以救文公震孟謫歸，名重一時。魏璫誅復官，久不赴補，丙子始來京，爲温公體仁劾下詔獄。鄭家居實不謹，内行亂，鄉人切齒，其舅吴公宗達尤惡之。温疏明據吴，但疏謂鄭不合唆父挾箕僊杖其母，以爲鄭父謬杖妻，罪在不諫止耳。旨直以杖母加鄭，未免如律文所云「增減緊關情節」，獄具，坐極刑。考先後凌遲死，袁崇焕、鄭鄤並負不忠不孝罪，論者以其事體大，佐證多〔六二〕，莫敢及者。黄公道周與鄭交〔六三〕，屢暴爲無罪。罪誠不無，要與袁同置一死足矣。

95黄縣范公復粹〔六四〕，以大理少卿入閣，不一載躋極品，陰懷退志，忽於趨閣頃中道顛仆，氣息裁屬，出譫語。上聞，遣内璫齎藥視，佯不醒，用門板舁出，得致政歸。余輩送之郊，忽下輿肅衣冠，揖如常，迺知其僞。

96宫詹錢公受益，晨起趨朝稍後〔六五〕，鐘聲已動，馳進〔六六〕，爲衆擁擠僕地，門璫亟曳出，莫辨何人。朝退，衆共視之，已中風敗面不能語，扶歸，卒。錢素沖和無競，好内典，家貧兒幼，余首捐三十金賻之。用東宫講讀恩，贈禮部侍郎，予祭葬。失朝，罪止罰俸耳，稍後，即不宜入。命實尼之。

97司農李公待問在事久，以風疾告，上嘗召驗之，勉扶入，艱步履。罷，特予馳驛去〔六七〕，亦頗有疑爲托疾者。李初令余邑，晚刻深，倡練餉害民，議實自李始。

98江撫解公學龍陞任，例薦屬僚，黄公道周以降謫藩幕官與焉。閣粘疏進覽，上怒，遣緹騎逮二公，未到，復嚴催，衆知有廷杖之舉矣。甫到，各杖八十，下刑部。余趨視之，黄公以虧體辱親爲言，瘡重，神氣自如，醫言可調理。是日風沙大作，天色慘淡異常。

99濮州葉公廷秀，余同年，官户部主事，疏救黄公，業爲必死計。衛校至〔六八〕，不入内，即與偕行，小立待杖，進酒飯若平時，尋杖一百。余省之郭外，爲言每午後魂氣飄蕩，九死一生耳。太學生涂仲吉復疏救，亦杖一百。時上怒甚，謂刑部故延獄待救，司官吴文熾杖六十，尚書李公覺斯坐爲民去，舉朝惴恐，相視無人色。

【臺省林立，而如此義舉乃僅出一郎署，可異也。臺省林立，而如此偉人僅得一郎，又可異也。】

100 復自刑部移黄公、解公等下詔獄，葉公已歸里，仍逮到。時有密詔諭問刑官喬可用逼供黨與，諸公五毒備嘗，號呼徹晨夜，昏憒中有録姓名授之者，莫審謂何。旨下，逮編修黄文焕、吏部陳天定、工部董養河、中書文震亨，四人實於黄無涉，各疏辨，至劇詆黄。無何，黄復自北司移西曹，文震亨幾欲拳毆之，餘各出怨望語。流謗喧騰，更謂編修、吏部二公姓偶同耳〔六九〕。黄屬余、陳屬同鄉陳少參瓆，要嚇百端，詞多不可聞。

101 通政馬公思理坐發保涂仲吉革職〔七〇〕，下詔獄。馬前以草場事蒙禍，至是復然，生平凡再踐西曹、北司，備歷苦趣，一之爲甚，可再乎？亦蹇遭也。

102 黄公既繫獄久，屢讞屢駁，旨嚴峻。余偕同鄉蔣公德璟、王公家彦趨謁政府謝公陞，謝太息曰：「死矣，得遲秋後爲幸。」聞之失色。時督輔楊公嗣昌、司馬陳公新甲最蒙眷，俱以奪情事被劾，恨甚，有諷楊希、文潞公故事者，弗應。張公四知、陳公演雖與黄同年，情誼悠悠，莫肯出一語；魏公炤乘且下石矣。廠衛四緝，或造爲蜚語，謂蔣抵死周旋，余抱頭痛哭。欲併中余二人，勢危甚，莫知所出。會周公延儒即家召到，諸門生故人力從更之，頗自任，始竊竊有更生望。

【可見德州非端人。】

103 周公延儒再起元揆，得上意，筆舌鬆妙，善宛轉關生，揭救甚婉。讞上，黄公等得免死，各遠戍，黄加「永遠」，坐贓五百餘，諸同志陰醵金輸納，不使黄知也。葉公廷秀槖如洗，余爲鳩諸同年，復慮傷烈士之志，不務多，人斂二金，得四十餘金充贈，爲詩送之行，局始粗結。

104 自上登極，所廷杖靡一全者，給諫傅公朝祐杖六十，死矣。及是，黄、解、葉、涂諸公俱保全無恙，疑有神靈擁護力，葉有志性命學，聲色穆如，尤非徒氣節取勝。

105 滑縣魏公炤乘自協理戎政侍郎與大璫比，得輔政。魏爲錢公龍錫門人，錢屢貽書爲黄公道周地，竟視漠如，且若有深仇宿憾，然每擬旨，多不可了。周公延儒恒歎如此才謬入綸扉，誠爲衣冠之玷。

106 少司寇惠公世揚久經摧折，乍到，衣冠古樸，舉止生疎〔七二〕，具有先輩典型。初爲黄公解網計甚力，值其門人陳公新甲在中樞，必欲坐贓，必注定辰州戍，亦弗能移也。惠自云：「曩崔、魏時繫北司，榜掠無算，嘗於刑部堂受杖，幾斃者數矣。」卒臨履其地，異哉！

107 太常王公都在諫垣頗著聲，數趣余上章言事，比余差回更轉，趣之不動矣。日杜門著書，值同里謝公陞在閣，益自遠，圖避權勢。即事應，公正發憤，亦屢謝却〔七二〕，稍傷畏慎之過，所輯有《相衡法戒録》諸篇，多可觀。

108 少司空宋公玫〔七三〕登卿貳日，年甫三十餘，最警敏，歷官穩練，詩亦饒佳句，席間偶云：「少好讀書，不幸作外吏，弗竟所業。」余笑曰：「不愁丈作小吏，倒愁丈作大老耳〔七四〕。」以枚卜列名譴歸，值萊陽陷，死慘甚，言之於邑。

109 都諫馮公可賓工畫石，其父起震爲寫竹，父子自以筆墨相歡，所作石形頗圓苞。司寇張公忻嘗云：「馮公畫石一何似豬肚子。」聞者皆笑。

110 余初掌院篆，念前後輩廢謫多，與太宰李公日宣密商，自羅公喻義而下得九人，各詳開履歷予之。先爲項公煜、劉公同升、趙公士春疏請復官，仍移文催諸里居未到者，如楊公士聰、李公世奇等。楊原以糾邪放歸，不得旨咨趣，不便出山，余所爲苦心在此〔七五〕。

111 余疏末附言：「起居注體宜正，庶吉士官宜復。」旬月，忽得旨允行，蒙御筆字字加圈。時考選，諸推知鱗集，渴望館員，怒甚，即前自推知改入者亦不便余言。楚廖公國遴首造余，詰何主意，且欲率同考諸公俱見過，意示要脅。余正色答之，不爲動。是歲，竟罷館員議，因有癸未庶吉士之選。此官廢十二年矣，始自余復。

112 宫諭閔公仲儼初偕余典畿試，同降二級，閔復以胡維孚累再降二級。余時請同處分，疏云：「先哲有言，與同功宜，與同過貞，臣自矢不負友，斯不負君。」旨不許。至是，余首爲閔題開復，併及馬公世奇、郭公之祥、賴公垓等，得並免鐫級。又林公增志以他誤自編修降補待詔有年，爲請，亦復原官，稍酬宿志，兼存衙門體。

113 上丁遣祭啓聖祠，值駕幸國學，賜羊酒，得白羊一頭，不忍殺，畜之院中，每朔望依依鳴齕樹下，殊有致。

114 同少宗伯王公錫衮遣詣金山題主，便道過穀豐寺，晚歸，即摩訶菴小憩。院宇潔清，僧徒願恪，班役俱果腹去。越日，僧忽來言禮部拘提，謂昨失接待故。駭然詢，始知禮曹班役久谿壑諸寺僧，即穀豐寺亦非便道，直若輩藉爲索詐資耳。小人之未易防詰如此。

115 壬午元旦，上御殿受朝賀畢，忽宣傳閣臣來。上下御坐，東面立，命閣臣西面立，揖之，諸公惶恐跪退，具疏謝。余輩入揖閣，覩周公延儒有憂色曰：「此非佳事，上責備將益深矣。」識者謂元日降帝座，有東西易嚮之形兆，非吉〔七六〕。閣臣有「先生」稱亦始是日。

【以君揖臣，非也。大臣非罪在不赦，而遽勒自盡，亦非也。其遇之也有溢恩，故其遺之也亦有溢罰。上意固自謂鼓舞駕馭曲盡其方，初不知褻主尊，傷國體，胥失之矣。宜興之死，即死於下御座之日，「責備益深」一語，似略窺破機關，所當救過不遑，終日如刃在頸，而察其行事，乃無復憂勤惕勵意。豈天奪其鑑，而益之疾耶？】

116 講筵閣臣環跪力辭先生之稱，以君尊臣卑，且祖訓定制爲言〔七七〕。上曰：「或成祖以後制度耳，太祖時不爾。」諸公伏地不敢起，因諭以後大班召對稱「卿」，獨對稱「先生」，著爲令。上隆儒重道之美，千秋僅見。

117 舊例，江、浙、楚三省試官同日題。壬午應典試某公資頗淺，周公延儒難之，意有所待，屬余先題楚省，遲編修吴公國華、楊公昌祚至始另題，亦破格事。

118 庶子何公瑞徵久應轉詹，周公故遲之，欲留典南畿試。余爲言升轉便〔七八〕，周云：「昔葉文忠當國，坊局中有資深應轉者，留待試差。其人以爲言，葉嘲曰：『何功名之心急，桃李之念輕乎？』」事類此，何竟南行，尋致物議騰沸。

119 同館某公營陞三品甚急，若旦夕難俟者，余疑怪之。陞後數日即以家諱聞，計其期久應得報矣，仍遷延不去，以候覆疏爲詞。日會客，談笑自如。行日，其門生有用酒席餞送者。不欲言其名，洵爲世衰道喪之感。

120 余題院中堂柱云：「累朝恩禮兼隆，人重官非官重人，能忘稀光依日月；先輩典型在望，德勝才毋才勝德，好思礪節凛冰霜。」今不知尚存否，恐當荒滅荆棘中。

以上一百二十條

【校勘記】

〔一〕史館充導官　「充」，原作「先」，據臺北本改。

〔二〕始出與應酬　「始」，原作「姑」，據臺北本改。

〔三〕允稱福善祐怙之報　「怙」，臺北本作「恬」。

〔四〕氣象爲宗　「宗」，原作「宋」，據臺北本改。

〔五〕至紫陽微屬轉解　「至」，原作「主」，據臺北本改。

〔六〕遵朱遺楊　「遵」，臺北本作「尊」。

〔七〕黄公文炤輯有道南一脉　「輯」，原作「轉」，據臺北本改。

〔八〕謂余言陰中世情　「陰」，臺北本作「深」。

〔九〕劉性恭遜　「性」，原作「惟」，據臺北本改。

〔一〇〕第以世道人心爲囑　「第」，臺北本作「特」。
〔一一〕臨行夕　「臨」，據臺北本補。
〔一二〕紫色如金　「金」，原作「經」，據臺北本改。
〔一三〕客謁非至午弗通　「至」，臺北本作「亭」。
〔一四〕後進免燈薰苦　原衍「後進」，據臺北本删。
〔一五〕始知蘇子瞻所云　「瞻」，原作「占」，據臺北本改。
〔一六〕此未至時心耳　「心」字原脱，據臺北本補。
〔一七〕明乎畏慕之猶屬第二念也　「二」，原作「一」，據臺北本改。
〔一八〕詢及惘然　「惘」，原作「憫」，據臺北本改。
〔一九〕嫫母刀父是之喜也　「喜」字原缺，二本同，蓋避熹宗廟號也。據《荀子》補。
〔二〇〕後語猶小奥　「奥」，原作「粵」，據臺北本改。
〔二一〕承寒賜貂　「承」，臺北本作「冬」。
〔二二〕倡爲天啓七崇禎八之説　「倡」，原作「偶」，據臺北本改。
〔二三〕總兵巢丕昌降　「丕」，原作「王」，據臺北本改。
〔二四〕阻白溝河　「阻」，原作「祖」，據臺北本改。
〔二五〕始以　「始」，原作「姑」，據臺北本改。

〔二六〕不能遍及於貝字號者　「遍」，原作「遇」，據臺北本改。

〔二七〕非聖無法　「非」，原作「作」，據臺北本改。

〔二八〕余私念卷俱親閲　「親」，臺北本作「熟」。

〔二九〕其姻親靡入彀者　「靡」，原作「廢」，據臺北本改。

〔三〇〕甫自覺一二字未安　「安」，臺北本作「妥」。

〔三一〕孔誥　「誥」，臺北本作「詞」。

〔三二〕貴遊無不造請者　「無不」，臺北本作「罔弗」。

〔三三〕僕以數十計　「十」，臺北本作「千」。

〔三四〕尚知自好　「知」，臺北本無。

〔三五〕雖窮奇檮杌不　「不」字下疑有闕文。

〔三六〕乙亥内計　臺北本作「乙丑内計」，非。據《國榷》卷九十四載：「（崇禎八年）正月丙辰，命吏部京察。」卷九十六載：「（崇禎十年）二月癸酉，先是禮部右侍郎姜曰廣署翰林院事，因京察□□李明睿坐免，怨曰廣，發其私札，命曰廣回奏。」又據《明史·選舉志》載：「考察之法，京官六年，以巳、亥之歲，四品以上自陳以取上裁，五品以下分别致仕、降調、閒住爲民者有差，具册奏請，謂之京察。」「内計」即京察，乙亥爲崇禎八年，而崇禎年間無乙丑，則内計之年當在乙亥。

〔三七〕怪恨終身　「恨」，臺北本作「眼」。

〔三八〕姜公備受其累　「公」，臺北本作「亦」。

〔三九〕論即傷玷缺矣　「玷」，原作「站」，據臺北本改。

〔四〇〕不舉火乎　「乎」，臺北本無。

〔四一〕衆遂力攻王　「遂」，臺北本無。

〔四二〕東宫講官既定　「講」原作「諸」，據臺北本、《明史·黄道周傳》改。

〔四三〕公揭賀特引自居　「特」，原作「時」，據臺北本改。

〔四四〕殊稜峥有氣　「稜」，原作「積」，據臺北本改。

〔四五〕正魁二人　「正」，原作「王」，據臺北本改。

〔四六〕朱充鰥輩　「鰥」字原闕，據臺北本補。

〔四七〕遂摘江右考選某事誣楊　「摘」，臺北本作「摭」，下同。

〔四八〕若朱公天麟併面未識　「麟」，原作「祥」，據臺北本改。

〔四九〕科道者十數人　「科」，原作「斜」，據臺北本改。

〔五〇〕講筵禮隆重　「禮」，臺北本作「體」。

〔五一〕風霾陡作　「霾」字原闕，據臺北本補。

〔五二〕遽作色慢罵　「慢」字原闕，據臺北本補。

〔五三〕爲翰撰王公廷譔子　「撰」，臺北本作「林」。

〔五四〕事之云乎友之云乎　雪堂本、臺北本皆同，據語意疑爲「師之云乎，友之云乎？」

〔五五〕覩余媚周公廷鑨生祠巍然　「生」原作「主」，據臺北本改。

〔五六〕然淮故貧藩　「淮」，原作「誰」，據臺北本改。

〔五七〕決意簡六曹參大政　「政」字，臺北本脱。

〔五八〕姚嘻曰　「姚」，原作「喜」，據臺北本改。

〔五九〕眾思得舊守孫公朝讓　「讓」，臺北本作「議」。

〔六〇〕去一巨蠹　「巨」原作「臣」，據臺北本改。

〔六一〕他若逆案中追擬　「擬」，原作「逆」，據臺北本改。

〔六二〕佐證多　「佐」，臺北本作「左」。

〔六三〕黄公道周與鄭交　「交」，原缺，據臺北本補。

〔六四〕黄縣范公復粹　「范」，原作「危」，據臺北本改。

〔六五〕晨起趨朝稍後　「趨」字原脱，據臺北本補。

〔六六〕馳進　臺北本「馳」上有「奔」字。

〔六七〕特予馳驛去　「特」，原作「持」，據臺北本改。

〔六八〕衛校至　「校」，原作「較」，據臺北本改。

〔六九〕姓偶同耳　「耳」，原作「年」，據臺北本改。

〔七〇〕坐發保涂仲吉革職　「吉」，原作「言」，據臺北本改。

〔七一〕舉止生疎　「生」，原作「至」，據臺北本改。

〔七二〕亦屢謝却　臺北本無「却」字。

〔七三〕少司空宋公玫　「玫」原作「政」，據臺北本改。

〔七四〕倒愁丈作大老耳　「倒」原作「到」，據臺北本改。

〔七五〕余所爲苦心在此　「在」，臺北本作「如」。

〔七六〕非吉　「非」，原作「昨」，據臺北本改。

〔七七〕且祖訓定制爲言　「訓」，臺北本作「宗」。

〔七八〕余爲言升轉便　「便」原作「使」，據臺北本改。

自叙宦夢録卷之三

1雒陽陷，上當宁涕泗，自傷以天下之大不能庇一親叔，遣内臣、戚臣偕禮科臣趨視，賻卹良厚。先是，徐州獲豆如人面，守臣封進。同年丘公瑜私語余曰：「菽，大豆也。面形具有授首之象，應在親藩。」旋驗。

2鄭世子素不靖，王老，政在世子，至是薨，頗籍籍傳有異故，遣使趨驗，有跡，繳世子以聞。時禮都諫徐公燿實奉命行，還擢太常，尋晉僉都御史。

3皇五子薨，皇貴妃田氏出也，爲上鍾愛。幼奇異，薨時，頗有所見，追贈悼靈王，命閣臣擬號，加「通玄妙應真君」，禮部難之。上悟，爲罷「真君」號。初，欲正孝定、孝純二太后菩薩之稱，因亦中輟。

【使知明主可以理奪，則「通玄妙應」之號亦可無擬矣。然閣中每將順，而以匡救委部臣，幸而轉圜，則閣臣陰居回天之功，不幸而逆耳，則部臣獨當攖鱗之禍，所以爲閣臣易，爲部臣難，爲堂官難，而爲司官尤難。爲當日署祠司者，聞正郎有人狂喜如釋重負，蓋進恐得罪君父，退恐怨及朋友。聞之李唐谷云：「時省臺諸公共耽耽于祠司，儀注一上，

則必以他事巇之，不墜之深淵不止。」噫！亦危矣。】

4孝定皇太后外家李氏，富擅都下。初，神祖孝奉長樂，待之厚，至是以有警用詘，索捐助十萬金，不應。上怒，幾没入田宅，會皇五子病篤，云：「九蓮菩薩形見。」以爲言。九蓮菩薩，故孝定宫中道號也。旋復其家，予襲封武清侯爵。陟降左右之靈，蓋其有之〔一〕。

5上追念孝純皇太后篤生恩，欲布衣蔬食，終身示報。宫庶王公廷垣疏諫，上手諭閣臣：「朕以布素一事爲王廷垣所譏。」中微言孝純崩異狀，有繫帛痕，亦出自悼靈王口中。宫闈事秘難明，上驟聞痛悼，不便宣傳，僅以之密諭閣臣，鮮知者。余後繙閲起居注，爲所親見。布素事難行，兆亦非吉，聖孝則千古爲烈矣。

6繪孝純尊像，遣工詣新樂侯劉文炳宅，受瀛國太夫人指示，上外祖母也。繪成，迎入禁中，文武官列班侍，仍擇吉同貞皇后尊像恭藏内殿〔二〕。臨期，上中夜趣興，余幸偕祠部伯兄趨到。百僚多後至者，門闔不得入，内閣謝公陞亦然，至自請削職，繫獄待罪。旨慰存之，餘奪俸一二月有差，視聞朝例。

7張真人朝班，舊站二品末，忽越次擠都察院下之，衆駭然。時齋醮頻興，上注意，屢呼「大真人」，不名。賜禮部宴，部議准蕃僧灌頂法王例，宴設靈濟宫，用内臣陪從之。本禮侍王公錫袞、蔣公德璟議也，時謂得體。尋命工部爲真人造獅子府，恩太優渥。

8詔宋儒周、程、張、邵、朱六子有功聖學，宜改稱「先賢」，且命輯全書進覽。按廟祀〔三〕惟十哲稱「先賢」，餘以世代爲序，稱「先儒」。衆議仍「先儒」便，不可。隆儒重道自美事，惟六子遂巋然處及門左丘明輩上，覺亦未安耳。屬聖意所嚮，莫能堅持，亦祗行之國雍止，諸郡國罕有改者。輯書事終落落，信昔人汗青頭白之恨。

9孝陵龍脈所經，多爲民間開乞灰窯，或附葬。事聞，遣成國公朱純臣、新樂侯劉文炳、禮部尚書林欲揖趨視，賜宴中極殿，給路費。行時，成國督京營，欲選營兵千人護從，且攜營篆往。禮侍王公、蔣公諍不可。得旨，裁其半，篆留別委。成國意恨恨，抵南都，頗有煩擾，復爲臺省摘及，卒賴林公委曲調停〔四〕。閱歲還，繪圖呈覽，上謂禮臣深明于形家之學，嘉奬良至。同時各部正卿，惟林公最蒙眷，進退如禮，有盛平耆舊風。

10侍郎李公紹賢自詹事改理户部錢法，意不懌，嘗即署中新治一軒，榜曰「飲冰」。詢郎屬知吾名軒意乎？或以「受命飲冰」對，李曰：「不然，吾若不獲還詞林舊席，當服腦子死是耳。」傳者鬨然。未幾，叙還原職。

11周公延儒每語人：「宰相不答錢穀之問，詞林改計部，非是。惟兵機宜諳曉，備帷幄籌。」

議改一員爲少司馬兼學士，初擬余，辭。再擬同里蔣公，亦辭。周公意咈然，逼於衆議，廼即家起倪公元璐爲之。余輩所爲力辭者，固以樞貳儲督撫選，封疆重寄，未易擔承。時大司馬陳公新甲勢方横，亦不樂與共事故也。周公前佐禮部，嘗躬請督師，不允，以是得上意，頗亦自喜〔五〕。其後繇元輔驟出視師，甫移足，謗議囂然矣。天下事談何容易！

12庚辰廷試，上就中選四十人入對，自鼎甲外，優補科、道、吏、兵部屬。有進士某，試牘偶忘提頭〔六〕，旋追改，塗注滿紙，亦與選中，得御史。時方急材，不復以區區帖括爲意矣。同邑蔡公肱明，臚傳首二甲，應授禮曹，竟從新例改兵曹，亦稱異事。

13會試後，舉人乞恩就教，忽有旨，槩授部屬、推知，其廷試貢士亦選百餘人，一體擢用。閣臣陳公演揭請，上手報數百言，有「贊襄在卿，威福惟辟」之語。諸人輙自稱「庚辰特用」，請釋褐，竪碑，窮鄉俚傳，或呼「御進士」，至有給假家居公用進士冠服者，尤可怪也。余後在閣見江右一舉子疏，自詡「榮均及第」，駁之。比旨下，已從删削，知聖意不欲人議及。

14經筵，余叨講《尚書》「帝慎廼在位」章，末以「審幾」爲祝，願上「廓大公之道以應無窮，斂神武之威而歸不殺，及舉錯合萬方公論」云云。時黄公道周繫未釋，故微及之。司寇劉公澤深出遇余，舉手曰：「知公講苦心，言言規諷。」余亟遜謝之。空言濟得甚事。

【先帝雅不能受直言，聞此講而無忤色，想必有動于天懷者。後來鎮海得生，即權輿於此，宜興特迎機而導耳。誰謂空言不濟事耶？】

15余戊寅以封差行，所譔講章已及「託六尺之孤」章，比還朝再補日講，越兩年仍以「弘毅」章接講，豈兩年間多從罷輟耶？舊例，或邊警，或祈禱，或聖躬微不豫，講暫停。固時事多艱，益追想初年緝熙之學。

16新考選省臺，謁政府謝公陞，忽與深談朝事，微有謗訕語，爲諸少年交攻，落職去。謝城府素深阻，即隻字未易窺探，忽至此，若魔祟使然。既歸，後有遇其易服騎驢來往畿甸間者，不解何故。

17僉都御史一官，夙號雄劇，邇年稍不利，以余所見，陳公乾陽、宋公鳴梧、徐公燿、張公瑋俱卒官，豈害氣偏中於執法乎？宋父子並官僉院，亦世家盛事。

18吏都諫阮公震亨起掌計，關防頗疎縱，有通賄聲，逮繫累年，所誅連縉紳甚衆。阮非全不自愛者，緣暱信舊役丁某〔七〕，入其言〔八〕，丁因藉爲奸利。小人真不可作緣，可爲後鑒。阮舊官大行，余素交，省垣後始漸落落。

19御史路公振飛按部，偶檄余邑〔九〕取二紗充餽送，邑令戈公簡疑有他端，具盈箱進。路恚甚，幾欲指參，余輩爲力解始罷。路猶矯自振刷，繼是如光州、慈谿某公，每巡歷，索緞紗、犀品等物動累什百，下吏疲於奔命，日新月盛，不復知其不可矣。

20考試官撤棘後簡點試録，間赴撫按宴留旬日，亦恒事耳；未有偕直指宴累日夜〔一〇〕，選勝徵歌，解衣墜幘，併日從諸房考飲，如丙子某公所爲者。先是，癸酉，余同年馬公〔一一〕之驥同給諫劉公安行試閩，放榜甫三日即行，徧謝贈遺。兩公清德，閩至今猶豔道之。

21參政曾公櫻在閩〔一二〕，雅負清矯，忽爲廠衛陰緝，稱有人來京行賄營陞，見獲贓五百餘，輿論駭然。鞫實云：「繇鄭帥芝龍素德曾，陰代打點，原非出曾意。」撫按交章暴其枉，鄭亦具疏引罪，事達禁中。曾逮到刑部，甫一夕，蒙寬釋復任，鄭僅鐫級自贖，遠邇咸喧傳聖鑒云。時士民爲曾伏闕者頗多，御史劉公光斗偶詢余：「貴鄉曷感曾廼爾？」余以實對，劉笑曰：「奸民當更感也。」曾舊守毘陵，意主抑强扶弱，傷偏執，即在閩亦然，斗栳一案遂爲余郡數十年禍端。

22同時宦閩有施公邦曜、徐公世蔭，與曾公櫻稱鼎立。施至副都御史，都城陷，抗節死之。曾至少司空，以登撫失事，仍逮繫，脱歸。徐精吏事，屢舉廉吏第一，或云課實在施、曾右，擢撫安慶，時值兵連禍結，苦難措手〔一三〕，未幾罷，用違其才，或不無廉頗趙人之感耳。

23中丞熊公文燦撫閩，用招撫著聲，既移官總督，仍欲兼用之楚。獻賊狡，陽撫陰叛，熊日隳籠絡中。時楚楊公嗣昌〔一四〕、姚公明恭居中主熊議甚力，事敗，亦不能救也，熊竟伏法。蘄水破，家殲盡，今其子僑寓閩中。

24 總制傅公宗龍，以大司馬頌繫，得釋用。余舊識之，瀕行見過，語諄諄。師旋敗，創甚，不屈死。憶傅語余：「此際洪公承疇當最危，丁公啓睿當危次之，己又次之。」噫！詎知傅敗之在二公前耶，又詎料二公之終不死耶！

25 督師盧公象昇師潰力戰死，恩卹久稽，諸臣多爲訟言者，上終怒不省。聞盧與監鎗大璫左，初幾没其死敵狀〔一五〕，賴監軍楊公廷麟爲哀遺骨還報，事始白。大都督撫與鎮弁争，弁勝；與監璫争，璫勝，習爲固然。同時順撫趙公光抃罪編戍，頗亦坐是。

26 同年袁公繼咸，初視學晉中，忤某直指，被劾，逮入都，諸孝秀多白其枉者，得赦出，馴撫鄖陽。會襄陽陷，禍及襄藩，法應從坐，復蒙寬釋。時實以才見原獲徼。上屈法憐才，恩僅東撫王公永吉暨袁二人耳。當某璫總理户、工二部時，欲用部堂體見，袁特疏糾之〔一六〕，負磊落聲。與余舊文酒相得，後累官少司馬督師。

27 孝廉卜三奇，獲嘉人，能詩畫，談兵娓娓可聽。以計偕到，偶給諫周公而淳出閲視河間城守，挾偕行，遇河間陷，没。空以性命殉人，可歎也。又汝寧守傅汝爲困危郡久，城陷，投壕卒。

二公並余畿、楚舉士，其畿南諸生先後没尤多，亂世功名，真去之惟恐不速。

28給諫胡公周鼒疏請加懿安皇后徽號，逮下獄。上素事嫂盡禮，后父張國紀見自太康伯晉封，徽號稱自可緩，屬少年喜事之過，疑有陰誤之者。

29江夏賀公逢聖得請致政歸，上心念之，瀕行召入，宴中極殿。適余輩以枚卜召對，候殿門外，見賀宴畢，拜辭，放聲哭。上連呼「住」，不爲止，哭拜無數。從來無人臣哭殿上禮，且於形非雅，兆非吉，衆咸怪之。同時費縣張公四知，亦罷歸，上獨宴餞賀〔一七〕，見聖度權衡之審。賀歸，未幾，值武昌破，没水卒，亦其應也。

30召對，余幸偕蔣公德璟、吴公甡蒙點用。自詞林外，同列名廷推者六、七人，宋公玫、房公可壯、張公三謨，對亦辨晳〔一八〕。忽奉旨嚴駁不堪，著吏部回話，且旨即附見於余輩點用疏中，尤屬異事。余再疏辭云：「第欣拔茹，適當師濟，同升之期，堂泣向隅。」終有恩威兼用之感〔一九〕，蓋陰指是寓諷。聞蜚語流傳爲山東人自相排擠致然，或疑出宋公之普手，無確據，未知信否。

31越日，上尚青袍御中左門，皇太子、二王旁侍立，召吏部、都察院切責濫徇狀。太宰李公日宣、吏都諫章公正宸、掌道御史張公煊，同前推宋公、房公、張公俱下獄，聖怒赫然。時召帖無詹翰名，僅蔣公、吴公以部侍趨赴〔二〇〕，出班救，弗解。首揆周公延儒日偶病在直。自己巳枚卜喧呶後，兹再見云。

32余輩以季夏月杪上閣任，私念昔人舉大事多避晦朔，晦日月皆終，疑非吉。屬首揆周公頻來催，且云：「即日孟秋朔，上享太廟，閣臣無弗出陪祀理。」勉諾之，意終怦怦，後果致參差。同事中有冒重譴去者，周公亦終不免，孤虚避忌之談，所從來遠。

33初，召對行面恩禮，因環跪爲冢宰李公、都諫章公等祈寬，首揆周公以恐傷聖度爲言，弗允。獄具，直批從戍遣，出獨斷。李公寬和有度，人咸樂親己，微不無委徇之過，上嘗面責其瞻顧情面，多繩之有素。

【朝更夕改，旨自出而自忘之，先帝用人行政往往如此。上無道揆，下無法守，真莫甚于斯時。】

34處分李公旨，明諭此後枚卜照舊推詞林〔三一〕，惟吏部尚書、都察院左都御史准陪推，餘槩罷寢。海内欣傳，庶幾觀昇平舊事〔三二〕。乃甫踰年，而所爲特簡者仍見告矣。煌煌明綸，不能保其金石之信，孰爲爲之？

35早朝以聖躬偶患嘔吐，傳免。閣臣具揭候安，因勸：「葆精嗇神，節宵旰勞。」奉旨「輔臣忠愛之心，匡正之意，溢于言表」，傳詹翰官擬諭褒嘉，衆驚出意外，固辭，弗允。于是，詹翰官擬進。比敕頒，上親洒宸翰數百言，龍翔鳳翥，極雲漢昭回之觀，共詫稀遘云。

【此等舉動，上意固自附于虚懷納諫，其實王公之疏亦無甚逆，逆于汝心者，便真正搔着痛癢處，如「爲治太急」、「用人太鋭」之類，則必怫然矣。先帝之病，在自聖而惡直言，每每下詔求言，而言之觸忌者，輒得罪。初登極，吾鄉丁司寇退語人曰：「唐德宗之儔也。」噫！寧詎知禍乃甚于德宗哉！】

36 少宰王公錫衮，循例候安，亦蒙褒嘉，晉服俸一級。先是，王公與枚卜召對，上固欲用之，弗果。適雷公躍龍起少宰，未至，特令王公代，兼攝部篆〔三〕，而以雷改南京用。未旬日遂躋二品，稱異數。王公旋憂歸，倘稍久于其任，大用何疑，益信行止之有命也。

37 興化吴公甡協理京營，爲首揆周公薦入閣。初，陳公演意弗善也，事難顯沮，特具揭以整頓京營爲詞。上是之，幾輟吴入閣，賴周公力請，始定。陳公機最深，即于余亦加萋菲，周公嘗微及之。既同事，余執後輩禮惟謹，顧氣味不投，畢竟爲所陰中。

38 方枚卜，有倡爲二十四氣之説，徧帖都下。凡時流稍負才名者，咸羅入其中，余偕吴公甡與焉，莫測所自。後省臺屢有及之者，姜公埰至蒙重譴。余嘗於御前同吴公叩頭詳白其故，議始息。

39總憲劉公宗周，初以少司空抗疏革職歸，即家起少宰，未赴，連拜疏勸上勿溺情二氏學，多規切語。聖意不悦，晚御中左門召對，問：「曾見劉宗周疏否？」周公對：「見過。」復問：「何如？」周公揣知微旨，對：「其人素著清執，議論畧迂。」上曰：「清執須爲朝廷做事，若徒尋好題目，博自己聲名，便是假的。朕記昔人有言：『寧爲真士夫，毋爲假道學。』」周公對：「却非假的，其人苦節已數十年，實是真品。」上曰：「如此尚做得些事乎？」周公對：「儘做得。」天顔漸霽。周公善奏對，數言允中肯綮。余按，「寧爲真士夫」二語，出我朝邵文莊寶，不審何自達御覽，博綜今古之學，即是可推。

40司馬陳公新甲起家乙榜，繇邊道奪情驟擢，最蒙眷，言路屢攻之不動。每召對，虚恢辨給，首揆周公亦喜之，同鄉陳公演右之尤力，或余輩擬旨稍嚴，輒爲祈改。至是，逮下獄論斬，閣爲揭救，乞暫緩，須更俟秋後決，不聽。是日值講期，周公私嚮余歎云：「朝端殺一大司馬漠若尋常。」上神威不測至是歟！

41内璫劉元斌統禁旅剿李青山寇，頗有功。師還，或言其縱兵淫殺狀，南御史王公孫蕃疏劾之，驗實，上蚤朝面獎賞御史，立逮司禮太監王裕民併元斌下詔獄。裕民久侍左右，見秉筆司禮親重視外廷首揆等，元斌其名下也。上以其狡飾，屢詢不實對，怒甚。周公難顯諍，第用「因物付物，以人治人」之説進。未幾，劉、王竟死西市。時每召對閣臣，内璫輒屏去數丈許，語畢呼司禮監官來，始應聲進。既莫測何語，至裕民事益怪恨，謂閣中陰有意殺之，將來周公禍始是。

42初，考選槩收臺省，苦猥濫，議汰數人，南御史王孫蕃幾在汰中，緣是疏免。及都察院再考，有被汰御史張希奎，楚人，憤甚，直疏攻總憲王公道直，坐爲民去。時謂「王福至心靈，張禍來神昧」，相傳爲笑。

43上召對，偶及魏忠賢事，云：「朕爲信王〔二四〕，于皇兄非能數見也。請見，多爲忠賢辭阻。有承奉徐應元疏請贍田，忠賢怒抵之地，以疏無廠臣字。承奉悟，再易疏進，始得請。退以疏稿呈朕，祈熟觀。朕問何意，旁一老承奉云：『殿下何必問，今世界大都如此矣。』」語畢，因云：「舊輔臣黄立極謂皇上也曾稱頌過來，蓋指是也。」撫掌大粲。又云：「忠賢目不知書，何能爲？直皇兄過忠厚，爲所欺耳。然忠賢每見朕，輒有懼色。」衆頓首賀，信英武慴伏有素。

44王裕民既誅，諸勳戚多請所籍没第宅者，弗許。懷遠侯常延齡疏入，上以開平王開國功〔二五〕，後裔零落可念，特批予之，驚出非望。知聖意所風厲深遠〔二六〕。

45張真人應京亦疏請王瑺宅業，奉批給，屬同官蔣公擬旨，意難之。以工部見爲真人造獅子府，恩太優濫，宜罷給。首揆周公云：「小事耳，姑將順是。」蔣公持不可。比旨下，果如所駁，明主可以理奪，故非虛語。

46勇衛營原招納降丁三千人，久橫輦下，僉議夷性獷悍，久留慮生變，請撤赴薊鎮，聽該督撫約束，從之。瀕行，諸夷丁彀弓勒馬，偶語洶洶，猝以情形叵測聞。是夕，爲往復圖維，至丙夜始罷。降丁實驍健，但難畜耳。當有警時倘留此三千人營中，禍寧易弭（二七）。

47都尉鞏公永固疏請復建文廟號，偶召對及之，上有難色。余進曰：「此大典禮，海内屬望久矣，在成祖形跡間似有所疑，若以太祖大公至正之心視之，則聖子神孫俱屬一體，何疑之有？聖明在上，誠千載一時，願以太祖之心爲心，即賜舉行。」同官多助余言者，上終以事體重大，躊躇不果。

48召對，周公爲張采、張溥祈寬云：「二人肯讀書，博通經史，爲東南士子所宗。諸言官離書生未久，夙慕其名，致隨聲附和，非他有所黨比。」因言：「即如黃道周，亦以多讀書得海内士大夫心，與張采、張溥同。」蔣公因稱其博學清修狀。余進曰：「道周見蒙永戍，凡永戍之苦視死刑尤甚。死刑罪止其身耳，永戍且及子孫，閩楚隔遠，道周子幼家貧，流離可憫，倘可改充附近戍，徼恩非淺。」周公旁颺言曰：「也不爭近戍、永戍，皇上倘憐其才，倒不如索性用他。」上不答，微笑。退，隨奉御批：「黃某准赦罪復職。」閣中驚喜相賀，朝野歡傳，競頌聖天子如天賜，有泣下者。

49黄公道周既復官少詹事，余因召對，爲同年葉公廷秀極言其清苦力學，且銜恩負咎圖報狀〔二八〕，上業有轉圜意。會省臺連章稱贊，併薦及解公學龍等，疑竇開，機會遂塞。上恩威自出，惡臣下矯之爲名，諸臺省非可徧諭，往往以急性激成滯局，事非一端。

【當葉公廷杖時，省臺何無一言？窺機有可采，又急欲攘之爲名，而反以阻其嚮用。非可以言而不言，則不可以言而言，惡在其爲言路也？】

50上於烏程、武陵二公始終注意，嘗諭云：「故輔體仁何罪？直以參錢謙益科場一事〔二九〕致犯衆怨耳。使體仁若在，朕尚要用他。」又曰：「襄陽陷，嗣昌猶知愧懼以死。朕一夜夢嗣昌衣冠來見若平時，愬稱科道官議論不公。朕云：『昨見兵科都給事中張縉彦一疏持論稍平。』嗣昌摇首云〔三〇〕：『也不見得。』朕既醒，異之，因命予諭祭一壇。」諸臣不敢對。語漸傳，咸謂武陵負何靈爽，至動明王之夢。余後南歸，過廣陵，以私語都諫姚公思孝，姚曰：「武陵生爲奸人，即其死亦奸鬼也。」稽大臣没後通夢于帝，唐惟虞世南及我朝世廟時熊翀，不多見，事稱怪特。

51皇貴妃田氏薨。先，皇五子悼靈王殤，無何，皇七子繼之，追贈悼良王，皆妃出也。余爲譔贈册云：「魂依恭淑，痛並悼靈。」恭淑爲妃謚。二語叙王母子兄弟間，頗稱簡切。每歲節，妃及悼靈王前並用祝文。

52賜遊西苑，先命錦衣衛備馬，候許〔三二〕，騎行禁中。同遊自閣臣外，合勳臣、部臣十三騎，出西安門，歷圓殿，踰金鼇、玉蝀二橋，小憩。頃之，上御明德殿，入行禮。賜宴，延坐席棚下，左右分列。宴用金葵花杯注酒，奉饌俱光禄寺官，上亦即殿上宴。酒畢，起謝，召同成國公、恭順侯暨吏、兵、工三部署篆、侍郎商略久之，尋命放火箭、火槍，勢若龍蛇，所及數百步外。晚辭出，經紫光閣，閣前即太液池。時爲壬午季秋七日，荷柳未殘，鷗鷺群飛，依依有江南意，因復上馬，沿堤觀水磨、水碓等物，歸抵閣，已薄暝矣。惜當日不及詳記〔三三〕，歲久依稀憶録，遺漏已多，私詡爲蓬壺瑶島之觀，亦何遠過。

53司馬馮公元飈對客喜漫談，在御前亦爾，雖其家人猥瑣語亦以上聞。如云：「臣兄津撫元飈頃中風疾，遇廣東會試舉人，購得牛黄丸，始漸蘇醒。」諸如此類，難更僕。曩每遇馮公奏事，刺刺不休，諸同官爲腳痺終日，上恒傾耳聽，不爲忤。所謂魚水之緣者乎？

54馮公元飈忽詣閣請見，有喜色，云：「汴圍解，周藩及巡撫各官已渡河。」詢之，徐及河決事。余駭然，奈何以百萬生靈易數十人命，當有他故。久始知諸臣困圍中，援絶計窮，藉決河自救，冀乘漲浮筏出，即滿城魚鱉不遑顧矣。馮公時以侍郎視篆，惟慮失周藩爲罪，驟聞之喜，未細思耳。後有旨陞賞巡撫各官，益屬乖濫。

【是役也，巡撫嚴雲京及河北道楊千古實圍城中，諸公措通機關，故決河流以潰，汴百萬生靈，獲濟者不能百一，賊據高阜避水，實無所傷。總督侯公盛言賊淹没已十之七，且云：「初出都時，祈籤關廟，有不用干戈盜賊之語，今果然。」聞者哂之。然人心喁喁，謂朝中清議自在，即在事諸人亦惴惴。及得旨陞賞，輿情悵然，賞罰無章，何以爲國。】

55 頒敕戒諭諸臣，有「科道官替人保留、保陞」等語。給諫姜公埰疏辨，内云：「陛下何所見云然？」上大怒，謂：「埰敢詰問朕！」廷拏，下詔獄，楚毒備嘗。少司寇徐公石麟至因是去國，姜自率筆語耳，不圖得禍之重。

56 考選，召對諸推、知，閣臣並冢、憲二臣入侍，賜坐，給筆札几前，命録所對語。冢臣鄭公三俊、憲臣劉公宗周竟輟筆，惟余輩草草登記耳。對訖，二公另出班奏：「考選屬部院事，兵部不宜預題十餘人，奪臣職掌。」且言：「諸臣或以軍功、城功咸奉行取〔三〕，近速化，慮啓倖端。」上用他語諭慰之，意色不悦。實御前考選非體，易致贋售。二公侃侃執争，亦自是老成舉動也。

57 上仍將考選姓名發閣臣看擬，事屬首揆爲政。余見周公所擬定，前列諫垣，信錚錚極一時選。踰年，公罷政歸，所倡先發難醜詆不遺餘力，即曩前列數公中，有絶可怪詫者。余别公詩：「傷人可但防荆棘，桃李栽成也礙衣。」要世態從來如此，無足深歎。

58周公奉旨會法司清理刑獄，所寬貸多，或云其僕戚夤緣受人金錢，難全信。以余所見，如舊總河劉公榮嗣坐贓二十餘萬，追比法窮，盡從豁免；閩陳志廣計部，其門人也，権滸關以歲荒缺額七萬，屬余票擬，亦免追補。余途遇三山某同年，謂陳實以餽周千金致然。余笑曰：「以千金而免七萬，所得不已多乎？」事往往類此。

59時鄭公三俊、劉公宗周、惠公世揚並以舊德布列大僚，黄公道周、倪公元璐召未至，起廢賜環疏間下〔三四〕。上朝講頻仍，閣臣晨夕造膝。自崇禎十二年以前逋餉槩蠲豁，刑部鎮撫司罪囚清出三千餘人〔三五〕，廠衛斂手經年，罷榜掠聲，士大夫免羅織株連。時事差亦可觀，喁喁望治。獨宵壬恨刺骨耳，群閹佐之，潛媒孽其間。無何，寇驟入，聖意中移，自是機局遂一變矣。

60召候考縣令王燮、蘇京、王漢入對，並授御史，遣監軍。漢，山東掖縣人，余丙子畿闈舉士也，令河内，治聲冠一時，旋改巡按河南，甫三月超擢巡撫。漢負才略膽決，屢剿寇，躬冒矢石，自視在韓襄毅、王威寧之間，中州人尤盛贊之，每書來，余輒舉懼謀爲祝。

61周藩既避水北渡，洎河干，上遣都尉劉公有福、中允衛公胤文齎璽書勞問，仍發十萬金，命御史黄公澍前往賑濟諸被難宗民〔三六〕。黄舊官汴司李，困圍城，備嘗危苦，既受命，頗遲回不即赴，上特呵趣之。竣事還，復命按楚，所蒞俱險途〔三七〕。其人頗不爲家、憲二公所喜，煩言日至。臨發過余，辭曰：「疾不仁已甚，亂也。某縱真不肖，亦不宜見逼至此。」余甈然用好語慰勉之去。

62御史甯承勳疏有所論劾〔三八〕，或云屬某代草，非甯筆。上聞，召面對，命誦前疏，甯懵然不能盡舉其詞，坐降謫。時臺省機鋒閃爍間，不可方物，如御史衛某出巡關，有傳其留印信本紙某同年所，隨繕寫入奏者，蹤跡尤異。抑上安從聞甯事，或別有偵報耶？

63同年丘公瑜自宫坊即與枚卜，屢哀列。是年，頗不謍衆口，諸省臺苦聊蕭之，或以善武陵楊公爲辭，值其鄉錢天錫、廖國遴交通事，益滋葛藤，余力解之首揆周公所。丘時有家難，杜門乞歸，即余亦代擬旨允放。宸眷終諭留，馴至大用，要其沖襟達識自非浮言所能間也。當日仍允歸爲福，省後一著。

64屯撫袁公繼咸業經點用，閣循例填銜，忽改票，莫測何繇。徐思袁公甫釋自戍中，或聖意隱示鄭重，因改加「赦罪圖功」等語，末云：「如不效，前罪併論。」票上，隨得請。共歎衮鉞一字不輕假如此。

65給諫熊公汝霖疏有「二祖、列宗之靈飲泣地下」語，御筆塗抹，坐謫外。理宜稱天上，不應地下，然亦小過耳。熊先有疏規首揆周公洗心滌慮，周即其座師，怒，疑下石，事無確據。總揆地分疏不得〔三九〕。

66講筵例寒暑暫輟，是歲仲冬輟講後，上忽精勤，每日輪講官二員，講《大學衍義》及《寶訓》、《大明律》諸書。一夕御德政殿，講《西銘》，諭閣臣曰：「宋儒程子有言：『人主一日之間親賢士大夫之時多，親宦官宮妾之時少，則自然君德清明，君身强固。』語最有味，朕恒熟誦之。」于時邊報紛紜，講自若，以其餘裁决機務，夜分始罷。或隆古未卜何如耳，漢唐以來良所稀見。

67詔大小臣，許面陳朝政，投進職名即召見，有敢阻滯者，斬。于是庶僚末品競叩閽求對無虚日，如中書舍人吕兆龍連對三次，奏稱三日不見皇上即坐卧不安。甚至田皇親僕黄鳳周、皇親掌家董承憲〔四〇〕，咸僞冒弁流入見，瀆褻已極，因有熊公開元事。

68行人熊公開元自諫垣謫補，負才名，嘗于文昭閣面對，頗稱旨，因再求見。已奏事畢，請間，上爲移御内殿，屏左右，惟閣臣侍，熊請更屏閣臣，意效范雎説秦昭王事，首揆周公請趨出避之，不許。熊稍失措，遂面訐周公短，周亦奏辨，請罷斥。上以熊小臣犯分且詭稱密奏，非是，叱出，命補疏。越日疏下，余爲擬「姑不究」，内批「鎮撫司拏問」，逼供同謀。尋同姜公埰各廷杖一百。案駁經年，朝端展轉多事〔四一〕，自兹始。

69 姜公埰、熊公開元繫久，遇召對，九卿、科、道，各以恩宥請。左都御史劉公宗周請尤力，且援黄公道周事爲比。上曰：「黄道周係特恩，何得妄援？」劉益抗陳不少挫，云：「皇上即加臣斧鉞之罪，亦不敢辭。」上怒，聲色俱厲。僉院金公光辰復從旁代述劉意，並叱出候旨，諸臣爲引罪求寬，不允，駕暫起。良久，上親批「劉宗周革了職，刑部擬罪具奏。金光辰降三級調外」，遣文書官齎示閣臣，訖即發下。余心念劉累朝老成，所争執事正，倘令身就牢獄〔四二〕，謂朝論何？謂主德何？亟語首揆周公，宜留批面奏。周慮文書官不肯授，難之。余躬請之文書官，曰：「旨漫抄發，暫留此，少頃再召，閣中尚有所陳。」適其人年少和雅，答云：「容詢敝堂翁可否？」嗣聞司禮王公意亦緩〔四三〕。於是上張燈再御，周公兩手恭奉批，余輩同入，跪案前奏：「劉某罪自難辭，念已老，律有七十以上收贖之條，伏望聖恩免其刑部擬罪。」言再三。上徐曰：「果已七十乎？」對：「誠然。」上略起，俯手接批，思移時，改云：「姑念輔臣申救，奏其已老，著革了職爲民。」衆叩頭出。噫！當日亦殊費苦心，有封還詔書遺意，誰知之者。

70 方諸臣之爲劉請也，同邑蔣公以唐太宗能容魏徵爲言，上怒曰：「他安得比魏徵？」久之曰：「唐太宗才朕萬分不如，若論德行亦不讓似他。」既退，周公頗咎蔣失辭，余不解何故，周公云：「前有以漢文帝方上者，蒙駁：『何得用漢唐中主比朕乎？』意蓋在唐虞三代間也。」上取法於隆，誠美事，要躬勵其實焉可矣。

【蘇轍稱引漢武，哲宗亦怒。其實哲宗能及武帝萬一乎？人苦不自知，往往類此。】

71左通政衛公景瑗出撫大同，自意資序高，不宜外擢。先嘗劾宜興周公，疑周故厄之，實不然。其後，趙公維岳且以通政使撫順天矣。京卿膺節鉞寄，自正理，不猶愈于少參、僉事之躐躋者乎？各撫如馬成名、潘永圖、李鑑、何謙並自廢籍驟遷，即督師范志完亦傷速化，卒傾覆，無一全者。疾行多顛躓，信然。

【太常、光禄、太僕三卿寺及京府尹皆三品也，累朝多以節鉞出者，左通政四品耳，何謂不宜外擢？】

72司馬張公國維自總河尚書召入，疏稱離家久，乞四十日假歸省母，旋即赴任。許之。嗣因時事警急不敢歸，星馳入都。上喜，爲大臣先公後私誼，嘉獎再三。後得罪逮到，儌生還，大都得力此舉。

73司農傅公淑訓值有警，外解稀到，餽軍嗷嗷無所出，面奏願以身爲質，與皇上當出帑金五十萬，候解到補還〔四四〕。上曰：「卿是何言也，宮中府中均屬一體，朕内帑若贏餘，豈有不爲軍國用之理。」朝退，隨發二十萬。約略軍興以來，所發户、工部暨督撫踰數百萬金，不爲少，但用之未必一一如法耳。補還説更屬畫餅。

74 御史魏景琦家居，與總兵劉超交惡，超殺魏一家，據永城反。城中仕紳如丁魁楚、練國事等皆被拘禁，詔移師討之。巡撫王漢師抵城下，超不出，諸紳密通，約内應。五鼓，啓北門納師，直攻超，勢垂窮蹙。會暴雨，漢營城外，自步入登城樓，手持免死票，大呼：「勿混殺我百姓。」忽超弟越率百餘騎來，漢意我兵，即越騎亦不知爲巡撫，揮刃立傷漢。事聞，上當宁泣下，中州人並痛踊失聲，謂漢死，事無可爲者矣。漢善拊循吏卒，意氣英發，感動人。方擬屯田扼險，招徠各山寨豪傑，兩河響應，不意死，全局遂壞。朝議益發兵，超、越就擒。俘獻，磔都下。詔贈漢兵部尚書，廕一子錦衣世襲。令漢不死，勳業當别有可觀，亦稍傷輕敵過，惜哉。一子甫襁褓，未知後成立何如。

75 薊督趙公光抃自戍罪釋用，未受事，寇已大入，率各總兵逐寇。過都門言：「諸將願一望清光，求賜對，假之顔色。」上悦，如所請召見，命光禄寺備宴，閣臣陪，具儀衛以待。踰午不至，忽疏稱：「總兵白廣恩赴召，垂入城，有密言于馬首云：『召非佳意，疑即席擒之。』廣恩懼，奔還。慮他變，臣立馳詣其營，慰安之，召未能赴。」舉朝愕然，不得已改諭邊報急，諸將免召見，筵席牛酒等物仍賚賜。緣廣恩職鎮薊門，有失信地罪〔四五〕，方自危，憸弁得乘機要嚇，顧所傷國體多矣。上所爲深憾趙，卒置之法坐是，非外廷耳目所知。

76白廣恩本流寇部曲，或云即過天星，爲洪公承疇招撫，攜至邊，家屬從焉。至是，有違召罪，懼誅〔四六〕，擁兵自衛，駐邯鄲匝月，索餉與邯人鬨，疏詞悖慢，眾憤。然同官蔣公德璟偕宗伯林公欲楫數譽廣恩才，微護之。詢故，以洪公所薦爲詞，余曰：「當此事勢，即洪公不能自必，何況所薦用之人乎？」一日，閣部同議御前，遲回久，余進曰：「此兩言決耳。在兵部宜聲其罪示法，在皇上宜憐其才示恩。」上稱善，究亦不能從也。特遣内臣抵廣恩營，厚賜銀幣，仍沿途給餉，送詣督師孫傳庭軍前。孫戰敗，廣恩遂從賊叛，卒符余言。

【伊雒間有李際遇者，劇盜也。以受撫爲名，而剽掠如故，蔣公亦亟稱之，愚至中州，方知其無當。乃知當軸大臣咨諏宜廣，不可徇一二耳食之見，輒輕譽人。】

77魯藩國故貧，出納亦吝，寇垂攻兖郡，督師范志完分兵，遣將李輔明代防守，不納，貽札辭城中守禦已固，請移師，無勞駐止，僅捐十二金爲犒。師去未幾，城遂陷。范將原札繳呈御覽，信然可爲後鑒。

78宣督江公禹緒入援，師疲敝，間犯搶掠，得罪去，上自擇大理卿孫公晉代之〔四七〕。孫美風儀，舊諫垣著聲，顧於兵事非習，窘甚，疑政府陷之危地。其實在聖明鑒賞中，非可以口舌與也。孫與僉院金公光辰齊名，同爲吴公甡榆里友善，旁觀忌不乏〔四八〕。兹擢，特出意外，後蒞陽和任，稱病，屢乞休。上嫌一事不做，併疑閣臣代卸責。余邑蔣公至以是奉嚴綸，詳自記中。

79督師孫公傳庭，初以他罪擬辟頌繫，得赦用。其人有氣魄，師律嚴。總兵賀人龍屢倡逃，至陷前督臣汪公喬年、傅公宗龍陣没。盛擁兵入見，孫立數其罪，縛斬之，莫敢動，以是著名。所料理秦中兵馬器械頗精鋭，兩度出關，捷屢聞，並以功垂成驟潰，真堪惋詫。豈殺運之未除乎？或傳孫後入終南山爲僧，未知然否。

80賊中僞曹操初與闖角立不相下〔四九〕，孫督陰遣招之，有歸附意。事覺，爲闖誘，同時有革里眼、小袁營者，亦没賊手。咸謂闖自剪羽翼，無能爲，不知乃益張其勢，憂方大耳。聞闖稍憚左鎮兵，然每遇事急時，左輒引去。

81上屢目閣臣稱：「昔大臣有自請視師者。」緣吴公甡自協戎擢用，有知兵名，意默有所屬，吴佯不省。至是楚承天陷，上特御文華殿嘉賚吴公，屬以剿寇復仇之任，無所辭。時同邑蔣公屢請行，弗許。

82吴公甡既受命，議繇晉入秦，偕秦督出襄、鄧恢楚，咸云：「西北事見有秦督在，賊方南下，不若開府金陵，泝潯陽、武昌，規復承、郢便。」因議調邊鎮唐通兵，議挑選京營兵三千護行，議移袁公繼咸爲江督，通往來路。時寇未出口，道梗，留有所待。上于唐弁、袁督議未允。周公代請，尚在次且間。余意吴公宜速行，嫌難出口。一日，當領敕，置案上，坐語自如，不一視。

余私語蔣公曰：「出師頒敕，大事也。受命而惰，吳公其終不前乎？」不幸言中。

83 冢宰鄭公三俊既以奏對失上意，所擬起廢賜環事皆中格，即推陞亦屢駁换，疑閣中有參差形，實斗杓之地默自轉移，非拔山力所能助也。老人於後進才品勢難周知，亦稍傷偏聽，至議調儀郎吳昌時選司，余力言不可，初許諾，旋改，知有陰誤之者。疏上，余太息曰：「鄭公禍始是矣。」吳素佻狡，詭自附名流，遂一疏外轉省臺十餘人，復破例不用陪推，語籍籍，憾者益衆。

84 上覽調吳昌時疏，召問閣臣，選郎每用資深司官，或起家居，遍繙舊牘，無調自儀郎例，因詢吳昌時何如人。周公對：「冢臣疏調必有見，願召質之。」意亦憚代人任過故也。隨獨召鄭公入，鄭難他諉，不得不譽吳，且舉世廟時嘗一調爲詞，事始定。其後詆周公罪輒指是，余爲辨云：「周某原不承當，上不記召冢臣語乎？」上曰：「當朕召冢臣時，再加詰問，即鄭某已不敢堅承。」天鑒昭然，蓋繇時局裝罩成，鄭公雖悔之，亦無從自脱耳。

85 總憲劉公宗周得罪去，推李公邦華代，輿論翕然屬副院張公瑋，卒難其繼。鄭公面奏起惠公世揚。惠自少司寇閑住未久，上難之，閣臣爲代請，姑勉從。辭疏久不下，會鄭公罷，立擢方公岳貢副院，示意吏部請別用惠。旨以鄭矇薦爲罪，惠革職爲民，鄭議處。余思惠素清鯁，起廢籍蒙恩，非夢想及，矇薦罪不在惠，且原罪止閑住耳，驟革職太重，爲具揭救，不允。

86初鄭公議用舊銓郎孫公昌齡、林公胤昌典選，旨不許，僅就近起劉廷諫一人。劉盜虚浮望，非端品，苦無得力司官，至議調吴。余後詢鄭公調吴何意，答云：「吴與首揆周公厚，欲借吴用周。」然亦太委曲矣。時同事二少宰王公錫袞荷上眷，沈公維炳夙負謇諤聲，以鄭公一語不諧及，亦恚。積忤已深，猶得從容成禮馳驛歸，賴周公力，乃更謂周有意逐己，非余所知也。

【「借吴用周」自是文過飾非語，用選郎何事，而可使左右侍郎不與聞乎？偏愎自用，視參佐若贅疣，想亦自知，比之匪人，恐同事或枘鑿其間耳。】

87選郎林公胤昌，余同社姻好，交最深，部疏上，亟從臾周公推轂，閣揭亦多美詞。忽奉旨，有「朦陞降十五級之官」等語，出御筆，「十五」二字注其旁，捧讀駭然。上萬幾煩，何精察至此。想林在事日，杜絶請託，内璫輩銜之致是耳。媿不能進一相知賢者，真稱缺事。

88召對，兵部司屬擬邊道、腹道數人稍不堪者，改別衙門用。内惟蜀張公經對最詳，意氣壯往，旋擢定州道，城陷，死之，果不負所言。時霸州道趙公煇死尤烈，范公淑泰、張公焜芳亦以罵賊著節。

89登撫缺，擬曾公化龍，蔣公有婣誼，避形跡嫌，余力贊之。時議調閩水師赴登，用鄭弁將，曾即家統押前往，勢最便，況其才實佳。余公事時，曾見遇頗有不足〔五〇〕。然余謂用人，國大事也，從公家起見，詎容參私意其間。

90閩水師三千赴登，計費安家行糧七萬金，閩撫張公肯堂面對，慮難猝辦。余進曰：「水師惟鄭芝龍頗精，鄭鎮漳、潮間，閩、粤共之，費宜兩省分辦爲是。」旨允行。其後兵部議各省聞警入援，閩、粤、滇、黔稍遠，許折輸援兵銀若干，免調發，閩應折三萬五千金。余謂：「閩既調水師行，即同入援，視他省之全無調發者迥殊。」票從豁免。二事所省桑梓費不貲，差盡寸心耳。

【爲德於鄉乃爾，知先生後福未艾也。】

91御史李公嗣京按閩還，爲僉院毛公士龍特糾，疏列多款。時方嚴飭臺規，有不職，議行大罰。余召對奏云：「李某在地方誠不見有所振刷，亦無顯過，正是庸才耳，各省巡方類此者尚多，恐不勝處。」李後竟免罪。吴公甡爲李邑人，聞言亟謝余，顧余何所私於李，公道厚誼似適宜是，若其他有宜從指摘者，余亦弗敢避也。

92召對武英殿，余先同冢宰李公遇知有所商。是日，李面舉鍾公炌、王公志道、程公注、賀公世壽四人。上問鍾炌以何事去〔五二〕？余對爲鄧希詔事；復問王志道得罪繇，對爲王坤事。二人並舊大璫，語觸忌，弗顧。上終以鍾、王前革職，程、賀僅屬閑住，决用程、賀，所推挽未全售，群情觖望。余原約冢宰以李公覺斯併薦，未果。

93 巴縣王公應熊召未到，省臺有發其家居私事者，上面諭曰：「朕洞破機關，此廼不沮之沮也。」著議處，仍擬旨敦趣。時眷殊隆，怪後來頓爾扯淡，或云巴縣起本周公密揭薦，周敗，因與俱罷，亦屬揣摩。

94 江南北省臺自相水火，遇周、吴二公同籍、同事，故相歡，堅欲離異之。吴昌時尤挑搆其間，至謂吴公出督師繇周公密擠，及周公身自請行，復謂：「即日出國門，有意明以速形吴之遲。」噫，豈有是哉！憶某給諫語余：「各省議論合皆歸江北，即貴鄉亦然。」余不答。

95 閣揭例出元揆手，周公筆舌鬆敏，雅善是，嘗誚余輩曰：「諸公票詞何太板，吾從來不下一呆實字，要使仁者見之謂之仁，智者見之謂之智耳。」余輩亦私以太虛圓、多情寡執病之。一日，擬候安聖躬揭，周公小恙，屬井研陳公具草〔五二〕，偶用《易・頤卦》「養正則吉」語。即日奉御批甚長，内云：「朕宫中自覽章疏，外惟琴、射二項頗通，他無所好。」衆惶恐謝。上意或疑有所譏故也。陳筆稍拙滯，每措詞幾不可了。

96 南榜，周公一子一弟並得雋，後召對，上忽及科場事，云：「聞近來主司多取勢家子弟，明歲會試各房考官，先生每還慎加選擇。」周公俛首。因再舉錢公謙益前事云：「錢某行如是，即真學貫天人，亦復何用？」莫敢對，罷。錢公聞之，廼謂上深知己，特閣中忌之，洵負不白之疑。

97上冬春間恒朝，嘗諭：「朝參宜夙。觀太祖時某臣詩有『四鼓鼕鼕起著衣』之句，謹凛可知。」癸未元旦，上中夜趣興，御内殿久〔五三〕，群臣始集。余竭蹷趨至，偬入班，甚媿。周公云：「舊須閣臣到齊，駕始出。」想自有據。

98閣中西房牡丹盛開，讌集，偶得李文達公《玉堂賞花》詩一本，限韻，同時和者多。稍倣爲之，余得八首，因即用其韻送吴公行，亦八首。入閣後苦無暇晷，久未遑作詩，僅見是耳，亦可謂忙裏偷閒也。

99送悼靈王葬出郊，便道過慈慧寺，主僧與周公有舊，盛談本師愚菴和尚。飯後步蜘蛛塔，觀黄慎軒前輩碑，匆匆遄還，共追誦竹舍逢僧之詠，以爲歎息。

100西闕旁，相傳精微科直房三間，爲詞林候朝憩息所。周公特疏聞，屬工部改建加充拓，號「内直房」。每冬夜〔五四〕，閣臣輪宿供應，不時傳宣，大署其柱云：「王道蕩蕩平平無黨無偏，風動四方歸斂福；臣隣師師濟濟有馮有翼，日嚴六德是和衷。」規制差可觀。惟同署諸公以奪我鳳池爲憾。余前掌院篆，嘗病之，既在事亦不能改也。周公舉動輕任，意當日宜另闢數間，還詞林舊觀爲是。

101陳公偶具盒小坐，隸供役不如法，微呵之。周公戲占云：「雷霆怒震，睜眼罵火房幾聲；

谿壑欲奢，放手擺水盒二箇。」按，此俗傳嘲廣文語也，改用之，衆爲烘堂。

102 蔣公述其尊人作令日，同僚即事屬句云：「兄短弟長，驟見翻疑長者長。」久莫酬者。周公爲即席對「我唱子和，細聽轉覺和而和。」周公仍舉「林木森森」四字，「望日望月月偏明」七字，俱難對。其所誦昔人五字平側詩，如「屋角鹿獨宿，溪西鷄齊啼」之類，亦佳句也。

以上一百二條

【校勘記】

〔一〕蓋其有之　「其有之」，臺北本作「真有也」。

〔二〕仍擇吉同貞皇后尊像恭藏内殿　「吉」，原作「言」，據臺北本改。又「貞皇」下，臺北本有「帝」字。

〔三〕按廟祀　「祀」，原作「記」，據臺北本改。

〔四〕卒賴林公委曲調停　「林」字原闕，據臺北本補。

〔五〕頗亦自喜　「喜」，臺北本作「嘉」。

〔六〕試牘偶忘提頭　「忘」，臺北本作「妄」。

〔七〕緣暱信舊邑丁某　「暱」，原作「匿」，據臺北本改。

〔八〕入其言　「入其」二字臺北本無。

〔九〕偶檄余邑　「偶」，原作「隅」，據臺北本改。

〔一〇〕未有偕直指宴累日夜　「指」，原闕，據臺北本補。

〔一一〕余同年馬公　「馬」，原作「馮」，據臺北本改。

〔一二〕參政曾公櫻在閩　臺北本無「在閩」二字。

〔一三〕苦難措手　臺北本無「苦」字。

〔一四〕時楚楊公嗣昌　「時」，原作「特」，據臺北本改。

〔一五〕初幾没其死敵狀　「初」，臺北本作「當」。

〔一六〕袁特疏糾之　「特」，原作「時」，據臺北本改。

〔一七〕上獨宴餞賀　「上」，原作「亦」，據臺北本改。

〔一八〕對亦辨晳　「亦辨」，臺北本作「入辭」。

〔一九〕終有恩威兼用之感　「兼」，臺北本作「異」。

〔二〇〕僅蔣公吴公以部侍趨赴　此條臺北本無「吴公」二字。

〔二一〕明喻此後枚卜照舊推詞林　「詞」，原作「詢」，據臺北本改。

〔二二〕庶幾觀昇平舊事　「觀」，臺北本作「覩」。

〔二三〕特令王公代兼攝部篆　「特」，原作「時」，據臺北本改。

〔二四〕朕爲信王　「王」，臺北本作「主」。

〔二五〕上以開平王開國功　「開」，原作「閤」，據臺北本改。

〔二六〕知聖意所風厲深遠　「厲」，原作「屬」，據臺北本改。

〔二七〕禍寧易弭　「寧」，臺北本無。

〔二八〕且銜恩負咎圖報　「負」，臺北本作「召」。

〔二九〕直以參錢謙益科場一事　「錢」字原脱，據臺北本補。

〔三〇〕嗣昌摇首云　「云」字原脱，據臺北本補。

〔三一〕候許　「候」，臺北本作「俟」。

〔三二〕惜當日不及詳記　「詳」，原作「群」，據臺北本改。

〔三三〕諸臣或以軍功城功咸奉行取　「咸奉」，臺北本作「減俸」。

〔三四〕起廢賜環疏間下　臺北本無「疏」。

〔三五〕刑部鎮撫司罪囚清出三千餘人　「三」，臺北本作「二」。

〔三六〕命御史黄公澍前往賑濟諸被難宗民　「諸被」，臺北本作「被諸」。

〔三七〕所蒞俱險途　「俱」，原作「惧」，據臺北本改。

〔三八〕御史甯承勳疏有所論劾　「論」，原作「諭」，據臺北本改。

〔三九〕總揆地分疏不得　「分」，臺北本作「一」。

〔四〇〕皇親掌家董承憲　「憲」，臺北本作「獻」。

〔四一〕朝端展轉多事　原作「朝端眷眷多事」，後塗改爲「朝端展轉多事」；臺北本作「朝端眷眷多事」。

〔四二〕倘令身就牢獄　「牢獄」，臺北本作「獄牢」。

〔四三〕嗣聞司禮王公意亦緩　「意亦」，臺北本作「亦意」。

〔四四〕候解到補還　「還」，原作「選」，據臺北本改。

〔四五〕有失信地罪　臺北本作「汛」。

〔四六〕懼誅　「誅」，臺北本作「罪」。

〔四七〕上自擇大理卿孫公晉代之　「上」，臺北本作「旨」。

〔四八〕旁觀忌不乏　「乏」，原作「之」，據臺北本改。

〔四九〕賊中僞曹操初與闖角立不相下　「角」，原作「用」，據臺北本改。

〔五〇〕曾見遇頗有不足　「頗有」，臺北本作「有頗」。

〔五一〕上問鍾炌以何事去　「問」，原作「聞」，據臺北本改。

〔五二〕屬井研陳公具草　「井」，原作「并」，據臺北本改。

〔五三〕御内殿久　「内殿」原倒，據臺北本改。

〔五四〕每冬夜　「每」，原作「無」，據臺北本改。

自叙宦夢録卷之四

1上召對閣部大臣，間命皇太子侍立，諸臣致詞云：「臣等恭叩皇太子殿下。」叩頭畢，面答：「先生每辛苦。」一日，勳戚、科道各官同在列，皇太子意有所疑，跪請旨，久之，上曰：「照例傳。」因起答如前語。宫闈禮法嚴，每起居輒行跪拜，兹舉尤見其權度之精。

2日講例先進講章，臨期手牙籤指本文講。壬午冬，上始命案前鋪設講章如經筵體，遇疑義多所辨析。記講「狂而不直」章，諭云：「此聖人思狂狷之意。」講「吾有知乎哉」章，諭云：「惟無知故無不知，如明鏡空無一物，妍媸畢照。」天語屢出人意表。他如「罕言利」章、「顔淵喟然歎」章，以講官辭未暢，命閣臣面加訓解，首揆周公至另譔講章進覽。蒸蒸嚮學，莫有盛于此時。

3《尚書·金縢篇》議講非便，罷之。上不可，諭云：「講此見上世君臣一體之誼。」其後劾首揆罪指是，謂特令講《金縢》，屢舉周公以自尊大，並訾講官爲陰有所媚，初不知出自上意也，枉誣人不淺。

4司業韓四維，先以保舉受賂，事覺，被降調。緣周公師生誼，叙復舊職，旋題補日講官。無論神情詭陋，學識膚疎爲所共見，每詣御前，輒茫然不憶何語，始遺落數行，後並全篇失記，啞立移時，俯躬退。閣臣代請罪，以病解，上曰：「韓某精神不足，值囁嚅時，朕爲微引其端，幾是矣，竟講不出。」其猶得更換，仍還司業，屬聖度寬容之美，然衆爲惶悚甚矣。周公好私庇及門，事非一端，最破綻無如此者。

5皇太子講讀亦時問難，講《尚書》「敷在寬」章，問：「堯舜之世還有五品不遜的百姓麽？」講《大學》「見賢不能舉」章，問：「賢不賢至爲難知，操何術以辨之？」此余侍班日所親聞，他尚多。既講官對訖，徐答曰：「本宮知道了。」舉止端凝，音亦亮，但睿體差短小耳。

6懿安皇后既移宮入，上命即所居賜皇太子，改名端本宮。余輩獲趨視，宮如常第，連房曲室多耳。殿列方鏡屏二，高可數尺。時業定吉期選擇伴讀、長隨諸璫，擬即舉行。偶召對，吴公甡言：「冬寒，得稍遲明春爲便。」從之。聖情之毫無係著如此。迄踰春輟舉，亦復請及者，不解何故？宮即在文華殿旁，離東華門非遠。

7襄城伯李公國禎疏請選練官舍，面對，詞指激壯，驟蒙眷，屢承獨召，語秘莫聞。凡所請，靡弗應者。忽請御筆爲書其堂額曰「共武堂」。余擬旨，著中書官寫給，嗣聞已親灑宸翰畀之矣。未幾，遂改督京營。舊督恭順侯吴公惟英至憤懑卒〔一〕。吴儒雅，值有讐，頗亦著勞。

8舊司空張公鳳翔自戍所蒙召陛見，以僉舉知兵故，非上意。途梗，到稍遲，緣家居久，年漸高，入對所聆天語不甚真，辭多參錯。上怒，意爲飾病負恩有所避，著部院看議。部代委曲求寬，得改少司馬用。越年，復以張寂寂不聞自效〔二〕，革任擬罪，竟爲民去。總機緣不投，爲張計蚤宜銷聲匿跡，顧無奈廷議翕推，何所苦遭上下異意，真進退維谷也。

9寇北折思遯〔三〕，久屯駐三河、武清間，諸援兵莫敢擊。周公慨具揭，身請視師。上悦，即召見，諭「本日酉時出東方吉」，褒奬良至。周公退，趣裝不復過家，抵城門，夜深，已上鑰矣。坐門勳臣特疏聞，啓鑰驗出，留郊外一日遂行。事起倉卒，暫攜文淵閣印往，用爲題識，閣中權用翰林院印代之，稱二百年未有異事。

10周公視師，以兵科方士亮、職方郎尹民興從行。屬諸將驕蹇，久互觀望〔四〕，屢檄不前。尹憤甚，突手劍拉總兵王定詣周公前，欲與俱死，周公爲慰解之。疏聞，頗嫌尹輕率，即上意亦然。顧行間自是少知惕息，王定隨有斬獲功，竟賴尹一激力。尹楚人，俱有才氣。

11上素待鎮將厚，每疑督撫文臣作意凌壓之。偶塘報稱左良玉師律嚴，裨將王允成犯搶掠罪，立行正法。喜甚，趣具敕，遣内臣賫銀幣，即軍中賜示勸。閣請姑留，俟驗實，不聽。後察知王允成見在，前報果訛傳。復有稱左營靳江中奪舟卒數人者，復如前馳賜，旬日凡再遣使頒敕，再賞銀幣，究無一實。聞使至，左慢不爲禮，損威極，上亦無怒意。將將之道，信英主所宜留心。

12西協總兵唐通忽疏侵薊督趙光抃，語不倫，余擬旨下部察奏發改。奉御批：「公平出自政本，朕知識寡昧，惟輔臣是賴，鎮臣非萬分屈抑，安敢上疏？仍改擬。」余具揭謝，因言：「文武一體，情意固貴流通，上下相維，紀綱尤宜嚴肅。不便以鎮將單詞遽罪督臣。」併及近旨太優假鎮臣狀。諸同官沮余，謂：「批嚴切，姑引罪足矣。」余不可。上覽奏不懌，意亦微悔。及周公還自軍中，獨召對，猶語及之。余所爲失上意始是。後唐通遂封定西伯，寇至，卒叛降，與白廣恩同。

【文臣凌壓武，在承平時則然，兵興以來，武臣寖驕蹇，非復向時卑靡矣。上意偏右鎮將，終是矯枉過正，然非弼直如先生，亦何敢犯顔苦諍乎？】

13戎政侍郎缺，推張公鳳翔、張公忻、王公家彦、周公堪賡四人，即召見，三公娓娓條陳。王公爲余閩人，據實對，上決意用王。協戎號美官，先是，魏公炤乘、吴公甡並大拜，李公日宣亦晉家宰，時賢多欲得之者。比旨下，咸驚服。王公最清勤謹恪，簡在故有素耶？

14尚書倪公元璐初以樞貳召，連上疏請旨〔五〕，特改大司農。舊制，浙人無官户部者，辭，不許。既受命，因言：「臣以儒臣講官司邦計，當以堯舜之道、孔孟之學事皇上，一切頭會箕斂之術耻不屑爲。」嗣陳三策，曰大做，曰實做，曰急做。詞意廓落，冀一舉可生財、節財以數十萬計若在旦夕焉者，究亦不能踐也。

15給諫陳公燕翼疏攻黄御史澍，頗極醜詆。上怒，著議處。部未覆，陳忽題某差行，旨併究部科掌印官，陳遂降調。自媿不能留一同鄉賢者。顧其時風波大作，陳原擬罰俸，不准，即吏、户科二都諫且幾累及。所處光景有岌岌不可再留之勢，非事外人所知。

16御史黄公澍之按楚也，上疑都察院故擠之，命取原注差簿進覽，特召僉院毛公士龍詰問：「據簿尚有楊若橋，何故用黄澍？」衆未對，余不覺率爾云：「楊若橋，通州人，或其才宜於北，不宜於南乎？」上怒，變色曰：「宜北不宜南出何典制？」同官蔣公對：「有之。舊制，南人不差三邊，北人不差兩廣。」既出，自思臺差與閣中無涉，且余於楊道長非素識，何苦代對，致犯轉喉觸諱之譏。余先爲唐通事，業懷去志，至是遂謀去益決。

【推用巡撫由鄉紳主持，萬曆以前未有也。以鄉紳力得巡撫，則法必不得行於鄉紳，鄉紳力能抗之，亦能墜之，安得不聽其穿鼻乎？記熊公文燦撫閩，由鄉紳某公力，及受事，某公日通請謁，受賕無算。總百凡秘政皆自萬曆末年始，上恭默不〔六〕，輔臣無魚水之交，臺省咆哮把持朝政，巡撫、督學等官非預謀之其鄉要人，必不能得。至考選一途，純是同鄉一手拿定，無窮谿壑只在筆下幾圈點間，推知營臺垣費幾以萬計。前人作俑，後人效尤，薪火相傳，攸灼弗絶，其勢非懷襄洪流不能撲滅，而兵革之禍遂滔天矣。】

17少司馬彭公汝楠家居卒，撫按循例疏報，閣擬旨下部覈，亦平常事。吴公甡堅欲批駁，余争之不可，幾動色。稽吴公原與彭來往，初閩撫缺，吴公意欲得之，衆咸許諾，獨彭與沈公猶龍交熟，竟推沈，致吴移推晉撫，坐是恨恨。余因歎士大夫能平心克己之難，動以自己功名釀成嫌怨，身後猶爾齗齗〔七〕，雖賢者不免，抑余豈以同年誼私彭哉！部覈聽諸公論道，自宜是耳。

18余夜偕吴公甡宿直，有涿州守疏陳城守事，内及州紳某公，稱爲碩輔。吴議應駁，余即從之，票特嚴。録此見於票擬事無分毫私意夾雜，惟義所在。余謝恩原疏云：「處樞機之地，衆莫覩聞，遊衡準之中，意難輕重。」政謂此也。當日情事亦寥寥寡可告語者，任之而已。

19倉場白公貽清有耳疾，召對，天語殊不聞，姑就所職掌量應，竟成禮出，上亦弗覺也，尋晉尚書。時張公鳳翔以非聾獲罪，白迺以真聾蒙恩，功名定分信然。前孫公傳庭亦嘗因佯聾致疑，幾蹈不測云。

20少司寇朱公世守自南通政入賀，召見〔八〕，拜跪俛如儀。朱公舉制科垂五十年，老病，亦緣神廟時素不習朝參禮故也。出陪祀太廟，跪仆，頭觸地有聲，得致仕去。憶同館楊公汝成嘗戲云：「士大夫暮年愈愛作官，精力衰，既非姬侍所悦，舊友多凋謝，鮮所來往，夜又難熟眠，未五鼓即醒，正好入朝耳。」語雖謔，可爲後誡。

21周公自視師還，吴公正圖促裝，忽有旨，吴某仍在閣辦事，不必行。吴惶懼伏罪，著閑住去。先是，吴屢請就道，輒諭留。候寇退道通，候邊兵調集，候舉行遣大將宴禮，咸謂聖眷優渥，不知實窺覘吴行止何如。吴臨去亦自躊躇，慮有後命，料知禍之未遽已也。

22方吴公之甫受命也，冢宰鄭公擬爲請一品官銜，諸省臺疏日以方召、仲山爲況。余私憂之，不慮有阿比疑乎？既議改袁公繼咸江督，刺刺不休，即周公亦勸止之，云：「跡類要君。」吴怒〔九〕，謂周故被之不韙名，其究積此數端，總成罪案。此語自他人出之爲忌謗，余叨同事久，粗道其實，且以志消長之幾焉爾。

【一品官銜將以威將士乎？抑以威寇賊乎？以威將士，則閣部已足，以威寇賊，則萊陽宋公翼明有言曰：「賊只怕長鎗大劍，不怕高官顯爵。督撫崇銜雖加至玉皇大帝，亦無用也。」】

23周公未身出國門，讒間潛生，初環城上下數騰謗帖，有「終日召召，出一箇大曹操；終日對對，出一箇大秦檜」之語，莫測所自，大槩群璫爲之。上猶外示優禮。甫還朝，隨獨召對，諮詢良久。越日，宴中左門，上親爲舉觴，周公伏地固辭，始命光禄寺官排設，即余輩欣陪醉飽。未幾，遂有府部看議之舉。

24涿州馮公銓，爲周公同籍締姻，雅相善，屢議復冠帶示酬，憚衆論，未果。吴公尤力持之。以余有閣師誼，前票涿守疏不稍假借，恨並刺骨。其人負敵國富，通神手，逆案徒黨時爲前茅〔一〇〕，併東南諸浮慕名流亦陰歸之，余輩禍胎是，即通州暴致亨融，抑或其力。察廠衛獄詞，有「爲涿州所笑」等語，後通州面對，亦直舉馮某守城輸餉勞爲詞，微指可知。

25通州魏公藻德，前同熊開元、吕兆龍面對，頗稱旨。疏留中半載不下，忽召入文華殿獨對。退詣閣〔一一〕，述其故，微露上意。周公尚未悟，曰：「得無以錢糧兵馬事相煩乎？」余曰：「非也，上或舉行先朝商文毅、彭文憲故事耳。」余輩晚出閣，及金水橋得旨，魏某以禮部侍郎入閣矣，周公始服余先見。經其邸，貂璫滿坐。

26詞林舊無三載入閣者，即商、彭二公祗以本官加侍讀，無驟晉卿貳例。魏再辭閣，爲改少詹事銜，以嘉靖中吕文安本亦自祭酒加少詹入閣故也。少詹秩四品，乘馬，魏難之。以諮余邑蔣公，蔣其教習師，云「乘馬便」，殊拂其意，姑勉騎二日〔三〕，旋改肩輿。閣臣出乘馬，百僚避道，未爲不佳，不審文安當日禮若何。

27余杜門候旨三日，出廷謝，始知昨晚周公奉府部看議事。詢故，云：昨朝罷召對，司馬馮公元飈力言袁繼咸不任江督狀，上面命推换，咸舉吕公大器，上顧周公問：「吕大器何如？」不答，因致怒，有「玩誤推諉」之批。周公所爲不答者，慮吕難獨任，又袁督爲吴公甡力薦，吴得罪，馮公略窺測微指，因以爲逢耳。要之聖怒特借端發，意别有在。

28府部看議疏聞，上猶若惻然不忍竟其事者，命寢之，仍賜銀幣馳驛如恒儀。不數日，章滿公車，争摘抉夙昔紕漏狀。余爲擬旨云：「奏内事款多端，是否有據？從前何無指及？若因去後信口譏彈，豈言官入告之體？」時機局已全變，堤潰河决，故非區區木石所能支耳。

29東撫王公永吉以追寇入見，改督薊遼，發帑金二十萬充犒。時東省失陷州縣六十餘處，且禍及魯藩。昔顔公繼祖以濟南陷，德藩蒙難，逮正法，王公所失什倍之〔三〕，翻被殊恩，上微惜其才，且念受事淺，不深罪也。當日法官宜申請論如法，詔特釋之爲是。

30司農倪公元璐疏薦保舉生員蔣臣精心計、裕理財資，召見，以儒生巾服入對中極殿，上傾聽久之。既罷，余笑謂諸公：「此何異蘇秦説秦王時乎？」蔣盛談屯、鹽、錢鈔諸法，謂富强立致，特授户部司務。首議鈔，爲開局，畫格製造，需桑穰數百萬斤，事窒礙難行，卒無所濟。

31 御史黄耳鼎，余門人，疏首攻吴昌時，亦微規舊太宰鄭公。閣中周公、吴公並怒，余曰：「人各有見，科道官安能一一箝其口？」周公曰：「渠欲爲傅槐乎？」余曰：「事未可知，但不識吴昌時堪比鄒維璉否耳。」其後吴被劾，窮極醜態，覺黄疏猶殊渾厚。鄒、傅事見《熹廟録》中。

32 召對，魏公藻德奏數十年來[一四]畿輔人才屢被摧折，歷舉馮銓、史莛輩，陳公演遂言：「臣蜀亦然。初從王應熊起，見蜀人仕宦幾無一全者，如近日李鑑、趙維岳等，數挂彈章。」余進曰：「此似有緣故，不知所以然而然。如吕大器，蜀人也，亦參王應熊；楊爾銘，蜀人也，亦參李鑑。」陳無以應，恨甚。大都蜀人相傳有一種議論，前趙公維岳面對亦云：「臣爲楊嗣昌門人，王應熊鄉同年。」致朝論交攻，即陳公之于武陵，亦素執門生禮，陰秘之，外鮮知者。

33 上召對，歎：「周某負朕。」涕下，因言其佻巧狀。余出語同官曰：「諸公如爲周公地，宜爲上一處分，或閑住、革職，庶將來免意外禍。」莫有應者，後果致緹騎之行。

34 禮部周仲璉，浙人，與周公聯宗，呼伯父，多通内外，交遊有謪訕聲。御史周一敬亦然，業以他過降補，轉兵部，賴周公力賜環，仍出按三吴。值周公子弟雋鄉闈，具宗弟、宗姪柬爲賀，喧傳遠邇，事安得不速覆乎？董承獻者，武進人，客京師久，爲周皇親掌家，周公亦恒與來往，得恣爲奸利。捕繫獄，拷掠備至，所株引多人，言路疏至云周公「匿姬妾朝房中，其出視師也，僕隸輒需索邊將金」，語不可聞。總周公功過宜並論，其壬午以前半載所修舉補捄善端，卒亦莫得而泯也。

35 監司入賀，同時得京堂巡撫者數人，董象恒浙撫、蔡懋德晉撫、蔡官治秦撫、祁逢吉南京兆。内惟晉撫蔡公資望允協，餘不無訾議，亦多出其鄉省臺意，比事敗，率歸罪周公。如密撫潘永圖，兩年前一察處運判耳，躐躋節鉞，繇金壇某御史力保，衆所共知，寇闌入，潘竟伏法，而某御史優遊鄉寺如故也。連坐法寧有行理。

【自多事以來，銓司臺省由卿寺出建牙者，大都就夷避險。歷數二十年間，吴、越、江、閩諸撫有一不自卿寺出者乎？至於九邊、豫、楚當虜、當寇去處，則多由任淺監司驟擢，甚則乙榜亦濫竽焉。平日朝端議論，似謂卓犖奇才盡從銓司臺省出，其餘部屬藩臬皆庸碌闒茸，無足比數。而封疆重任，則偏要此一輩人當之，如潘永圖之類，皆以邊才薦擢，豈真推賢讓能？不過爲自己躲閃地耳。此等機竅，朝廷却不能勘破，亦可怪也。】

36 御史楊公鶚爲魏公藻德奏薦，面對，立擢順撫。楊公才自佳，自河東監差還，鄭公三俊、劉公宗周以其人爲武陵叔行，惡之，堅不與，回道考覈亦作意之過律。父子兄弟不相及也，不有叔向、叔虎前事與？

37僉事雷繽祚自德州召入，雷原劾督師范志完云「朝中有大黨主之」，遂遍發周公罪，至指司空范公景文、給諫沈公胤培等皆周私人。語既非確，又云「范志完有金鞍一副，附詞臣方拱乾入都餽送周某」。上立召方拱乾面質，方云：「素與范志完無交，道阻駐德州始相識耳。志完見督師，倘有重物，可自齎致，何必附臣。臣自德州間道攜妻子入都，即袍帶車箱等物盡留他寄，無輕性命爲人齎致重物之理。且此鞍若係真金，難勝載；如爲鍍金，價直亦可類推。」雷又云「拱乾行時，志完有馬兵數十護送」。方云：「微獨志完，即繽祚亦曾分兵送臣，道途患難相恤，自是常理。」于是，雷氣微折。上復問：「范志完在德州城外實戰否？」方即所見對，上曰：「范志完戰是實的，方拱乾代餽送是虛的。」拱乾無罪起去，衆共頌聖明朗鑒。是役虧方公據事辨析明白，然亦危矣。初咸疑雷有殊擢，越日，僅著回原任去。雷爲吴公江北人，或云有陰授之指者，察亦無顯狀。

38都諫某公，自兵部改授兵科，出武陵楊公力，備承獎植。楊没，忽疏列其罪，至請剖棺戮屍，朝論駭然，即上亦嗤笑之。以余所見，此種人殊多，偏受恩深，懼來指摘，倉惶極口彈射，冀爲轉身脱罪之地，如某省臺皆然。畢竟肺腸爲人窺破，終難掩飾。【此等憸壬，若數其罪而斥之，不大快物情乎？僅强笑之而已，所謂見不善而不能退也。吾鄉有仕彼地者，道其人以餉差畫繡作威福，暴横特甚。】

39吴昌時初改選郎，門如市，日夜往來宜興、興化間，視他人蔑如，即陳公演爲其座師，且圖傾陷之。臺疏有「關逢蒙之弓」語指是。既物議沸騰，周公爲擬解任回籍。事後，上罪及，余對云：「此人在京師一日，生一日風波，姑逐回，俟之論定，罪狀自在耳。」天顔爲霽。

40督師范志完爲御史吴履中劾奏，下詔獄。上面召兩人對質，陰令錦衣衛備刑具俟，既因范詳愬邊吏危苦狀，姑遣出。上意憾范志完輕、趙光抃重，且以諸臣多攻范，不一及趙爲黨，然又不便獨寬范，衆知二公無生理矣。是日，吴氣亦稍溢，即御前紛拏詬誶如訟師争勝狀〔一五〕，原屬非體。

41御史蔣拱宸參吴昌時罪二十餘條，獄具，上御中左門，先獨召金吾駱養性，語移時，徐延見群臣。畢，喝犯人來，遂拏吴入，小衣帽，兩卒夾之，廷中刑具森然矣。命蔣拱宸面舉前疏，吴逐款辨，未伏。上怒，命採下打二十棍，諸臣跪救請付法司論，不聽。杖訖，擬再訊，魏公藻德奏曰：「疏款尚多，小臣不足污金階玉陛。」始罷。從來無召對杖人體，且殿廷非行杖之所，損主德，傷士氣，爲縉紳二百年未有之辱。上猶嫌杖輕，切責金吾，著議處舊太宰鄭公，中外人情駭懼。

42上既遣吴昌時出，旋呼蔣拱宸，詢察辦西協事〔一六〕。蔣具述情狀，頗爲趙光抃訟功。上怒，併拏蔣下獄。蔣方力詆吴取勝，不意身自陷綱，害人者害己之端，信哉！上復命諸臣前，即座草手詔錦衣衛差官旗，催趣周某、吴某來京候質，謂「周蒙蔽欺飾，吴推諉要挾」，果指唐通、袁繼咸二事爲詞。余退，循省凄然。二公故同升，將來逮到，禍不測，叩頭力争，度未必可徼寬貸，要無袖手旁觀理，意難語人，私勃勃爲解綬計。

43每召對，侍御座旁，度立久將罷，陳公目示意，周公或點首，或摇頭應之。又蔣公與周公東班聯立，語不當機，周公時私肘之。至是〔一七〕，上曰：「周某自己不言，併不許卿等言，每日摇頭、撞肘之狀，朕所親見。」衆慄，伏謂：「聖鑒灼人微細，與容光必照同。」遇輪對益增兢肅。

44方周公蒙眷時，稱元輔、稱先生，賜坐、賜膳稠叠，閣揭當日即下，批滿幅，或越日下，即手劄婉言其故，云〔一八〕：「朕倚先生如左右手，不可以朕一言一事之失輕棄朕。」何等恩禮！比事敗，槩付東流矣。周公嘗言「孟子格君心之説最是」，君心一移，雖紛紛人適政閒，總無是處。自出山以來，未嘗加一官半級，即考滿應得誥廕，亦從辭免〔一九〕，故辨疏中有「辭十萬受萬」語。其實輔臣生平大節正不在是〔二〇〕，顧其身有益於時否耳。

【李文節立朝，冰操皎然一時，臺省豈不明知，然終不以是恕之者，亦謂宰相所肩者鉅，非區區曲謹小廉可以自了也。但文節在閣日淺，亦無甚破綻爲人所窺，彈射之來，不過從門户起見耳。】

45上特留心兵器，如西洋炮、炮車、空心敵臺之類，俱召輔臣入，手加指授。閩將鄭芝龍進到槍刀，歎其精，宣示閣臣，給敕賜銀幣，踰溢恒格。劉公宗周乃直以仁義爲干櫓之説，當面批鱗，無怪其目爲迂腐也。

46總憲李公邦華首劾御史二員：一李瑞和，閩人；一李仲熊，北人。井研陳公阿通州魏公意，擬處分，重閩輕北。余不可，並擬革職聽勘。時方公岳貢協理副院，方舊守雲間，李瑞和官司理，與相左，因間之總憲。所劾李仲熊按粤西，貪甚，魏公以梓誼圖庇之不得，陰憾余，至謂余右同鄉粤撫林公贄，讒言滋起。

47副院方公岳貢初爲漕道，駐蕪湖，寇垂至，移避他邑。御史鄭公崑貞疏劾之，方恨甚，既驟陟爲堂官，鄭窘不自安，無由釋嫌〔三二〕，任之耳。方尋大拜，然迄不能有加于鄭，無何卒。宦海風波，真非意料所及〔三三〕。

48同鄉銓部缺，議推中翰楊公玄錫，適里中有大力欲得之者，首揆周公、冢宰鄭公並爲言，余難之。已，二公去國，楊同浙江司官某推補疏發閣不點，例須改推。余爲從臾同事陳公、蔣公等具揭，稱冢臣李遇知新受事，首題二司官不蒙欽點，將來不便用人，因亦附改推旨同進，隨即點下。或誚余曷不避同里嫌？余謂人才苟真知可用，何嫌之避。凡余所爲癡心任事，多此類。陳公雖爲余勉具揭，意亦不悦。

49通州魏公倡議閣臣私寓概謝客，有公事朝房商議，請旨申飭。時大家方以酬應爲苦，從之。既旨下，加御批有「朝暮請謁者，廠衛科道官緝訪奏聞，罪斬」，特嚴厲，相顧悚然。魏公意廼欲以多通客謁陷余輩，益形己之孤孑耳。然則集思廣益非歟？蔣公後語余云：「前歸實有以多客謗上聞者。」知蓄機深險。

50時廣議興屯，中翰陳公龍正學多考究，謂興屯不如墾荒，談鑿鑿。余嘗面稱之御前二次，省臺中亦有薦及者，僅取所著書進覽，亦竟漠如。緣周、陳二公並非所喜，空添設二屯撫，集許多屯道、屯司爲他人借題。然灰之地，却置真能手不問，誠可怪詫。

51舊楚撫方公孔炤、余公應桂同以知兵釋罪召見〔二三〕，到稍遲，忤旨，後遂改用方屯撫、余秦督，委寄漸隆，究落落不知所届。年來屢有以督撫邊才舉者〔二四〕，强半畫虎。大司馬尤難其人，信知兵爲專門之學，非可旦夕趣致也。余同門中喜談兵者三人：趙公光抃、魏公公韓、萬公元吉，今惟魏公在耳。

52少宰推姜公曰廣、李公建泰，閣並贊其佳，詞隱右李，亦知姜不甚得上意故也。遂點陪用李。余初意俟李到，與握手别，且以國事詳托之。既自惟出處大義不便苟淹，念十數載深交從兹永隔，爲泫然久之。

53同年陳公士奇撫蜀後，無隻字入都，即疏揭亦少。蜀紳憾，有訾及者，爲擬旨改南京別衙門用，余意蜀論難齊，且拔出荊棘中，留此才駐南，將來尚可資緩急。不知陳何故竟濡滯蜀，業解任踰年，即新撫亦經再推，杳莫得其還山之期，咄咄異事。

54上雖譴周公，亦不以其故寬熊公開元獄，讞屢駁。萊陽破，姜公埰父殉難，家屬多死者，余爲奏，冀垂寬憫，上曰：「姜埰非獨子，尚有其弟行人姜垓在。」衆聞吐舌。久之，始蒙恩遣戍行。

55御史蔣公拱宸雖就繫，發奸風力，矯矯噪一時。忽廠衛獄詞中拏到醫人李某，供蔣初入京考選，許李五百金，屬周公爲營入諫垣。事不知真否，怪甚。同官蔣公爲擬云：「蔣拱宸已有旨了。」得渾其跡，不然又一番葛藤也。豈亦功名之際，未免色動耶？

56孝廉張繼盛爲余丙子舉士，家京師，多廠衛交，其弟諸生繼第尤甚，省臺要路强半與遊者，余謹謝罷之。孝廉卒，繼第遂羅入吴昌時案中，云受其寄頓物，家爲覆。有喬可用者，舊掌北司，前黄公道周獄屬其手，諸賢備受楚毒，至是亦坐吴居停獲罪，輿論快之。

57周公性故和易，遇意忤往往觸機發，如閩舊撫按蕭公奕輔、李公嗣京俱非所喜，數擬旨摧困之。編修黄公文煥，舊令山陽，借河庫銀累萬完餉〔三五〕，業經察明。疏聞，怒，謂「中有乾没狀」，特批駁。余以同鄉同年誼爲請，不可。黄疑周索賂，未必然，大要恩須自出耳。「無怨無惡，率繇羣匹」〔二六〕，《詩》所爲頌紀綱也。

58余郡久不治，楚門人夏雨金雅負才，自比部擢，政行方有緒，適薊督王公永吉舉監軍道數人，列名請，夏末與焉。部遂推夏往，余駁云：「監軍原舉多人，何因舍近用遠。」旨竟從中允。媿不能留一賢守造福枌榆，抑心力盡矣。余歸，尚有議留者，不果。

59僉院金公光辰嫉惡嚴，有貢生潘某，桐城人，與孫公晉有連，遣見時，余掌院篆，甫就坐，忽金公來，潘辭去。金云：「公何與此人周旋？」余以孫公對，始罷。潘父中丞，舊逆案中人，久留京師，尋以科場事被糾，至詞連少司成某。金公故自有見，爲余直諒交。

60南北舉子緣科場詿誤，被黜者九人，覆試得概復，門人劉砥中與焉。是年，登第二人，不知從前諸公何苦借端磨勘，摧折海内書生。宋人謡：「不管河北界，却管秀才解。」今古一轍，溯源自烏程始。

61會闈副主考序屬蔣公，通州魏公得上眷，暗垂涎其側，一夕偶云：「誤蒙大用，致鄉會試不得與，班役有怨色。」蔣公漫以將來事慰之，答云：「安能邑邑俟此乎？」衆始疑訝，至是，果越次點魏。自來無登第三年主會闈之理，内謀昭然，併累代典章、盈廷議論通不遑顧矣。余先夢旨下，有陳、魏名〔二七〕，以語人，當亦前定。

62舊例，每日申時出閣，迄今吏報繳牌申時本此。後延至夜深，或二三鼓，固内旨叠傳，亦諸公自行遲滯之過。余既與蔣公對秉鈞軸，相約早票早彙，薄暮即報竣矣。行抵長安門始燈，漸復古制。每夜一人輪宿直，事簡心閒，中書官歎十數年稀見。

63蔣公遺祭國雍，余獨守閣。是日疏最多，余手票六十餘本，他汎嘗出旨者不與焉，殆百餘矣。察連日先後鮮爾〔二八〕，豈上意欲以鞅掌見困乎？亦漏下即出，寡駁者。票擬自有體，覺迎紕誤傷，體頗不足〔二九〕。

64操江高公倬甫任〔三〇〕，衆堅執宜換，啓上疑。忽有旨，文操臣缺，著裁革歸併勳臣，以誠意伯劉孔昭總其事。余同蔣公揭稱「官制驟易，將來統轄、呼應、聯絡均非便」，求發部院詳酌，復傳諸部科執奏，不聽。上久欲重勳臣權，特南召撫寧、忻城、誠意三侯伯來。方議復漕運總兵舊制，外廷仍嘈嘈搆之，致中決無從挽回。誠意前爲發倪公元璐〔三一〕事稍得過，其才亦自可觀。

65南守備魏國病，予告。御批問勳臣誰可任此？余同蔣公回揭：「勳舊諸臣概少來往，未有確見，不敢輕易推舉。」旋奉批：「外廷見聞甚廣，豈有勳臣才品通未一識之理，不過云此該部事，部推有一不商確輔臣者乎？未可諉不知，仍著具奏。」蓋上疑已深，詞厲意猜，非復如平日温藹氣象矣。余姑再同蔣公婉答。遲會闈撤棘日即乞身，不啻以日爲歲。

66方周公在事，遇吏部起廢復官，疏多委余，不知何意。如許公譽卿、蔣公允儀、張公采等，俱經余擬旨釋用，上意或疑狗比。余舊救司寇鄭公，鄭起柄銓，余雖屢自遠形跡，終在側目中。又與趙公光抃同門，前唐通事，上默疑代趙報復。在鄭公、趙公，復以余不顯代推挽爲訾。事難自明，每有啞喫苦瓜之恨。

67推官黄端伯密疏訐益王過，詞多不倫，下部議。部請密行撫按，逐款體訪具奏，從之。仍發黄回籍聽勘，事秘無有知者。聞黄沿途將原疏公刻送人，孟浪至此！疏亦微及閣將，要皆荒唐恍惚語。

68闈期佇逼，部覆舉子開復併諸陳乞疏尚留中，爲揭奏：「諸生三年磨厲，萬里間關，耑望此數日耳。過此，雖復朝廷浩蕩之恩，已非躬被。」併言今歲遭警，迂道改期，勞費可念狀。旨始下，距入闈僅旦夕間，中遂有裒擢高第，如庶常何公九雲其人者。

69會榜放，陳、魏二公入，余勉追陪。晚出，垂登車，私語蔣公曰：「明晨不復進是矣。」蔣猶疑漫語。余心念宋儒胡文定公有云：出處大事，宜内斷于心，如人飢飽自知，非可決之他人，亦非人所能代決。故雖蔣公稱同里相知，晨夕聚首，未一輕露去意，臨別始微及。即舍弟暨二婿同處邸中，亦不以告，頗自謂决幾之勇。

【真要去，定不語人；呶呶語人者，定未必去。】

70具揭稱病，出直，奉暫假調理旨，次日即上疏，堅卧求歸。越數日，得請。余先寄家中書云：「聞罷官報是好消息，家中可酌酒相賀。」余非忍恝然者，顧國家事實難措手，意嚮倏移，扞格恒生，徒强顔伴食何益？大臣「以道事君，不可則止」，即聖門律令，亦衹得如是耳！

【孔曰：「不可則止。」孟曰：「可以止則止。」可，正從不可中看出，道不可行則可以止矣。先文簡晚更號止菴，意亦取是。】

71曩周公終日言决去，即陳公亦云。周公曰：「公那得遽爾？譬頂閘糧船，須第一幫船先行，次幫始繼之。」余笑曰：「亦難盡拘先後，公不聞有抽幫之説乎？」然余平日未嘗效人輒套稱棄官，嘗語蔣公云：「盈虚消息，時至則行，非獨戀官之念不著胸中，即棄官之説，亦覺無所用之，要看到頭一著何如耳！」想蔣公猶能憶此。

72或以余一疏即放爲非體者，釋之曰：「三揖進，一辭退，禮也。」往見萬曆中諸輔求去至百餘疏，或七八十疏，稱危愬苦，詞蹙意窮，冀一動天聽，不可得。余蹇劣，何敢望前輩，惟此一事差爲省力耳，亦自解嘲。

73 余早自束裝，聞命後，疏辭銀幣，得旨即辭朝行，計期未十日也。仍具疏勸上「簡發章奏，愛惜人才，雄斷仍本小心，詢謀無妨舍己，毋以仁義不效，輒疑王道爲迂闊。或狂愚可矜，尚望神威稍霽」云云。自知非入耳之談，葵藿之忱，笥梁之誼〔三二〕，實亦不能已已。疏竟留，踰歲始下。是日，出國門，餞送禮訖，覩水木清疎，爽然如釋重負，忽追念十九載翰苑隆恩，十五月綸扉殊遇，自兹闕廷望斷，補報無繇，又不覺愴然欲涕矣。

74 上祀天地祖宗至虔，南北郊躬詣數次，每歲四孟朔享廟，昧爽即出，露腕秉圭，雖風雪弗避。嘗值祭社稷遇雨〔三三〕，禮益肅，群臣同陪拜雨中，衣冠盡濕。【字字是先帝對症藥石。】

75 上覽文書，恒至夜分。每宿直，及亥子時尚有匣封自門隙傳出，當即擬進。匣口皆親署，品式詳明，關防周匝。召對動移日入夜，内侍張數燈就照，或一二鼓始罷。御座旁僅一金壺，手自注湯，未嘗有他供具。嘗手諭：中宫多病，皇貴妃薨，宫中缺人，議選淑女充九嬪。業命製翟衣冠備用，旋有旨罷之。一切聲色玩好咸屏絶，成湯之不邇不殖，文王之亦臨亦保，直易事耳。自云幼無人講授，自點《尚書》數遍，有難字輒從《正韻》攷釋〔三四〕。所御德政殿甚狹，惟閣臣部正卿宣入侍側，侍郎以下官止門外立。偶一次誤入，退後隨傳語數端〔三五〕，爲余親見，他難縷悉。恐朝野或未周知，聊識其概云爾。

76無論皇太子英睿夙成，即定、永二王眉宇並天人，誦書清圓，作字端楷。講罷，呼「先生每吃茶」，音如玉。册封業蚤定，雍雍肅肅，無前代園綺之虞，衆所共瞻。余行時，已有旨選長公主婚，尋亦未果。

77余在閣〔三六〕，嘗遣祭先師孔子一，遣分獻南北郊二。記爲編修日，分獻西哲，先演禮，畢，從閣臣宴明道堂，閣臣上坐，司成陪下坐，餘概旁列。宴用葷饌，但不設酒耳。比余以癸未春至，覓所爲明道堂，已久傾圮，亦無議修復者，各分散齋房寂坐。回視十年前，不勝滄桑之感。

78抵灣舟路，料理二日，遍辭送客，遂行。過天津，巡撫馮公元颺執禮甚恭，下車立候，送舟過始罷。爲寄聲其弟司馬元飈，以閩兵將爲託。

79門人蕭時彦舊令溧縣，送岳文肅《類博稿》閲，知李長沙文正爲岳婿，詩文殊明健。昔楊新都拒太監張永封伯之請，永舉劉馬兒封侯爲比，楊曰：「劉馬兒族人劉聚有功受封，非其身也，事見岳蒙泉集。」命中書官取《類博稿》來，揭示之。知前輩夙有味乎斯文。

80德州盧御史世漼久索生誌，舟中爲草一傳投之。盧以久病不謁客，難獨破例，僅移札來謝，可謂「發乎情，止乎禮義」也。余傳中言：「《中庸》『遯世無悔』之旨與《易》同，在《論語》『用行舍藏』之上。舍者，世舍我也，機繇人；遯者，我遯世也，權繇己。如兵家之有水遁、火遁，驀而忽失，雖鬼神莫窺。」理甚微，余亦故自河漢之。

81 臨清劉總兵澤清來，周公前出視師，署劉中軍，余偶詢及之。劉云：「周公駐通州，提督王公承恩、襄城李公國禎謁見，不迎不送，謂閣體宜爾。」二公並三軍之帥，出，媿其麾下，有怒色。得禍坐是，理或然乎？劉具牢餼進，却之。日暮更益之至百金。余笑迺公豈辭少受多者〔三七〕？却如前。爲言途槩謝贈遺，温慰之，去。

82 過濟甯，遂遇周公船，病未愈，挾一醫一僧自隨，叩余別後狀，余不便深言，第云：「上嫌公巧耳。」周公曰：「巧之一字，我不敢辭，上如此聖明，豈一味拙直所能伏事？委曲彌縫亦將以求濟也。」爲留話逾久。夜禁舟人鼓角聲，慮傷其意。明晨仍過別，周公業載木自隨，情景淒然，知同永訣，直如杜甫送鄭廣文台州時。

83 同門御史劉公光斗會濟上，時麗計典，深扼腕。舊總憲某公挾私修隙，併其邑令某貪淫狀。年來賞罰偏頗失平，林壑憤歎。劉過誠不無，才質尚堪鞭策，遽以一眚錮人，無怪其負不平鳴也。詢劉以迎其子公車抵濟，云迎送皆然，爲劉相傳家規，亦異。

84 出黃河，舟子具豚酒酬神，强余攝衣冠謝。憶辛未奔父訃歸，抵清浦，二舟忽膠其一，强催發，柁折傷人，詢裝宅眷舟子，頗慳窘，未具薄祭，且意同舟可併福也。至是，余笑曰：「河神夙有索酬意，吾食之，祭獻如禮。」已，經寶應湖，風浪洶湧，家人皆嘔伏，余開窗偃視，與相低昂者四十里。垂入口，他舟有覆者，獨所乘穩自如，遂抵高郵。相與和欸乃之歌，以爲神德。

85 晤淮撫路公振飛，適編修黄公文焕至，黄以清理河鏹留淮踰年矣，賴舊邑子諸生遞給之，所注《陶詩》、《楚詞》類可觀。偶詢陳啓新居淮狀，云「不知所之」。陳初奉革職、撫按提問旨，余頗謂嚴，侍從官囚首公庭，非體〔三八〕。陳先嘗劾余，顧余以情理衷之，宜爾。

【撫按提問與刑部提問亦争不多，每見大臣下獄，刑部郎據案論之，給事囚首撫按前，何爲不可？總是明旨在上，不以公庭論也。且駔儈以口舌得官，又何足惜。】

86 過維揚，問吴公甡信息，云：「已入都矣。」泊舟某寺前，有老僧善姑布術，方造然燈佛閣，索句，爲書舊所題禪寺語云〔三九〕：「參東參西没巴鼻，摸着拄杖庭前栢樹；蓋天蓋地大胸襟，流出車輪池底蓮花。」

87 無錫高學憲世泰被劾家居，自云得罪楊武陵。其試武陵諸生題「楊朱、墨翟之言盈天下，天下之言不歸楊」，致恨刺骨。語亦自粲然有致。高即忠憲公猶子。

88 孝廉曾異撰附余舟歸，喜吟詠，日課數詩，年甫五十餘，鬚髮白盡矣。途遇楚門人吴驥，邀與共載，余姻郭闇生煒亦偕行，晨夕對酒劇談，差不寂寞。渡江後，始漸分去。自笑亦一落第舉子比耳，廿年前風味猶在。

89宜興萬公德鵬素于余非識，戊午偕計偶邂逅，慨然以車馬畀余同乘傳。至徐州，時伯兄學憲公尚諸生，亦聯鑣行。偶途遇其邑人某給諫，附訊起居。萬仕太原郡丞，久家居，老矣，相見有戀戀綈袍意。

90得雍丞黃公居中信，黃夙偉視余，別後屢圖一南行訪舊，如南雍闈院部之屬俱適左〔四〇〕，念之悵然。其年業八十餘，嗜學，神明健善，寓陪京久，余書招其歸里云：「丁令威道成化鶴，猶一歸視城廓，矧吾輩乎？」

91鳳督馬公士英調到黔兵一枝，繇江右道徽州，沿途頗搶掠。駐祁門，祁民憤甚，夜閉祠中焚之，死八百人馬。公疏聞，上怒，地方官併徽紳、御史金聲俱逮問。金舊庶常，以家居倡議練兵，指爲罪。無何，忽蒙恩擢翰撰，徐知爲總兵唐通奏薦。唐原隸劉之綸部下，雅熟金。詞苑清班，迺關自邊鎮武夫口，可歎也。

92御史楊公仁願，數言事，《請禁飭廠衛疏》尤佳。得旨依允，本宜興、江夏二公力。比余出都，事局變，所删改廠衛原敕已照舊行。閱吴昌時獄詞，有「楊御史仁願上疏後，廠中久不與事」之語，蓄憾殊深。余過揚州密語之，怵然心動。聞楊以監差出，有緹騎陰隨其後，跡行事無所得始還。信城狐社鼠之喻。

93 赴宫諭徐公汧招，偶云：「蘇郡近青衿恣横，挾持官長，諸紳莫敢問。連值中丞張、黄二公折節下士，單箋短幅，可立投進。諸友相遇問何之？云適從黄又生談來耳，即中丞公别號也。」余駭甚，不意士習瀾翻至此，賢帥諸公不得不任其責。

94 高王父藩參公守松江，有惠政，舊祀三清祠，歲久漸圮，近承諸吏民捐貲修治，焕然一新。余擬遶道私詣松，洒埽祠下，懼爲候人所跡，致煩酬應，不得已僅書貽太守、司李二鄉丈〔四一〕，惓惓聲謝而已。子弟輩他日有能奮武，竟當爲雲間一行，補余此段缺事。

【太守爲吾鄉陳蓮石公亨，司李爲林遵默公慎。】

95 武林〔四二〕遇姜公曰廣赴南詹事任，余問曩井研陳公與公同事南闈，察陳意，微若有所不足，何也？姜公云：「余初入闈，即明告陳曰：『公能任，任之。不然，請悉以見委，毋使此中人譏議。』謂公以中卷欲提衡南士也。」余私歎姜公伉直乃爾，近鮮見，宜不爲同事所歡。

【此語如何令人受得？自廣狹人，姜公還宜自任過。】

96 姜公自云：講筵遇上，或箕倚，或他瞻視，輒拱立輟講。一日，何公吾騶講云：「國家遇承平久，紀綱日廢弛，風俗日頹壞。」上怒叱之，何跪，因言：「此時天必生一大有爲之主，俾整頓紀綱，移易風俗，依舊乾坤再正，日月重光。」加許多讚頌語始意解，令起。按，余叨講幄五載，從未見上有怒叱講官之事，日講稱「先生」，禮數隆重，若致倐跪倐起，觀聽謂何？姜公既所目擊，何公亦卒登樞筦，理難究明，豈或上初年事乎？

97 宿武林監院，署中有石亭，爲同年御史張公任學碑〔四三〕，云：「忽萬雀集庭前，分列前却如佈陣狀，異之，搆此。」張後巡按河南，慨上疏請改授總兵，從之。棄繡斧就兜鍪，大是怪事，雀陣豈其兆乎？竟鬱鬱謝病歸。

98 淛會城殊空虚可慮，余過日，撫按暨守令俱缺，監司僅三人，半稱病，吏治耗敝。聞江右袁吉報，人鮮固心，訊之宦淛者曰：「杭百萬户薪米盡寄關外，雖富家不甚畜田，倘城門閉三日者，無人色矣。餘杭於潛山中有小徑，如獨松關類，往往通他省〔四四〕，三衢勢據上流，常山草萍驛要路，議設兵，苦無額餉。」前經揚郡亦聞如皋、泰興之間，水道一日夜可抵常熟，昔張士誠嘗因之。凡此皆士大夫所宜急心講求，待事急後籌及，晚矣。

99 同榜館丈，業概登三品，迺鼎元余公煌尚滯銀艾，頗以與修《要典》爲累。每擬陞，慮啓紛紜。然即《要典》同事諸公，亦靡弗躋卿侍者，獨淪落自如，真爲負彼一官。余過杭，特馳數行慰謝之，兼志余媿。

100杭俗喜訛言，即邸報抄傳非確〔四五〕，或訹語余云〔四六〕：「常、玉、鉛山一帶盜起，路不通，宜改從江浦入閩便。」余私念奉旨馳驛行，大臣之義，豈可聞警迂馳，眩人視聽，仍繇孔道抵衢州。睹商販踵接坦然，益悟前説之爲風鶴耳。幸余不爲所惑，不然其不貽輕動之誚也者幾希。

101鉛山得舊總憲鍾公炌刺，知避寇徒是，聞翰撰劉公同升亦然，流離跋涉良非得已。鍾前同事楚中，宦最達，余未離坊局，業官少宰。談得罪故，爲順撫趙公光抃獲奸細，解法司會訊，業輸服。上命司禮王裕民再鞫之，駁爲僞，盡翻獄詞，坐爲民歸。事亦出意表。

102車盤驛爲江閩分界，經過多留題者，碑碣墨蹟滿堂壁間。余歸，僅借民家飯，視驛爲風雨剥盡矣。此決宜修復，無論襜帷暫駐，即前賢許多佳句，何忍聽埋没瓦礫中。近物力非裕，有司亦罕舉厥職，如鉛山道中斷橋橫木支柱，余步過數次矣。駕長虹亘海者，何人哉？

103晚過分水關，雨雪交下，草樹並凍結。關門閉，鼓吹交作，守關卒盡登埤視，驗實，始啓行。山高嵐重，咫尺不辨人馬，從絶頂馳下，勢若建瓴氣象，殊雄快可喜。關實可扼險守，第用數百夫當關，復何異秦函谷？

104延平會門人祁令熊佳〔四七〕，得王公應熊驟歸報，衆論稱快，余默然不喜。王公誠忮刻，前不宜召起，即起亦可因其辭罷之，豈有遠詣都門，不容一日覲闕廷理？此何異摶黍呼小兒，招來麾去，隨手戲劇。諸公紛營目前，毫不爲國體計矣〔四八〕。有識者或不謬余言。

105 抵省，諸司多出迓，撫公即雉樓布席俟，其送也亦然。在道頗具威儀行，余林壑中人耳，豈藉是誇榮父母之邦哉！用以宣播國恩，激厲鄉俊，示大臣出處光明之義，不可廢也。以除夕前五日抵家。

以上一百五條

【校勘記】

〔一〕舊督恭順侯吳公惟英至憤懣卒　「懣」，原作「憑」，據臺北本改。

〔二〕復以張寂寂不聞自效　「效」，臺北本作「効」。

〔三〕寇北折思遯　「北」，臺北本作「百」。

〔四〕久互觀望　「久」，臺北本作「各」。

〔五〕連上疏請旨　「請」，臺北本作「稱」。

〔六〕上恭默不　「不」下疑有闕字。

〔七〕身後猶爾齗齗　「齗齗」，原作「斷斷」，據臺北本改。

〔八〕召見　「召」，原作「石」，據臺北本改。

〔九〕吳怒　「怒」，原作「恕」，據臺北本改。

〔一〇〕逆案徒黨時爲前茅　「徒」，臺北本作「從」。「時」，臺北本作「恃」。
〔一一〕退詣閣　「詣」，原作「請」，據臺北本改。
〔一二〕姑勉騎二日　「姑」，臺北本作「始」。
〔一三〕王公所失什倍之　「什」，原作「付」，據臺北本改。
〔一四〕魏公藻德奏數十年來　「十」字臺北本無。
〔一五〕即御前紛拏詬誶如訟師争勝狀　「勝」字臺北本無。
〔一六〕詢察辦西協事　「辦」，原作「辨」，據臺北本改。
〔一七〕至是　「是」，原作「見」，據臺北本改。
〔一八〕云　「云」字上，臺北本有「至」字。
〔一九〕亦從辭免　「從」，臺北本作「後」。
〔二〇〕其實輔臣生平大節正不在是　「不」，臺北本闕。
〔二一〕無由釋嫌　「由」，臺北本闕。
〔二二〕真非意料所及　「非」，臺北本闕。
〔二三〕同以知兵釋罪召見　「兵」，原作「縣」，據臺北本改。
〔二四〕年來屢有以督撫邊才舉者　「以」，原闕，據臺北本補。
〔二五〕借河庫銀累萬完餉　「累」，臺北本作「三」。

〔二六〕無怨無惡率繇羣匹　雪堂本、臺北本皆作「無怨無惡，率繇舊匹」，據《詩經·假樂》改。
〔二七〕有陳魏名　「陳」字臺北本無。
〔二八〕察連日先後鮮爾　「爾」，臺北本作「矣」。
〔二九〕體頗不足　「足」，原作「之」，據臺北本改。
〔三〇〕操江高公倬甫任　「倬」，原作「悼」，據臺北本改。
〔三一〕倪公元璐　「璐」，原作「路」，據臺北本改。
〔三二〕笱梁之誼　「笱」，原作「筍」，「笱梁」成詞，典出《詩·小雅·小弁》，因改。
〔三三〕嘗值祭社稷遇雨　「值」，原作「夜」，據臺北本改。
〔三四〕有難字輒從正韻攷釋　「有」，原作「省」；「攷」，原作「致」，竝據臺北本改。
〔三五〕傳語數端　「語」，臺北本作「詰」。
〔三六〕余在閣　「閣」，原作「閩」，據臺北本改。
〔三七〕余笑廼公豈辭少受多者　「少」，原作「坐」，據臺北本改。
〔三八〕非體　「體」，臺北本作「禮」。
〔三九〕爲書舊所題禪寺語云　「所」，原作「新」，據臺北本改。
〔四〇〕如南雍闈院部之屬俱適左　「之」，臺北本作「文」。
〔四一〕鄉丈　「丈」，原作「文」，據臺北本改。

〔四二〕武林　「林」原作「陵」，據臺北本及下文改。

〔四三〕爲同年御史張公任學碑　「任」，原作「仕」，據臺北本改。

〔四四〕往往通他省　「通」，原作「道」，據臺北本改。

〔四五〕即邸報抄傳非確　「抄」，原作「扮」，據臺北本改。

〔四六〕或訹語余云　「訹」，原作「誅」，據臺北本改。

〔四七〕延平會門人祁令熊佳　「平」，原作「年」，據臺北本改。考《明史·地理志》及《（乾隆）延平府志》，以「平」爲是。「佳」，原作「住」，據臺北本改。考《（康熙）南平縣志》卷一二《宦業》中，有祁熊佳者，爲南平縣令，又《（嘉慶）山陰縣志》卷一〇《選舉》載其爲崇禎九年丙子科順天鄉試舉人，是科景昉恰爲主考官，與所述合，而延平治所即在南平縣，故當從臺北本作「佳」爲是。

〔四八〕毫不爲國體計矣　「毫」，臺北本作「何」。

夜問九章

覓火

冬夜惟埋堅炭爐中，蘊火爲佳，其餘香篆、香毬，均屬費事。既得火，用清油炷燈，何須燃蠟〔一〕？所苦者，童子從睡夢呼起耳。然一起之後，隨可熟寐，亦未爲永夕之勞。昔艾子嘗夜呼人鑽火，久不至，促之，其人曰：「黑甚，索鑽具不得〔二〕。」謂艾子曰〔三〕：「可持火來共燭之。」傳爲笑談。今僕輩幸不勞鑽具，即爲余暫破睡魔起燃可也。抑余爲書齋獨宿言耳，彼姬侍滿房之儔，何足語此。

蠟炬有剪燼之勞，不如清油便，油一盞浸二燈草，可半夜不挑，杜祁公「油燈一炷，熒然欲滅」是也。同年彭少司馬嘗贈余銅燈具，紫檀爲匣，精甚，後失之。今所用錫燈，乃余兒婦粧奩中物。

暈月

月色視朔望推移，上弦漸長，下弦漸短。夜起，各隨所照遷坐，初猶影流西廡，已滿庭，已稍半焉，最後微及簷壁而止，余詩「月到簷頭規尺寸」是也。當其群籟俱寂，碧虚如拭，萬里澄空，真令心膽映絶。昔云「濯魄冰壺」，信非虚語。惟世人鮮能中夜看月者，徒委諸蝶夢烏栖焉已矣。杜句「四更山吐月」，此山月也，視庭月迥别。憶惟蘇子瞻「庭中積水空明」，竹柏影如「藻荇交横」，斯語爲勝。

中夜看月之妙，言不能盡，余嘗屢詠之。自李白「濯魄冰壺」之外〔四〕，杜審言句云「露濯清輝苦」，五字獨佳。然汎詠月可耳，尚于夜起無涉。

聽漏

或遇月晦時，奈何？曰：有丁丁銅漏響，開户細聽，在鄰鷄未動之先，每至四更將盡，五鼓未續，尤低回久之。因我意急，覺彼聲緩，其實彼非緩也，且急復何之？躁心平，慾心釋，正在是時。近好事家至製爲自鳴鐘等，殆蓮花刻漏之比，吾力既難辦此，且亦厭煩。夫所貴乎聞鐘者，冀自發深省耳。聲一一從心坎上過，憶蚤歲詩有「殘燈銷永夜，端坐念平生」之句，今平生何如乎？談及爲媿。

泉郡舊有譙樓，上設更漏，人家凡夜生子，輒往聽幾更幾點爲憑。頃樓荒漏廢，乃南城上鑼鼓亦自分明，杜詩「城上擊柝復烏啼」，正此情景。

聞鷄

雞聲初在遠近間，若是若非，若斷若續，徐之則漸聞矣，又久之則大徹矣。方彼氣候未至，求一聲豈可得哉？倏而至有莫知所以然者，居恒疑孟子所云：「鷄鳴而起，孶孶爲善」「爲利」。夫鷄鳴初起，一念未動，正釋氏不思善、不思惡時也。《中庸》喜怒哀樂未發氣象，最可靜觀，而區區以舜跖善利參之，雜矣。平旦而後，事不可知，然非所論于鷄鳴之際，於此際萬宜珍重。

鷄鳴犬吠，吠尤在鳴先，而世鮮以功犬者，當爲鷄德全乎？昔黄石齋先生晚于三山授命督師〔五〕，嘗自言：「吾不能爲牛爲馬而爲鷄，鷄唱，庶大家睡夢中或警動乎？」噫！誰警動者，言之於邑〔六〕。

星爛

星布滿天，其質微者，光芒不能自見，所可見煌煌百數大星而已。鷄鳴欲曙，則此百數大星者，岌處于不能自存之勢〔七〕。惟力鉅如長庚，孤明配月。頃之，併月亦不能自存〔八〕。大都星爲月掩，月爲日掩，彼此隱相制伏，君子亦爲其不可掩者已矣。噫！陽德方升，豈不大哉！雖甚芒寒力鉅，猶將退聽，方其欲退未退之間，君子姑且俟之。「東方未晞，顛倒裳衣」，是其鑒也。

君子觀于星之自密而疎而淡而滅，可以悟潛見之宜焉，可以衷身世之理焉。恨吾不素習天文，倘識之斗落參横之際，有倍憬然者。晉人諺云干知星宿衣不覆，輒藉譙周、高允之言，用自解嘲。

蟲吟

物類鳥鳴于晝，蟲鳴于夜，鳥鳴親上，蟲鳴親下，次亦在牆壁間。觀《豳詩》所紀歲月，多及昆蟲，其于《十月》《蟋蟀》之後，繼之曰「嗟我婦子，曰爲改歲」，《唐風》亦以「蟋蟀在堂，歲聿其暮」爲辭。三正之説紛如，余獨于蟲鳴有感也。韓子曰「物不得其平則鳴」，似非通論。彼豈有不平者乎？亦任天自動焉爾。嗟乎！夜將旦，百蟲交作，夫物則亦有然者，世乃有喑喑默默終老，不敢一驤首鳴，亦獨何哉！

諸蟲以聲聞耳，非盡形見也，注《豳風》者曰：斯螽〔九〕、莎鷄、蟋蟀，一物而異其名。

信乎！古文蟲從三疊作「蟲」，若俗書「虫」字自音虺，惟今人率趨簡便，鮮知者。

攤書

午後觀書業已疲，何論夜起？然書惟夜讀，誠有踰晝讀什倍者，或吟諷三五章，或點定一兩字，機鋒偶觸，意緒横生。漢成帝嘗云「吾晝視后，不如夜視之美」，信夫！古讀書每用三餘，曰夜者，晝之餘。余意夜歸餘，連晝而言，僅爲今日之終，不如旦履端，中夜而興，遂爲明日之始。余老來不能晚睡，而恒早起，若未敢以餘閒視之，其謂是歟？《易》不言陽陰而言陰陽，理同，然余亦徒言之已矣。

《漢書·食貨志》：「冬，民既入，婦人同巷，相從夜績，女工一月得四十五日。」注：「每日又得半夜，爲四十五日〔一〇〕。」蘇子瞻詩：「無事此静坐，一日似兩日。」噫！兩日誠難幾也，或多此十五日焉可耳。

屏酒

有獻説者曰：「夜長苦輾轉不得眠，法宜五更飲酒三四觥〔一一〕，醺然徑睡矣。」是説也，余疑之。養生家例不飲卯酒，況寅初乎？清虚之氣，奈何以薰穢雜之。或啖小果餅，不妨。考字形，酒從酉，醉亦從酉，明每日惟申酉之際，略堪近酒耳。寅、卯非其期矣。又古文卯作「丣」，酉作「丣」。丣兩户相背，日出闢户象也；丣兩户相連，日入闔户象也。今奈何以初闢户之時，遽行觴酌事乎？于天時人事非宜，余所弗取。

按，卯酒宜屏〔一二〕，不必言矣，即午酒亦復不佳。吴楊時偉嘗有云〔一三〕：「干支中，惟『寅』、『申』二字從臼。寅，高舂時也；申，下舂時也。著民事之始終也。」人一日之計在寅，寅起舂而暇酒乎？《易》：「掘地爲臼，取諸《小過》。」理亦可思。

待旦

以上八章，大要爲待旦設。旦何須待，《禮》不云「相彼盍旦，尚猶患之」乎？惟老人心血消耗，每至期輒雙眸瞭然〔一四〕，勢難留連枕上，則其起而望月、占星、聞鷄、聽漏，以至爲覓火、攤書計，蓋其宜也。余欲求一安眠，度不可得，致不得已出此，而非有所慕乎先醒之名。甯戚扣角歌曰：「長夜漫漫兮何時旦？」彼自意圖遇主，與余趣殊。若廼飯牛家風，例須夜作，敝布單衣，余適不幸類之。知我者庶或有感其言乎？

盍旦，鳥名，夜鳴求曉，反晝夜之常，宜其爲人所惡，或作渴旦，又鶡旦。《月令》：「仲冬鶡旦不鳴。」知鳴至仲冬止耳。余夜必待旦，雖歲暮猶然，欲無見惡于人，得乎？

然亦自有時，或問何時，曰「有一朝長寢之日在」，聞者蹙然。

【此徐虹亭太史抄白藏本也。湘隱相國，明懷宗五十宰相中之一人，入閣甫年餘，急流勇退。讀其自課，可以想見其人矣。甌山金忠淳識。】〔一五〕

【校勘記】

〔一〕何須燃蠟　「燃」，硯雲本作「熾」。

〔二〕索鑽具不得　「具」，硯雲本作「且」。

〔三〕謂艾子曰　「艾」，原作「文」，據《艾子雜説》改。又：硯雲本脱此四字。

〔四〕自李白濯魄冰壺之外　「李」，硯雲本作「太」。

〔五〕晚于三山授命督師　硯雲本無此八字。

〔六〕言之於邑　「於」，原誤作「于」，據文義改。

〔七〕岌處于　硯雲本作「岌岌處于」。

〔八〕併月亦不能自存　「亦」，原作「勢」，據硯雲本改。

〔九〕斯蝨　「蝨」，硯雲本誤作「蟲」。

〔一〇〕每日又得半夜爲四十五日　硯雲本作「一月之中，又得夜半爲十五日，凡四十五日」。

〔一一〕法宜五更飲酒三四觥　原作「法宜飲酒三四觥」，據硯雲本改。

〔一二〕卯酒宜屏　原作「曉酒宜屏」，據硯雲本改。
〔一三〕吴楊時偉嘗有云　「嘗」，硯雲本作「昔」。
〔一四〕每至期輒雙眸瞭然　「輒」，原誤作「輟」，據硯雲本改。
〔一五〕此語繫硯雲本後，遂録於此。

屏居十二課

一　晨齋

余晨起持蔬素者，十載于兹，非有所慕于釋氏也。自惟此生日汩没腥葷中，宜略有虚淡之頃。況晨起尤旦氣未遠乎？聞北方暨江右新安人，日多止再飯者，今三餐果然于分已過。老子曰，君子「以虚其心，實其腹」。姑即實腹寓虚心之義，理亦適平。周顒自謂「山中赤米、白鹽、緑葵、紫蓼」，頗不乏供，兹所供非特葵蓼已也，復何難堪之有？惟未免食雞子牛乳之屬，助養穀氣，此後當併斷之。

二　晚酌

午前從不飲酒，惟晚刻稍酌數杯自娱。黄布衣先生每勸人勿飲晚酒〔一〕，云：「夜氣宜静，或午飲乃不妨耳。」余不能從。觀宋邵堯夫安樂窩中，晡時輒飲酒三四甌，微醺便止，不使至醉，知亦嘗得趣于是乎？自春秋佳景外，夏日長，晝營易倦〔二〕。冬夜長，夕眠難穩。微酒，將何以伸縮其間？計一歲可得三百六十壺入老子腹中，對客不論也。昔孔敬林有田，歲得七百石秫米，不了麴糵事，嫌其太多。王無功待詔門下，日給酒三升。蘇坡公自云：「終日飲酒，不過五合。」又覺太少。二者之中，余其有以自處矣。

三　獨宿

宋人稱張乖崖寢室之内，有如僧寮，抑尚不乏沙彌行者。余獨身而已，每寢門晨夕啓閉，率自爲之，未嘗有一婢一僕之侍，諸相知屢以爲言。余閲方來山侍郎《雜記》有云：「同年定州守吴某〔三〕，年九十餘，每出遊并無僕從。或訝何太自苦，答曰：『此身會有獨往時，吾姑習之，使慣爾。』」此險諢也，而亦有至理存。夫人之有寢興，猶其有飢飽也。動静無時，作止隨意，奈何以此事煩人，或至于老病不能躬親，則亦已矣。明知爲太孤僻，性難强調，亦非敢以此律人。各從所好。

四　深居

深居與簡出一例。昔有風雨寒暑四不出之説，余非能然也，惟每月出可二三次。遇報謁客，輒遲之，積數客至，必不可已者，始勉爲一行。嵇康自云：性疎懶，「常小便而忍不起〔四〕，令胞中略轉乃起耳。」彼雖慢世之言，酷與余類。余年業六十餘，舊交零落無幾，日俛仰少年新貴之間，有何容顔？至步入公府，尤所厭惡，近日解敬老憐舊者幾人乎？闔門養威重，既非其時；出門交有功，亦非其事。祇斟酌於疏數之間，寧疏毋數焉爾。余詩有「羅可雁鴻何止雀，伴寧牛馬不須人」之句，微尚可知〔五〕。

五　莊内

《禮》：「晝居于内，問其疾可也；夜居于外，弔之可也。」「君子非有大故，不宿于外。非致齋也，非疾也，不晝夜居于内。」又：「夫婦之禮，唯及七十，同藏無間。」「妾雖老，年未滿五十，必與五日之御。」二端者，余恒疑之，謂君子終年不宿于外，一外宿即儕于弔喪，則所謂考德問業之功，亦無幾矣。且妻至七十，妾未滿五十，尚同寢處，意惟登徒子及籛鏗斯可耳！余待内人頗莊，平生未嘗同席食，傳爲怪事。顧已四十餘年，習焉安焉。偶旬日一入内，畜犬群吠。所娶妾僅留有子者一人，踰三十即從獨居。余所謂越禮之人耶？友朋中或齋館不設床榻，余目笑之，彼輒以不外宿爲解。噫！余所謂越禮之人耶？

六　頜兒

性懶教兒，聽自從師取友，次兒遂坐是廢學。雖時增恚怒，莫能改也，久亦廢然任之。昔云「丹朱不應乏教，甯越不聞被箠」，材質真有限，教復何施？若夫良馬見鞭影而馳，又非區區轡策所煩從事也。余長支穉男或頗可望；猶子有嚮學者，顧未知家運何如。吾輩要令讀書種子勿絶，其能成功，則天也。兒有來白事者，頜之而已。王茂弘稱「相與有瓜葛」，既屬過寬；曹窋被笞，亦非情理所宜。此事在天人之間，優哉游哉，聊以卒歲。姑爲譏防出入，俾勿流于小人之歸焉已矣。

七　弟過

二舍弟可沖、可亭，旬夕一再過合飲，非惟談笑稍洽，亦家事有宜相商者。伯兄風格高峻，既不可强致，間以鄰近某熟友參之，語不至譁，飲不至醉，陶陶然至初更罷，媿不能如魏楊播、楊津兄弟聚廳同食，隔障共息，畧存其遺意而已。追念母謝太夫人在時，恒見余輩分梨讓棗，以爲笑樂。又仲兄餘菴公誼最篤，每數夕不相聚首，亟遣僕走問，攜肴酒先之，今皆不可復得。更闌酒罷，黯然自傷，始知前者之爲勝事也。按，古「兄」音「荒」，《説文》許榮切，或入更韻作

「薰」，而獨無讀如「胸」者，觀古人以叶「桑」、「岡」、「狼」可見。顧今用之，亦如古作「荒」、「薰」讀，寧不失笑。

八　朋來

蔣元卿舍中三徑，惟羊仲、求仲從之游，號「二仲」。舊嘗狹之，年老乃悟其旨。余里中交遊非乏，或居遠，或務煩，鮮能頻過從者。有一二佳友，可與賞奇文、析疑義，其人亦復經旬不一相造。陶之有南村鄰曲也，李之有城北范居士也，杜之有朱山人、斛斯六官輩也，談何容易。讀《劉夢得集》，云：裴晉公有《雪夜訝諸公不相訪》詩：「滿空亂雪花相似，何事居然無賞心。」是知好客難招，昔人未免寄恨。劉答之云：「遲遲來去非無意，擬作梁園坐右人。」亦可謂善相酬唱者矣。余非敢謬擬前賢，有爲我劉白者乎？余日望之。

九　鳥夢

凌晨每于鳥未鳴時起行，似鳥猶在夢中。憶曩宦京師〔六〕，供事講筵〔七〕，恒早出，其詩有「昧旦先鳥醒，中途遇象回」之句，蓋紀實也。家居何妨高枕卧，而宿習已慣，輾轉難安，用以吐吸清虚，驅除醉夢，亦一策乎？衛生歌云：「秋冬日出始求衣，春夏雞鳴宜早起。」則又調攝資之矣。度鳥意必以晨飛較健，啄食有方。《鄭風》，士女于雞鳴昧旦之頃，即以弋鳧雁爲圖。人與鳥智若相發。子曰：「可以人而不如鳥乎？」子弟輩有嬾惰貪眠，日高未起者，真一鳥不如也。韓退之詩「唤起牕初曙」，陸放翁記山中「雞三鳴後聞架犁，則旦矣」，唤起、架犁，是二鳥名。

十　雞燈

冬夜長，夜半即醒，欲强伏枕上，未能也。輒冒寒起，意不欲勞苦僕輩。先宿有爐香，或懸點香毬爲度，自撚小紙條炷之。昔張横渠之著《正蒙》諸書，或中夜起坐，取燭筆之于紙，自云「夜間自不合睡，只爲無人應接耳！」按此亦非格論，吾輩案下觸踏，無所謂多目星，安得有如許精力乎？每危坐，至將旦時，蠣牕忽白，此一段光景最佳，孔所云「學達」，釋所云「定慧」，老莊所云「虚室生白」，其義一也。惟學故達，惟定故慧，惟虚故生白，俗有「明明白白」之説，亦同此意。天明則牕白矣，要于心目恍忽間遇之。多目星爲紫陽朱子事〔八〕。

十一　著書

余先後所著書，有《湘隱堂文集》四十卷、《甌安館詩集》三十卷〔九〕、《古史唯疑》十六卷、

《國史唯疑》十二卷、《制詞》十卷、《古文筭卜》四卷〔一〇〕、《六朝詩話》二卷、《唐詩話》十卷、《宋詩話》八卷、《連嫏齋唓言》今存二卷四卷〔一一〕、《古今明堂記》六卷、《奏疏》二卷、《試録》二卷、《講章》一卷、《館閣舊事》二卷、《經史要論》六卷、《對句》一卷、《尺牘》二卷、讀《洪範》《豳風》《月令》《易林》各一卷、讀《世説新語》《何氏語林》二卷、《朱陸集》一卷、《雜記》一卷，雜著《三攷》、《四徵》、《五懷》、《六化》、《七遺》、《八鍼》、《九説》、《十志》、《十二課》、《十五繹》之類若干卷〔一二〕，總數百萬言，所梓行僅五六種耳。噫！後世誰知余苦心者？姑藏諸名山，俟之其人已矣。

十二　惜福

余少爲家貧所累，公車十載，備歷苦景，以故生平不敢爲享受逾溢之事。如衣食無所揀擇，隨著隨喫，不求精好。僮僕鮮呵斥者，素未嘗令小僕濯足、浴背、扇面、搥身。客至無少長貴賤咸與爲禮，未嘗作斜揖、半揖。人或不足于我，事久忘之，與歡好如初。縉紳公會叙齒坐，初不論官。待里鄰有恩〔一三〕，終不責報。無一字入公門有所干請。視兄弟之子如己子〔一四〕。四方交遊，未嘗寫「盟弟」。於有司不稱「治弟」。往日試闈主司多同年同官，恥一及兒名字。偏搜輯先高祖遺蹟，有《先德録》、《族譜志》、父母行狀，皆以聽伯兄秉筆，罔敢僭易。爲同鄉覓賢守，覓賢文宗，寧使人居之爲德，未嘗使聞。晚抄書，恒覆紙背爲之。興到或自澆花、灌竹。衣履必穿着至敝始更，惡不竟其用。凡此其至瑣細者耳，而亦余惜福一端。昔人云：留有餘不盡之福，以還造化。余猶之，措大本色云爾，他復何知。

跋

筍堤林子曰：余讀黄東厓《屏居十二課》，竊歎先生非常人也。先生少余一歲，總丱偕二昆與余同學。寡言笑，鮮戲謔，卓然古處，識者占爲大物。乙卯弱冠，與余同年，公車追隨，伯仲塤箎不啻也。丙辰南歸，與鄭大白、何培所諸公結社，以文字相彈射，始稍縱飲，善謔，然窺先生意，不在飲且謔也。先生文必師古，事必師古，學必讀遍古人書。乙丑，讀書中秘，得縱觀經史之林，靡不撮其要而編摩之。初爲詩，宏放自適。後以館閣體，稍就繩墨。晚則筆興所如，頭頭是道。閩前輩館閣諸公以閩音多辭講官，先生獨任之，開陳啓沃，爲至尊所屬意。嘗于講筵論捄大司寇，即日得釋。又友宫詹黄石齋奇禍，舉朝莫敢問，先生獨入獄與一哭，人皆爲先生懼，禍亦竟弗及，若天所默相者。嘗一典楚闈，再典畿闈試，名士輩出。壬午秋，與蔣八公同入綸扉，詫温陵盛事。先生急流勇退，癸未冬謝事歸矣。凡先生在朝，作事立言皆不愧古人，而惜其用之未竟也。今屏居十餘年，歷滄桑變幻，先生自課十二則，如《晨齋》、《晚酌》、

《獨宿》、《深居》，見飲食起居之有節；《莊内》、《頷兒》，見謹儀教子之有方；《弟過》、《朋來》爲性分樂事；《鳥夢》、《雞燈》皆旦氣流行；而《著書》、《惜福》，則終身用之不盡者也。余常私論先生有葉文忠之廣大，而兼李文節之狷潔。其廣大處，人皆知之；其狷潔處，人未必盡知也。先生與余同講旦氣之學，惟先生實躬踐之，余徒能言而已。夫童而習之，老而不衰，知先生者則莫如余矣。筍堤同學友弟林胤昌謹跋。

跋

湘隱先生著撰，嘗從其長公元虚教授所借觀請鈔，教授許刻成寄貽，遂載之豫章。越二載，教授客死，書散逸。吾友郭君殿見于延平，語余。訪之，僅得此四卷，命用溪納環峰鈔歸，爲之三嘆。己巳六月七日，高兆識。

辛未夏，余客三山，曾從侯官高固齋所鈔得黄相國東崖《國史唯疑》□卷，今又借鈔此本，已三年矣。時康熙甲戌六月再游閩中記。菊莊徐釚。

【校勘記】

〔一〕黄布衣先生每勸人勿飲晚酒　「黄布衣先生每」，硯雲本作「有人」；「勸人」作「勸余」。

〔二〕晝營易倦　「營」，硯雲本作「力」。「易」，原作「已」，據硯雲本改。

〔三〕同年定州守吴某　「吴」字原在「定」字上，據硯雲本改。

〔四〕常小便而忍不起　「而」，原作「故」，據《與山巨源絶交書》改。

〔五〕「余詩有」至「微尚可知」　此句硯雲本無。又「鴻」字原脱，據《甌安館詩集》卷二十三《近經月不出客鮮到諸僕各散歸門巷寂然枯坐時有佳趣》補。

〔六〕憶曩宧京師　「憶曩宧」，硯雲本作「余昔官」。

〔七〕供事講筵　「講」，硯雲本作「經」。

〔八〕多目星爲紫陽朱子事　硯雲本無此句。

〔九〕甌安館詩集三十卷　硯雲本作「《湘隱堂詩集》三十卷」。

〔一〇〕古文筭卜四卷　「卜」原作「十」，今據《檗谷黄氏家譜》載《睦宗十二志・宗才志》改。《南明史・藝文志三》亦作《古文筭卜》。

〔一一〕連娩齋嚏言今存二卷四卷　硯雲本無此條。

〔一二〕若干卷　「若干」，原誤作「右千」，據硯雲本改。

〔一三〕待里鄰有恩　「里鄰」，硯雲本作「鄰里」。

〔一四〕視兄弟之子如己子　「己」，原誤作「其」，據硯雲本改。

紛紜行釋八首

詩尊述崇禎癸未年事，時朝政多端，有足異者。余以是秋解綬還，追思觸目〔一〕，成八絶句。中隱旨廋詞，義須訓釋，因各爲條注其後。或曰前《宫詞》十首不宜注與？噫！余不忍言之矣！

閶闔手扣屬天開，高築黄金四望臺。彈鋏賣漿紛入奏〔二〕，何曾聘得劇辛來。

【釋義】時有旨，許大小臣面陳朝政，投進職名即召見，有敢阻滯者斬。於是庶僚末品、僞弁奸儈之流，競叩閽求對無虚日。上既不勝煩褻，而所陳無足采者，毫于時事無濟。昔燕昭王築黄金之臺，開碣石之館，招禮賢士，竟得樂毅、劇辛其人，以今况古，何如哉？蓋自陳啓新武舉擢給事中，四方士望風求售，至有輿櫬上疏者。虚恢捷給，動思唾手功名，張釋之虎圈嗇夫之對簿，爲迂談矣。

月壯飈馳盛引弓，埋羊縛馬直雲中。纍纍督撫僵西市，尚有人誇節鉞雄。

【釋義】北號引弓之國，行師視月盛衰，漢武帝《輪臺詔》云：匈奴縛馬前後足，置城下；又使巫埋牛羊于所出諸道，欲以詛軍。時邊警屢聞，上重責封疆之臣，督臣罪死者，熊文燦、范志完、趙光抃三人；撫臣罪死，如顔繼祖、張其平、楊一鵬、馬成名、潘永圖之類；大司馬陳新甲亦坐伏法。先是，仕宦以邊道爲捷徑，不數載旋登督撫，顧無奈斧鉞之隨其後也。其他死于敵者尤多，然熱宦之慕爲督撫自如，不以是悔，老子曰「民不畏死，奈何以死懼之」，賈生亦言「夸者死權」，信夫！

徵到循良宴未頒，縱横意氣掖垣間。殘疆良牧詎愁少，乘障又勞遣狄山。

【釋義】外長令勞苦六七載，積十數薦，考滿入都，預行取列，意無慮臺省矣。忽有旨，仍補北直、山東諸殘破缺，事出意外，灰能士之心，鬱勞臣之根，所傷非淺。時首揆與太宰、選郎密圖之，余未與聞也。《漢・張湯傳》：博士狄山與湯廷訐〔三〕，斥遣乘鄣。月餘，匈奴斬山頭去，是後群臣震讋。玆不幸類之與？

入宮初意學秦睢，讀間無功脅折餘。孤憤説難身蹈却，楚人空復薦嘉魚。

【釋義】同年楚嘉魚熊公開元自給諫降補行人司副，有伉直聲。嘗于東文昭閣召對，頗稱旨，至是獨詣平臺求對，既奏事訖，另稱有密奏，上爲退御德政殿，屏左右，惟閣臣侍。熊請併屏閣臣，于是首揆周公偕余輩請趨出避之，上不許。熊遂直攻首揆，以請間不獲，稍失措。上以其小臣犯分，且詭稱密奏非是，怒叱出。越日疏進，下鎮撫司究問，尋廷杖百，踰年得遣戍去。朝端眷眷多事，寔自兹始。熊初意效范雎之説秦昭王，然力小圖大，驟發難端，有犯《易》「浚恒之凶」、「臣不密失身」之誡，此韓非所爲著《説難》《孤憤》也。因范雎有折脅及請間事，熊類是，故援爲比。熊以甲申冬入閩，余猶及見之。

即云詖險合誅夷，榜箠殿廷恐未宜〔四〕。廉折春温騶忌審，莫因弦蹙誤朱絲。

【釋義】選部郎吴昌時以詖險聞，非端士，爲御史某所劾。上御弘政門，面詰之，呼錦衣衛捽下，責二十棍。平臺爲召對之所，用以論道議政，非刑責人地也。且罪人必煩上親讞，安用三法司爲哉？時天威震赫，群臣爲環跪請，不聽。昔騶忌之論琴曰：「大弦急則小弦絶矣。」時政傷嚴急，頗有手滑之疑。漢宣帝好綜核名實，其流至以法律爲《詩》《書》，趙、蓋、韓、楊死非蔽法，可爲千秋永鑒。

雷焕謬誇識斗星，燕昭華表照貍形。劍攜還向遐荒去，恰似山神厭五丁。

【釋義】駐德州僉事雷縯祚疏言「朝有大黨」，所株引多人，特召入與諸臣面質，詞屈不盡售，詔仍還德州任。初雷之蒙召也，意望有非常之擢，不謂區區遣還，如雷煥之誇識象緯補豐城宰，之後不聞有所薦拔，其子華僅得爲州從事耳。豈察見淵魚者不祥？五丁雖力開蜀道，終被震死，意山神陰厭之耶？雷後以他事隕身，詳其才性，與吴昌時一律，不至于自殺其軀不止，此孟子所爲評盆成括也。其先以乙榜特用，於同輩中最楚楚矣，卒無所成，亦傳其疏入有陰主之者。

中台星坼事紛紜〔五〕，劉屈氂亡讁未分。蕭傅素剛難就吏，故應門下得朱雲。

【釋義】上初登極，于熹朝舊輔多所追罪，嗣是劉鴻訓、錢龍錫并謫戍。末年則薛國觀、周延儒先後自家逮至，羈某寺廟，勒自縊死，其視累朝諸輔臣中最多故矣。方錢公之繫獄幾殆也，賴周公爲叩頭力救免，比周公獲罪，無復持斯議者。漢丞相自公孫弘後，李蔡、嚴青翟、趙周、公孫賀、劉屈氂五人咸坐事誅。元、哀之際，蕭望之從其門下生朱游之言，以生就牢獄爲鄙，飲鴆没；而王嘉則云：「丞相豈兒女子耶！」竟自詣吏。二端不同，要非盛世事，君臣均有責焉。抑惟薛、周二公蒙眷甚，得禍亦烈，其以尋常平進者，即遭讁，至閑住爲民已耳。士亦何樂徼明主非常之眷以膺實禍？噫！食肉不食馬肝，豈爲不知味哉！

狀元超拜主恩新，可有彭商線襪塵。更越群真題蕊榜，三年前是榜中人。

【釋義】通州魏公藻德，庚辰狀元，越癸未入閣，遂主其科會試，遡其及第之舉甫三年耳。先朝商文毅、彭文憲二公登用頗速，然未有超騰至是者。殷廷之桑，一夕化而爲穀，大幾合抱，昔人以爲不祥。若魏者，意亦先朝之祥桑與？

【校勘記】

〔一〕追思觸目　「觸」原作「獨」，據文意改。

〔二〕彈鋏賣漿紛入奏　「奏」，《甌安館詩集》卷二九《紛紜行頗及都下近狀》作「對」。

〔三〕博士狄山與湯廷訐　「訐」原作「許」，據文意改。

〔四〕榜筆殿廷恐未宜　「榜」，《甌安館詩集》卷二九《紛紜行頗及都下近狀》作「搒」。

〔五〕中台星坼事紛紜　「坼」原作「圻」，據《甌安館詩集》卷二九《紛紜行頗及都下近狀》改。

金陵歎釋二首

渡江一馬不成龍，苑樹陵雲積翠重。盡徙遺民家郭外，秦淮兒女爲誰容。

［釋義］晉元帝初南渡，有童謡曰「五馬渡江一化龍」，旋驗。弘光之起南都，謂成龍得乎？北師入，陵樹盡伐，宫闕改爲官署，城内民家半徙出以居滿人，秦淮河房蕭條非昔，有舉目淒然者矣。

黔陽南走駕東驅，認得維揚相國無？四鎮隨風渾散却，孤留一劍答當塗。

［釋義］弘光東走蕪湖，已抵太平府，而馬士英却南來杭州。史可法鎮維揚，城破莫知所在，度死亂兵中。時諸將盡望風降，惟黄得功自刎死以報。黄舊封靖南公，當塗其所駐地。四鎮爲劉澤清、高傑之屬。

三山口號釋二首

紫薇行省額黄衙，驟出高牆國未家。五虎眈眈山外向，有人意不在中華。

［釋義］隆武先以他累禁高牆，後赦出，遇亂奔閩，遂建號。身命畸孤，叔侄兄弟皆如仇敵，相隨惟妃曾氏一人耳。無子，雖有國而實未家，僅踰年，國亦非其有矣。悲夫！時最握朝權莫如元勳某，爵上公，一門驟貴，廝役輩盡封流伯，然北師未至，已預遣人間道歸附，陰懷外志久矣。福州山形類五虎，正對藩司署，其年署改作宫，坼黄土。顧閩中豈稱王地？有識者早爲憂之。

靈源閣燬事先知，寇到延津蹕乍移。六十年來騎馬去，君王猶擅玉爲池〔一〕。

［釋義］丙戌正月，福州定山寺前靈源閣夜焚，相傳有「夜焚靈源閣，三山作血池」之語。既焚，衆心惴懼，其秋遂有建、延之陷，時駕發順昌甫數日耳。昔王審知以丙午歲王閩，後再逢丙午而王氏亡，「騎馬來，騎馬去」，此唐智廣禪師遺讖也。王氏猶得六十年，今不盈二載，何先後懸殊迺爾？南臺舊有釣龍池，爲越王餘善釣得白龍處。又王氏有國，鑿城西湖導湖水入

内，號水宫，以有玉池之目。

【校勘記】

〔一〕君王　《甌安館詩集》卷三十《三山口號》作「王家」。

館閣舊事

館閣舊事卷上

1庶吉士素服，繫青花帶，既散館授職，始得具繡補服，用黑扇交牀前引以呵殿，人鮮下驢馬者。然途遇各衙門，與抗禮，雖冢宰弗避。例庶常惟於六部正卿遞晚生帖，授職後，俱用侍生，朝内遇科道部屬，徑站上手，不作環揖，或與推遜焉，非是。

2考庶吉士，及每春秋閣試，□一文一詩，工拙有何難辨？第憑公道□取，蘄得真才易易耳。患當□人、牽情面、受請託，最下以□□進，稂莠混雜，致爲異議厭薄，□□□□□□□□□□□治法，信然。

3修撰六品，編修、簡討七品，然自來先後論科，科同論齒。曩宜興周公，偶顧見戊辰鼎元劉公若宰，班余輩乙丑之下，亟云：「朝論品，劉宜居上。」或疑周自爲鼎元地耳。編、簡遜後科修撰，法難行，劉唯唯未敢從也。想亦前輩嘗有是言，故周舉爲諷。

4史官赴朝參宜謹，遇座師趨揖，爲師者亦因以察其勤惰。滇同年閔公中畏出姚現聞先生之門，姚或朝，顧不見閔，恚曰：「閔又躲懶耶？」昔有嘲詞林詩：「一生事業惟公會，半世勳名在早朝」，正自不得不爾。

5公會，用大紙簿列銜，以次輪進畫押，將畫贊拱筆，遇纂修《實録》時舉行，亦稽功省成之意。

6常朝行禮後，史職二員趨詣東螭頭下立侍班；若大朝賀，用四員。先期四鼓，入於中極殿露頂門外，候駕坐定，門略啓，進殿檻外，鴻臚寺唱「執事官行禮」，纔唱「平身」，即一躬先退，仍出露頂門，疾趨，沿殿牆出中左門，循廊繇小旁門入皇極殿，至鋪氊處，北面俯躬候駕過，於金柱下站立，名侍殿班。殿内設有樂器，趨時須宛轉回旋，以防傾磕，相傳云「聞平而起，循牆而走，見樂而避〔二〕，遇毯而止」是也。余有《侍皇極殿班》詩。

7朔望□閣揖禮，部正卿至坊局，俱繇閣西階上，入檻内，先拜聖人，次揖中堂。訖，送出檻，讓正卿先行，亞卿以下不讓，俱繇西階下，中堂繇中階下，仍候中堂上階進檻内，揖別。次唱修撰等官進班，階下二揖出。又次唱庶吉士等官進，如前儀。

8編、簡先站内閣門之北，庶吉士以次魚貫，遲部堂坊局揖出，一躬候過，編、簡揖出，庶吉士亦如之，仍於東閣門外會揖，内有座師、館師，另出班揖。

9揖閣貴禮度從容，往見黄石齋先生官編修，每次中堂答揖未起，業先行，豈中有所不屑者乎？余以甲戌冬服闋到京補原職，諸同年先轉坊盡，獨余滯編修自如，朔望揖倍肅，至乙亥二月考察竣〔二〕，始陞宮允。

10《詞林典故》内一款，如朔望免朝，止講讀以下詣内閣揖，宮坊以上不至。按，此款鮮遵行者，惟崇禎八年八月，張公至發自少司寇入閣，諸公意難之，藉是輟揖者累年，比宜興周公至，仍復舊規。

11查《典故》，「纂修《實録》」内一款，凡朔望，副總裁及纂修官俱詣内閣作揖，崇禎八年八月以後所藉口者，亦以其時完纂修之役故□，然終非恒典。

12《熹宗實録》久纂完，進呈，屬先帝意有所嫌，每卷各塗乙數處，或字誤，或圈誤，每月删「奉先殿行登禮」六字，遇梃擊、紅丸二案，有議光廟事過激，如「女謁」、「酖毒」、「弑逆」等語，多抹去，發閣更改。宜興周公以屬余爲逐款改正，業有成緒。奏進，竟留中，莫測何故。

13《實録》所資，惟六曹章奏及科抄、邸報。事本闊略，纂修官才識有限，爲總裁者復漫無留心，篇中重出錯見，誤難縷舉。如「流星西南行近濁」，「濁」訛作「蜀」；「攻我矣蘭箇舍等寨」，按，「矣蘭箇舍」，□寨名，輒圈「攻我矣」三字爲句，得乎？學淺才疎，真不能辭其咎也。

14每月起居注，列閣臣及日講官姓名，實講官未一寓目，只内閣中書抄記，所載惟朝講享祀日期，與賜閣臣酒饌等事耳。余嘗奏起居注之體宜正，指是。

15編纂六曹章奏，用六員分直某曹，稍删除章奏首末，及中重複汗漫者。編完，史館分寫。每月初十日，内閣同供事各員，詣實録館，日講官奉起居注，編纂官奉六曹章奏，入櫃，封鎖，出，揖别。

16召對記注，惟崇禎戊辰、己巳之歲屢舉行。初僅閣臣記，後用記注官八員，每次四員侍立，攜紙筆審聽疾書，若天語迅，諸臣輪奏繁夥，姑影響記一二語，出湊成之，墨淋灕袍袖間，猶漢人荷囊簪筆遺意。

17初召對，如温體仁、錢謙益喧争浙闈事，上問何謂浙闈，閣臣以實對。嘗嘆諸章奏屢牽東林門户，曰東呢林呢，蓋宫中語也，久益明習矣。偶怒時□責，群臣多悸慴莫敢對者，競傳爲有召無對云。

18日講官、記注官，遇駕出南北郊、日月壇、幸學、籍田、步禱諸役，皆扈從行，防不時宣召。官至五品，得陪祀郊廟社稷，每鞠躬拜興，動踰數刻，禮節紆徐。

19上丁傳制，遣内閣一員爲正獻官，祭先師孔子暨四配，史職二員爲分獻官，獻東西哲，繇東華門出，至廟行禮，每歲清明霜降，亦輪史職二員。上陵陪祀，用素服，禮竣得便道游香山碧雲諸勝，往返俱揖閣致詞。

20天壽山皇陵内長陵最雄，定陵最麗。余以輪祀之行，獲從瞻禮，陵多植栝子松，殿曰祾恩殿，門曰祾恩門，祾字未詳，意猶皇史宬之類乎？聞西苑尚有昃真閣、枬靈軒、汆祥橋諸額，並字書所不載。

21 管理誥敕官遇早朝，隨中堂上臺，近御座，立于中堂之後，手捧敕聽唱。領敕官過，轉北向立〔三〕。得旨予他敕，跪喏，起，繇東階下，行御道邊旁，向上鞠躬，舉手授敕，一躬退。東階御道，非捧敕莫敢行者。百僚□觀，而於天顏咫尺，稱最盛舉。若免朝，止會極門捧授〔四〕。

22 五品以上稱誥，下稱敕，必考三年滿始頒。惟遇覃恩得驟給，其大僚身後贈誥，及外司道應領敕者，出内閣中書手，具有成規。凡官是者，署□曰「管理文官誥敕」。或輒稱「制誥」，非是，知制誥係内閣銜。

23 撰誥敕體，若封贈父母，書曰「爾某乃某官之父」、「爾某氏乃某官之母」，祖父母同。封贈妻則曰「爾某官妻某氏」，尊卑判然。父殁母封，始加太字，三母三妻，例不並封，嫡母存，不得封所生母；或願以妻秩貤封者，聽。又兩子當封，從一高者，父官高於己，母封亦從父官。

24 凡誥敕，一品用玉軸，二品用犀軸，三品用抹金軸，五品以下用角軸，俱墨筆書。萬曆初，王崇古誥用金書〔五〕，被劾〔六〕，奪銷改給，惟鐵券字得填金，法頗嚴。

25 一品贈三代四軸，二品、三品贈二代三軸，四品至七品封贈父母妻室二軸，俗謬稱四代誥命，實惟天子得稱四代耳。觀漢光武立四親廟，及本朝「德」「懿」「熙」「仁」尊號可見。隆武行朝，有誤踵俗稱者，大被怪責。

26制詞宜典雅温茂，文質相□，前輩惟馮公琦、孫公承宗、羅公喻義、蔣公德璟，雅擅兹技，次則余不敢多讓。唐李文饒有云：「近世詔命，惟蘇廷碩叙事之外，自爲文章。」談何容易？有徒倩他手塞白者，訛濫甚矣。

27經筵講官用十六員，禮部正卿、亞卿、詹事、祭酒及編、簡以上，俱得題充。先班立文華門外，候門開，贊官人每進來，東西序，進於丹陛，行禮，各循左右殿門入。立定，候舉案，講官二員進至案前，行一拜三叩頭禮。一講「四書」，一講《尚書》。畢，禮如前，退就本班，候撤案。上傳官人每吃酒飯，各就本班。向上跪，承旨，至丹陛，叩頭出，駕興，門闔，赴左順門宴。宴畢，仍入會極門謝。余嘗於崇禎辛巳年八月輪講一次。

28經筵，春秋各三個月，逢二日則講，今惟二月、八月十二日開講二次，餘多傳免者。臨講先念□□書講章，内遇稱祖宗皇上，或聖明字樣，則拱手俯躬。先期詣文華殿演禮，必禮儀嫻習，聲音朗暢、兼有學問文章其人者，始堪斯選。宸衷輿望，亦默軒輊其間。

29展書官用編、簡資淺者二員，候講官出至講案，同出銅鶴□□立。講官叩頭訖，東展書官一躬，進至御案前，跪，膝行，手將講章展開，用金尺壓定。退，起身一躬，仍於銅鶴下立，收講章亦如之。西展書官次進，同前儀，例只一展一收。崇禎己巳二月，余忝供役，值講官倪元璐講章長，特再進前展。舊講章滿十二幅，以御案爲度，未有踰是者，事屬創見。

30 經筵與日講不同，經筵歲只二次，日講可十數次。經筵自大九卿、勳臣、戚臣、各掌印官，併科道侍班官俱預，日講只閣臣、講官數員耳。經筵稱「官人」，日講稱「先生」，日講必兼經筵，經筵未必盡兼日講，此其分也。經筵顯，宜詞嚴義正；日講親，宜氣温色和。

31 日講官六員，每日輪四員進講，一講《論語》、《學》、《庸》，一講《尚書》，一講《春秋》，一講《孟子》。每月朔望係升殿日，三六九係常朝日，二係經筵日，俱輟講，餘常川伺候。

32 初開講日，穿紅，行五拜三叩頭禮，以後俱青錦繡，止一拜三叩頭。遇皇上及兩宫本命之日，稱景命穿紅。衣冠各另藏，辟塵薰香，特宜整潔，紗帽不用金胎，用墨胎，暑月員領不用漏地紗，用實地紗，靴軟底，行動無聲，舉手常當胷，勿令露帶。

33 新補日講官，於大班叩頭外，另跪致詞，遇陞遷如之。雖同陞或四五人，惟聽首一位總叙，余嘗代丘公瑜、閔公仲儼、劉公若宰、徐公開禧各致詞。

34 講筵在文華穿殿，講日黎明趨至直房恭候，徐聞蹕聲，駕動，内傳宣，隨中堂行。先班立殿門外，站中堂後。門啓，隨入，仍班立殿東階下，與司禮監官揖，候上祭先聖先師畢，坐定，始上殿，分東西班。

35文華殿左室，祀伏羲、神農、黄帝、堯、舜、禹、湯、文、武九位，各南向，周公西向，孔子東向，龕各設主，歲開講致祭。常講，上先進拜，拜起極遲，止内臣贊唱，不用鴻臚。禮畢，殿左門開，講官始入。余有詩云：「九聖森黄幙，中天麗綺疏。蹕臨東左个，班用内句臚。」政詠其事。

36既上殿分班，隨中堂入殿屏後，於穿殿門旁立，上呼「先生每進來」，同俯躬承旨入，行叩頭禮。中堂爲一班，講官爲一班，東西退立，候舉案。當講官一躬出班，進近御案前，一躬向左，盤旋三步至案，取所講書展開，用金尺壓定，或壓上，或壓旁，八字斜安俱可，以右手俯靠案，左手執紅牙籤，讀本文二遍，方講。

37讀時，籤指書某句，以次移下，講如之。講本章完，略起以大意□□，間及時事。既畢，就案掩書，壓金尺，籤置書旁，頭向上仍一躬，盤旋三步，退就本班。次講者如前儀，進退俱矩步行，有慮退背聖躬，作邪行者，僉謂非體。

38二員講畢，撤案，上入内少憩，講官隨中堂出殿門外直房，候上將出，再進，分班立供案，另二員進講。講畢，傳「先生每吃酒飯」，即就本班向上跪承旨，仍出班行叩頭禮，候案撤。上起，一躬，出殿門外，謝賜酒飯，亦叩頭禮，同至東閣立茶，拱手别。

39酒飯惟開講供設，餘折價。每講一次，折宴銀一兩一錢三分，或齋素止賜湯飯；每歲元旦賞銀十兩，聖節賞二十兩，遇生皇子、公主，各賞大紅雲緞一端，宫花一枝；蜀扇鰣魚，叠蒙頒賜。聞先朝不時賜尤多。

40前輩直講閫者，例不敢拜客宴客，日食雖鹽醯有禁，慮致薰觸。講章須極精熟，蓋經筵另設講案，講章鋪上，若日講則先期進，臨期只據本文講，例無講章故也。防偶遺忘，非十分虔誠供事不可。

41泉郡詞林前後輩，未有任日講官者。如李文節、楊文恪，各帶日講銜，值神廟端拱高居，止依期進講章耳，非面講也。即實講經筵者，亦靡其人，疑以閩音累。惟余首叨冒是役，近六載，幸無隕越。

42日講官給假回籍，得賜銀幣，馳驛行，或丁父母憂，三品給祭葬，餘亦得祭一壇。舊以正亞卿、詹翰坊局題充，其繇編、簡入者，自萬曆初年王公家屏、沈公一貫始，竟階大用，咸以是服張江陵公鑒識。

43前輩編、簡，須十三四年始轉宫坊，亦值神廟中推遷難得旨故。既轉坊，則不復濡滯，大約十八年可望三品〔七〕。余歷編修十一年陞中允，計各衙門，未有十年甫轉官者，淹於前，獲稍疏通於後，勢亦相因。

44 六品宫坊，如中允、贊善、司業用碎金扇，五品庶子、諭德用大金扇，即内閣扇同。故傳有五品不遜之嘲，然皆紅鞍籠雙引，至少詹事、祭酒，始馬前開棍，三品始乘輿，祭酒過乾石橋北得輿，常日仍騎馬。

45 侍讀、侍講舊爲翰林院屬官，後改列修撰前，久罷不設。丁卯科鄉試，壬戌諸公有圖攘兩京試差者，以編、簡無典畿闈例，特陞四員，後踵是。然亦行之戊榜止。余乙丑同年遂無官講讀者，前四員竟坐罪廢。

46 詹事府在翰林院之東，過玉河橋北折，門正面河，設左右春坊庶子、諭德，左有中允，右有贊善，首二員掌左右坊印。又洗馬一員，掌司經局印附焉。每冬夏齋宿上堂，與詹事對揖，遇修省問宿署中。

47 翰林院以有庶常之選，三歲一估修，堂廡宏壯，庭除潔治，内有成樂軒、瀛洲亭諸勝。雖池高難注水，樹木亦頗蒼蔚可觀。若詹事府堂後，一帶荒圃而已。司經局尤蕪穢，經黄石齋先生疏請修理，旋復頹盡。

48冊封親王，以勳臣爲正使，衙門官副之。郡王則衙門官爲正使，中書或行人副之。正使領節及王冕服、妃笄帔等項，副使領冊。到彼行禮訖，過家匝年復命。如欲給假，具疏請，遣人繳節，微有費。

49朝親王，行四拜禮，坐受起揖。設宴，則王上坐，正副使東西旁坐，到有迎，行有贐送，帖寫某王奉迎奉贐，用圖章，具官銜啓本答之。若郡王往來如平交，舊郡王爲所冊封者執門生禮，近稍經釐正。

50浙江、江西、福建、湖廣四大省鄉試，編修或簡討爲正考官，六科一員副之。試録内，散官如文林郎、徵仕郎，書于本銜之下，相沿如此。兩京用宫坊以上各二員，謝恩後，即貼「迴避」，禁一切往來，途宿處門輒封閉。

51北闈考試官，出東長安門，乘輿詣順天府宴。宴畢入闈，比撤棘，仍騎馬歸。次日宴，輿騎往返如之。闈中用中書官寫白紙題，捲入大竹筒，加小銅鎖，外黄絹裝裹，具香案拜，府丞鼓樂接出進呈，始闔闈試，大略倣會試體。初放榜，先進題名，中宫東宫亦各二本。

52各省鄉試放榜日，諸生業多預歸。惟順天籍輦轂下，生長于斯，兼太學監生五方雜處，每落第，口語嘈嘈，最易騰謗。或京宦内璫有連，復陰佐之，故衙門盛厭苦北闈。余丙子科資序原該南闈，爲當事者矯易，抗辭不能得，坐致部科紛紜匝年，亦其數也。

53會試房考，用衙門官十二員，科四員，部二員，共十八房。如二十房，則部增亦四員，舊兼采才望，故湯霍林、李湘洲諸公，即屢預非嫌，近無復此等意思。

54廷試，學士以上充讀卷官，另用衙門資淺者四員爲掌卷官，資深者二員爲彌封官，又資深者二員爲受卷官，夜俱詣禮部宿。日供應糖果盒，屬教坊司。省中來請赴兵□飯，觀唐人《十八學士圖》，另日答請。

55前輩如楊升庵丁丑科掌廷試卷，得舒國裳策，上之閣老梁儲〔八〕，梁欲置第三，力争得首。時掌卷尚爲有權，後循例交收而已。然得以某束送某讀卷官，微知姓名，後鼎甲三公，投掌卷、受卷、彌封各員門生帖三遍，想亦以是。余於辛未、丁丑、庚辰三科俱幸供役。

56鼎甲以授職日爲定，投前輩帖，必七科始稱晚生。然亦有難盡執者，如乙丑鼎甲，初於吾邑楊侗孩公稱侍生，已楊陞侍郎教習，則門生矣，相隔僅四科耳。例對科如丑見丑，辰見辰，公會分上下坐。

57後輩例不敢請前輩，遇同鄉公席，有前輩在坐，辭不赴，前輩遣帖來請，方可仝席。席散亦讓先行，徐上馬。至五品不甚拘，雖用晚生者，坐則遷坐，公會皆並坐。至三品以上，路遇不避，行則並行。

58 如封差、祭差，雖議定，或前輩欲得之，即須奉讓。有告病求假者，前輩來説欲先假，亦不得已從之。笑謂差讓前輩先差，即病亦讓前輩先病，傳爲謔。

59 吾邑楊侗孩公，與莆曾喬雲公，並癸丑前輩，曾素和易，而楊風格嚴峻。壬戌鄭大白公，其鄉同年也，待不少假，每云衙門禮被曾壞盡。既教習余輩，北直王公建極，以母病乞歸，自陳方寸已亂，即一官不遑顧，楊答曰：「庶吉士原未是官。」大被怪恨。

60 於前輩雖同里相知，例用眷生帖，漳浦人用眷侍生帖，必不敢稱眷弟，嫌若鴈行。然初見行兩拜禮，前輩另約日回顧，須在家恭候，亦答兩拜禮。

61 授職復職，過吏部投四司帖，於左司務廳坐，諸銓司□，同上坐。候本部升堂，堂吏來請，循堂簷階□，行至兩柱中間，作三揖，一躬而退，司官送出二門外上馬。六科給事見部儀略同，若御史行跪禮矣，彼此迥殊。

62 遇巳、亥六年京察，先齊赴閣揖，致詞待罪，見院長亦如之。過部於二門外下馬，至右司務廳坐，五品宮坊，舊見于後堂者，是日于穿堂見，六品見于穿堂者，是日同編、簡于前堂見，作四揖一躬，從左階下，循廊徑出，仍見閣見院長致詞謝。

63官至學士者，遇考察，上疏自陳，奉有「學行素優，炤舊供職」之旨。出謝閣謝部，繇部後門入，送出同亞卿禮。其四品京堂，旨只著「炤舊供職」，無贊詞。

64銜門宮坊以下遇考察，俱聽掌院會同内閣考，外轉一人，降處二人，浮躁、不謹各有差。若掌詹只考本府録事主簿屬員，□銜門考滿、題差、給假、開俸，俱繇掌院。同年官稍後者，□□□體最隆重。

65每歲廷試貢生，院長擬策問題，次日請編、簡四五員閱卷。□閣説知，沿東階過東房，先典籍揖，次閱卷官揖，院長居西邊主位。閱定，擬次第送閣，首數名進呈，候發下，折卷塡榜，其再次廷試卷，送吏部折塡。

66凡兩房中書、典籍、待詔及四彝館譯字等官考滿，俱院長定考語，送内閣看給文書送部院長。到任日，各員俱到，行四拜禮，答後二拜，惟孔目四拜全答，朔望行香，孔目於二門外迎送，公座作揖遞茶。

67朝班，少詹事在僉都御史之上，詹事在副都御史之上。若帶部堂銜，即站部班。然惟掌詹得帶印綬，掌院則否，以内閣爲本院堂官故。

68五品以下論資，以上論俸，俸積年月多寡，資視廷試甲第，如二甲在三甲前，就二甲中復分名次先後。余於乙丑資第二，既江公鼎鎮麗計典罷，遂忝首資。

69 翰林院係五品衙門，即大學士銜，亦止五品，以兼官故重耳。近南京掌院，或以侍郎、少詹事銜往，非是，違大不攝小之義，□因南院清閒，衆希得之爲快。

70 馮開之先生掌南院，嘗於朔望日，九卿約郊外遊賞。馮後至，詰之，以事冗答。或笑曰：「有何事？不過拜聖人土地，受當該謁耳。」按，此雖輕薄之詞，洵爲實録，稽南院列宗人府上，聖祖右文意可思，殆非可以事繁簡論。

71 朱平涵公盛誇南司業署水竹園亭之勝，古有稱少仙者，疑可當此。或問祭酒何如？曰：「有印在手，便不得稱仙矣。」又問：「南掌院雖有印，而無一事，獨不得稱仙乎？」曰：「仙則仙矣，食無果，居無室，行無徒，此一苦行道人耳。」聞者皆笑，傳南祭酒署亦自幽蒨。

72 祭酒與中堂揖，在東閣之南，内閣門之外，上階而揖，下階而别，舊有嫁老女之誚。近缺出，營求者多，同年江右王公廷垣資已前，力請得南祭酒去。諸公業多轉少詹，王意顧安是，寧遲一二年不爲悔。

73 聞之李金峨館師云：「甲子典順天試，越丁未，已十八載，初屢祈陞，不許。緣葉福唐公欲借之爲畿闈重。比入闈未竣，得陞祭酒報，意頗邑邑，以資深不宜仍屈國雍。已，部抄到，乃以禮部侍郎管國子監祭酒事。」因嘆葉公之權度精審如此。

74張侗初先生嘗自請於葉公曰：「門生一領青公服，視甚可厭。」例陞四品，始得換紅公服，餘槩服青。時適近科場，葉欲暫留張典試，戲曰：「公何功名之心急，桃李之念輕乎？」葉好詼諧，前語得之周宜興公云。

75祭酒、司業到任，舊衙門正卿以下至編、簡，並具儀賀，大會于明道堂。今此禮久廢，堂亦圮，惟坊局以上差送賀儀伍錢，編、簡初進京，亦送程儀一兩二錢，學士以上送二兩，各用土宜答，領一二物。

76南京典試撤棘後，南掌院請宴，凡衙門官南都者皆預，號瀛洲會。何良俊《四友齋記》云：「乙卯年擺瀛洲會，亦自備銀十兩，央東城羅兵馬設席。」是也。何時官南孔目，其在京南北四主考，有鰲頭會，今久不行。

77傳崔編修銑於長安街酣飲，值李西涯將入朝，拱立轎前，請少飲以敵寒氣，李爲下轎，連進數觥去，最風流美談。然余意未敢信，即編修不當入朝與？

78同年楊方壺公爲余言，嚴介溪當國日，嘗召諸史官飲，適天寒，傳內取姑絨爲贈，每位一疋，內夫人傳語諸公窮官，未必有裏子，各加贈松江綾一疋爲襯。語未知真否，惟嚴素待同館厚，猶李文正遺風也。

79翰林院舊有柯學士潛所手植柏，久無存，即楊公守隨《記》云：「院後堂有巨柳數章，參天蔽日，民之輸廪米者，欲暴于庭，患爲柳陰所翳，請伐之。不許。」今未知即楊公柳否？ 惟瀛洲亭側一老藤，蟠結甚奇，壬戌館課，有《藤花行》，余入館猶及見之，尋復枯朽。

80院胥李泰，自萬曆癸未供役，至崇禎辛未尚在，歷五十年。每開館，贊導追隨，悉如令甲，頗能談先朝事，或目爲一部典故云。聞南院亦有老役桑松。

81嘉靖壬戌鼎甲申文定、王文肅、余文敏三公皆入閣，稱最盛事。嗣萬曆丁未、丙辰二榜繼之，餘蔑聞也。大約隆、萬以來，連館選每入閣可得四五人，惟隆慶戊辰、萬曆丁未，各七人，先後所稀。迺若辛未、丁丑、丙戌三榜，全無一人，亦氣數偶虧，其非館選科勿論。

82館課推萬曆己丑第一，如焦漪園、陶石簣、董玄宰、黄慎軒、劉雲嶠、朱平涵、林兼宇，俱表表文壇雄帥，後惟吴曙谷暨朱二人登政府耳。馮少墟以理學聞，王肯堂亦負博通譽，怪文運乃獨鍾於此時。

83其次天啓壬戌略稱是，吴文湛持、陳明卿，浙倪鴻寶，豫王覺四，閩黄石齋、蔣八公、鄭大白，所海内翕推者也。時制額廣，幾四十人，究稱白眉止是，信人才難。聞倪初閣試屢後，比散館，葉福唐公特留之。葉猶具眼。

84 故事，龍頭僭前科之半，外轉讓後科之半，如前科陞甫半，則後科鼎元即繼之。其考察謫官者，見後考察即與指補，可牽例自行人、尚寶復入坊局，若外轉參政、副使牽復反遲，故曰：「外者不謫，謫者不外。」李本寧、董思白屢淹，其證也。馴亦各至尚書。

85 于文定《筆麈》：戊辰考館，一江左同年，强易江右某几案以避日色，争不肯還，後江右入閣，江左官止史局。考之，一張位，一沈位也。又云：有盛名士年少能文，見江北一同年有異書，亟袖去曰：兄無用此。後官最不進。而江北者入閣，以文行顯。按此得非李本寧乎？是科江北無入閣者，當指西北槩言之，疑王山陰公。

86 《四友齋記》：在京見徐華亭「門如水，真可羅雀。」閲《筆麈》云：徐與同邑孫公承恩對巷居，徐賓客甚盛，應接不暇，孫閉門深卧而已。僕竊語曰：同爲尚書，他家車馬盈門，我宅中鬼亦不至。視前説何謬刺乃爾。

87 《筆麈》：「近有文學之臣，以隱匿官銀，一敗塗地。」不知誰指，或傳爲江右鄒某，稍隱諱之是。

88 何鏡山先生詩注：成化間，詩出翰林，諸曹寡習者，有能詩輒以火居誚之。李空同以郎官出語驚人，翰林訝問之，或對曰：「火居所作也。火居者，優婁也。」按，優婁義未明，或即在家僧妻肉道士之類乎？

89 湯海若《牡丹亭》，尋狀元諢，或云要杏苑題詩，答曰：「哥看見幾個狀元題詩哩。」全一肚憤詈。又云：「天下人古怪，不像嶺南人。」湯嘗官徐聞尉，豈有所怒於粵紳乎？粵鼎元時爲黄公士俊，素重厚，無致怒理。

90 相傳國初有争狀元者，御試出「聖門七十二賢，賢賢何德，雲臺二十八將，將將何功」爲題，不知其人姓名。考姚旅《露書》，乃莆田人陳實，永樂四年，登同邑林環榜進士，不服環，疏訟不公，自詡能百問百答，成祖命解縉擬此題及《記里鼓》論試之，實條對詳悉，《露書》具載全篇。竟以違旨謫永戍，其軍繇書廷争狀元，故至嘉靖間始免勾補，事奇，世間怪不乏狂士。

91 萬曆丙辰會試，第一名沈同和，第六名趙鳴陽，以代筆事發，坐罪除名。時爲語云：「丙辰會録，斷幺絶六。」沈不必言矣，趙在作奸犯科之列，隆武行朝，以其子玉成請，追贈翰林院修撰，予謚，是何政體！

92 科場主試，關防嚴密，外簾隻字不通，題先拈鬮，係某書某什，房考分擬，卷到攤定，信手分某房，即鬼神莫知，卷優劣憑文去取。世每言科場關節弊，余寔不解所以，使卷不落其房，則房考何從通，使房考不進某卷，則主考何從取，即進而主考不取，計亦何施？

93闈中正考閲《易》、《書》，副考閲《詩》、《春秋》、《禮》，或二人公同裁定不妨，但無一經分二主考之例。余於北闈胡維孚卷，幸免累及，以胡爲副考閔公取也。然同事難分彼此，故余疏願與同罪，以不負君、不負友爲詞。

94丙子北闈，余先率諸同考，告天矢誓曰：「王畿首善，大比賓賢，務得真才，以光盛典。凡我同事，矢慎矢公，如或懷私，明神鑒殛。」後風波屢起，部科吹求，聞先帝宫中，至懸金募發情弊，究莫能點者。即余於《易》、《書》落卷搜取三人，内一係同鄉不爲嫌，總心事皦然。

95丁卯浙闈，出「巍巍乎滔天爲大」題，屬逆璫方横，疑爲媚崔魏地。主考陳公盟坐廢，實題繇房考議，但陳不宜點用耳。倪公元璐是科典江西試，《孟》題「皜皜乎不可尚矣」，云逆璫擬建祠國雍，借以諷沮，説尚通；若湖廣題爲「人臣止於敬」，主考李公明睿自言《三朝要典》正推崇慈孝之時，特置上文慈孝二語，迂詭甚矣。

96聞庚午南闈，初擬出「天下歸仁」題，有云犯首揆温公體仁名，非便，易之。是科鄭大白公主江右，題「女爲君子儒」，或讒於首揆周公延儒曰：「下文有小人儒，寓訕詆意。」鄭於周公夙善，原出無心，然一經説破，難自解釋，竟因磨勘卷貽累，可見試題宜略加斟酌。

97會試主考，舊用部堂、詹翰各一員，其以内閣充，自萬曆癸丑始。時閣止元輔葉福唐公一人，係特恩，本章送入闈票，亦係異典。至壬戌，閣用二人，遂爲例，且有越次營求，如乙丑南樂、癸未通州事矣。

98會試分考，推衙門資深者二員爲領房，與主考分上下坐，餘旁坐。將填榜，則禮部知貢舉正卿亦入，同主考上坐。鄉試是夕，主考中坐，對號填硃卷；副考東填籍貫，付吏寫榜；按院西填墨卷名次，各有分屬。

99房考送卷主考所，服襯擺衣，餘俱朱衣供事。房考閱卷用藍筆，主考墨筆，例不許攜硃□入，防有添改。凡房考所需飲食藥餌之類，具單繇主考標日，發外簾取進，會試先二日，鄉試先一日，送墨卷入對號。

100登極初開經筵，例用内閣二員進講，如穆廟元年，徐文貞講《大學》、李文定講《尚書》各首條是也。以後始講官講，其首次經筵各官，俱賜銀幣，遇纂修《實録》成，歷俸三年，得陞一級，六年陞二級，必名預進呈者方准。或雖效勞，而於書成日不在京，恩亦弗賚。故俗有「經筵頭，纂修尾」之諺，余並未一遇及。

101《實録》成，擇日進呈，恭藏皇史宬中，原稿慮爲人見，命焚於巴蕉園。園有小山曲水，在太液池東，余所躬到。自申文定、陳文端兩番較讐，始有攜歸私宅，轉相抄傳者，費百餘金，非好讀書兼有力人不辦。

102凡《實録》、誥敕、起居注、日講等項，有光禄寺酒米飯米肉價，工部炭價，内府惜薪司炭，都察院紙，刑部紙價，每月俸米一石，俱白粲。每季俸銀錢，冬夏折絹布，俸及柴薪銀、直堂銀在外，蓋儒臣之蒙優禮如此。

103光禄寺酒米給冬春二季，以夏秋稍炎輟給，每日酒三鍾，每十二鍾折一缾，每缾折米若干，又每日支銀若干，遇齋素量減，品式最爲詳備。

104柴薪銀、直堂銀，俱兵部送，每年院直堂十五名，堂上十三名，隨學士員數均分。孔目廳二名，掌院每年送效勞歷滿吏赴吏部選官。舊有撥官吏辦事之條，詹翰掌印暨春坊、編、簡，多寡有差，想即此款。

105詹事係正三品，與侍郎同，每禮部侍郎缺，以次輪陞，無缺陞侍郎，協理府事。神廟中，庶子可徑轉侍郎，蓋其資俸積久已二十餘年故也。衙門内無從三品官，即少詹事正四品，馬前棍亦稱雄特。

106詹事府印，永樂二年造；翰林印，正統六年造，俱銅鑄。詹印稍加鉅，用紫粉，院印間用朱，移各衙門，有寫銜不寫銜，僉名不僉名之分，具詳《典故》。余於崇禎庚辰年，以學士掌院署詹，得兼視二篆。

107皇太子戊寅年春行冠禮，内閣孔玉横公頗疑衙門官應否侍班。余閲《會典》，内一款：冠日，原遣告廟官及内閣、詹事府坊局官、禮部儀制司官，俱入侍班。即以轉聞，孔遂定，蒙賞銀十兩，紅緞、藍絹一表裏。

108余官詹事時，值祈穀，充導駕官，再充請神導引官，蒙賜甜食一盒。值祈禱，遣祭風雲雷雨等壇，得雨，復遣謝，蒙頒祭品三次。值籍田，預齋宫，丹陛上坐宴。值臨雍，遣啓聖祠行禮，同分獻八員，各賜生羊一隻，酒十瓶，甜食一盒，復遣詣金山題皇七弟慧昭王神主。

109詹翰爲朝廷文學侍從之臣，若部堂則有職掌矣。昔錢公習禮，自學士擢禮部侍郎，或賀之，答曰：「吾今且爲有司，奚賀爲？」前輩安雅淡不慕繁劇，可尚也。

110吏部侍郎自禮部左侍郎遷，遇枚卜必與。間有大宗伯不與廷推者，無少宰遺漏理。然例不可否部事，四司官呼爲館堂，或偶批呈到司，輒卷還不行，直署紙尾耳。顧於職雅稱華貴。

111庶吉士入館，早晚多穿朝行，坐板房候馬，編、簡以上候朝，坐精微科，在西闕門之旁，科署之上，若部堂群坐賞房，近東闕門，稍上則内閣直房矣。賞房名異。

112會極門設有黄幙，應領敕官遇免朝則於此捧授，内監一員傳旨，經筵謝酒飯宴亦於此叩頭。歲三大節，日講官既大班慶賀，復隨内閣詣會極門，行五拜三叩頭禮，門正對西歸極門，會極門北爲文華殿，歸極門北爲武英殿，繇此出東華、西華二門。

113文華殿制獨樸雅，舊用緑琉璃瓦，後正殿易黄，東西廡爲皇太子出閣之所，瓦緑如故。殿中扁「講帝王治天下大經大法」十字，先帝嘗手書二扁，左「明透經義」，右「實裨治理」，未幾撤去。殿東大庖廚井水佳。

114殿榜咸金字直書，惟「武英殿」三字横列，用墨書。每脩省祈禱，則駕幸齋宿其中，過此爲大庖門、西華門，即金城外矣。因之出西上門、西中門，達於西苑。

115皇極門，東弘政門，西宣治門；皇極殿，東文昭閣，西武成閣；再進，東中左門，西中右門；又再進，爲中極殿、建極殿，接連乾清、坤寧二宫。中左門内即平臺，每御召對處，左小廂房扁德政殿，内二層，深廣可三四丈，隔一門限耳。内閣及部正卿得入限内，侍御座立，餘立限外，有亞卿偶誤入，至煩譙訶。

116大明門與正陽門相對，閉不啓，惟駕出中道行，官員各從東西長安門，入至承天門，門前橋三、華表二，内越數百步爲午門，亦稱端門，即俗所云五鳳樓也。三門翼以兩觀門，觀各有樓，左右鼓樓、鐘樓，每早朝鐘動，文官循左掖門、武官循右掖門入，過金水橋，至皇極門行禮。門外金臺之上，御座憑焉。

117 午門正中爲輦蹕經行，左右曰王門，每朝儀仗從此出入，亦云親王行此。又左右曰掖門，凡五門，門各有洞，誤蹈王門者罰。遇上致齋文華殿内，則閉左掖門，從右進。間值開朝，左右掖門俱閉，訖始放行。

118 皇極門外，兩廡四十八間，除曠八間外，實四十間。東二十間：實録館、玉牒館、起居館及東閣會坐公揖在焉；西二十間：上十間爲諸王館，定王、永王出讀書處，下十館以貯藏《大明會典》，遇纂修《會典》時啓是。

119 三大節慶賀，先期習儀於朝天宫或靈濟宫。先是，翰林官不習儀，傳宣宗有云：「翰林終日侍朕，何習爲，恐其倒拜耶？」至成化中，汪直用事，始著同各衙門習儀，惟内閣與東西兩房不行，業爲故事。

120 何氏《名山藏》載何塘性率淡，不尚鮮明，嘗進講經筵，畏慎過當，宣讀蹇澀，武帝尤惡其衣冠，怒欲廷撻之，賴楊廷和救免，降調開州同知。按，塘得罪繇他，史不書何語，不審何據，然講筵之貴温潤可知。

121太常寺少卿，另設翰林院提督四彝館一員，以吏科都給事中、吏部文選司郎中陞任，號館卿。朔望赴閣揖，所管譯字生世相傳授，業粗通者，於每歲廷試貢士之期搭附試，内閣出題考寫本番字，初次中給糧，再中冠帶，爲譯字官，以至序班中書等秩。

122凡爲詞林官，有三易焉，務閒易生懈逸，署冷易開請託，體面尊易長傲慢。夫惟閒也，能以勤補之；冷也，能以淡耐之；尊也，能以謙且慎持之，則進德修業，以之培將來大用之基，有餘地矣。簡省交遊，尤要訣。

123吕光洵撰李貴墓誌，云：「洵自南宫爲先生識拔，濫入翰林，先生戒之曰：『官于是有三，隆文聲以起世譽，上也；勤趨承以愜時好，次也；下乃守廉恥待歲月耳。』雖然，爾必爲其下者。」按，此亦先輩長者之言。

124李文節公同庶常讀書三年，止告假七日耳。官祭酒、少詹事，出入騎馬，雖大風雪不改。在部常不欲速遷，恐所興革不能久。三品例乘帷轎。公獨乘明轎，自以一介窮儒，巍科華貫，思自砥礪，報答國恩，無使死之日有餘粟餘帛，以累君父。噫！今安得有此人此言乎？顧衆口交攻，必不容安綸扉一日，真作何解。

125馮北海公琦有言：「詞林多名譽、廣交遊，皆敗道也。」沈四明公之語李文節曰：「翰林官，只消房内打了半盹足矣。無咎無譽。」前語守身善，後語涉世善，各可思。

126 其次宜多讀書，文學自潤，前輩如楊慎之識星名，傅瀚之韻古帖〔九〕，翟鑾之精《説苑》，馮琦之熟祖訓，皆彬彬乎備顧問良選也。近有講官承三物六德之詢，茫莫置對者，慙負甚矣。且講章即所自出，不一稽乎？

127 弘治中，奏准進士有志學古者，録平日所作古文十五篇，投禮部閲訖，編號送翰林院考訂，照號行取考選。按，此法可行，宋人試博學宏詞科近是。

128 推知改授館員，弊四：以學，庶吉士初釋褐，鉛槧尚親，推知久困案牘間，素業荒盡；以人，庶吉士如未字女、未雕璞，推知於宦途徑竇全熟，營求已慣；以味，庶吉士泊然耳，推知經五六年，身家肥足；以體，詞林踞省、臺、銓三衙門上，今多爲推知薦師選師，見側坐，行避馬，成何規矩？遇崇禎甲戌、丁丑間，動更張自喜，久興闌，癸未尋復舊制，顧於時無及矣。

129 吾泉鼎甲，黄公鳳翔、李公廷機、楊公道賓、史公繼偕、張公瑞圖、莊公奇顯、林公釬、莊公際昌，凡八人。詞林莊公履豐、黄公汝良、黄公志清、黄公國鼎、許公獬、林公欲楫、楊公景辰、蔣公德璟、鄭公之鉉〔一〇〕、張公維機，暨不佞景昉，凡十一人，後至内閣七人。其崇禎癸未庶吉士何公九雲、張公元琳、楊公明琅三人甫入館，國變，竟未授官。

130縣庶吉士改別衙門者，倪公哲、李公貫、史公于光、李公熙、吴公龍徵、劉公弘寶、楊公道寅、莊公葵，凡八人。考《郡志》，陳公道曾爲永樂戊戌庶吉士，自陳得教諭去，今《題名録》不載，若李公聰，弘治三年授簡討，則以充王府長史，例不在詞林之列，近賴公垓縣知縣改授。

131郡詞林兄弟同進士者，莊履豐、履朋，史繼偕、繼任，林欲楝、欲楫，蔣德璟、德瑗，張維樞、維機，黄景明、景昉，凡六家。若黄儀庭、張二水、楊伺孩三公，各有子登第，黄子孫尤盛。又黄九石公弟朝鼎鄉榜，得附書。

132泉自宋梁公克家，曾公從龍擢狀元，越三百年至萬曆己未，莊公際昌始續其盛，亦奇遘也，惜不得志於年。會元自傅公夏器外，宦詞林者，李公廷機、許公獬、莊公際昌，解元李公廷機、黄公志清、林公欲楫，各三人。

【校勘記】

〔一〕見樂而避　「見」字原缺，據張位《詞林典故》、黄景昉《國史唯疑》卷一二補。

〔二〕乙亥二月考察竣　原作「己亥」，然崇禎間無「己亥」有「乙亥」，故改之。

〔三〕轉北向立　「北向」二字原缺，據張位《詞林典故》補。

〔四〕此條上有眉批：喏音惹，《正字通》引《六書故》：「喏，應聲也。古無此字，疑即諾字。」

〔五〕王崇古誥用金書　「古」字原闕，按孫承澤《春明夢餘録》卷二十八有「司馬王崇古以泥金書軸請寶，爲言者所糾」條，今據補。

〔六〕被劾　「劾」，原作「效」，據文意改。

〔七〕十八年可望三品　底本「品」下原有一「矣」字，爲鈔者點去，今據删。

〔八〕上之閣老梁儲　梁儲名原缺，據《明史》卷一百九《宰輔年表》「嘉靖十二年丁丑」條，當爲「梁儲」，據補之。

〔九〕傅瀚之韻古帖　「傅」字原脱，據文意補。

〔一〇〕鄭公之鉉　「鉉」，原作「賢」，據《明清進士題名碑録索引》改。

館閣舊事卷下

1皇極門東廡十館之南爲東閣，每公會、候朝、揖閣所群坐處，北上南下，新閣員謝恩畢，進此少坐，候諸位齊到，典籍來請到任，兩房官班迎入文淵閣。

2余乙丑來見新中堂，將謝恩，憩精微科，編、簡、庶常俱凌晨詣科作揖，自宜與周公再出，將此地改作内閣直房，禮遂廢，而本衙内官亦無復駐足之所，論理宜仍還精微科爲是，百年舊制，詎容易擅改。

3文淵閣在皇極門東廡盡處，文華殿之前，十庫之後。正面皇城，凡十間，皆覆以黄瓦，西五間，中扁「文淵閣」三字。閣上藏實録、圖書，前楹設櫈，閣臣東西對坐，此李文達所欲設公座，而爲彭文憲堅持不可者也。今無論公座，即胡床莫敢用者，稱最嚴肅。

4文淵閣中奉孔子暨四配像，銅範飾金，背懸聖賢圖像一幅，云吴道子筆，爲天順朝御前送出，每日隨到，各一揖。每朔望會揖，每三大節，行四拜禮，衙門官同。

5閣中櫈坐分本訖，各歸房擬票，房舊只四間，開窗南向，如用五、六員，則二員於房後黑間坐，晝燃燭，候缺遞遷，號「繇闇入明」。崇禎中始將東典籍房改拓二間，凡六間，於是續進者得免薰灼之苦。

6東五間爲典籍廳房，内閣初到任日，於本廳設宴，正坐一次，李文達所云「東邊會食却正坐」是也。想國初閣老，日俱會食，光禄寺供，自折宴後，始自各家辦送耳。遇佳節間一會食，酒數行止。

7文淵閣爲禁中深嚴之地，門榜聖旨，閑雜莫敢窺者，跟隨班從至閣門止，惟一二書寫僕得從入，各給牌爲驗。薛公國觀當國日，更於門加設木栅機防，非制也。薛敗，旋撤去。薛至於閣中刑人，尤屬悖慢。

8新閣員到任，舊僚下階迎，讓先入檻，聖人前四拜，與舊僚兩拜，本衙門自正卿以下各兩拜，六科、尚寶司、鴻臚寺、中書舍人進見，下階答揖，仍候上階入檻别。兩房中書官兩拜，中論品級禮有差，事畢，至兩房答禮，即詣揖謝，是日投六科知生單帖。

9枚卜欽點後，例上疏辭二次。得旨，擇吉到任，首揆具揭題知，仍各疏謝恩，附有敷陳。遇朝，行面恩禮，候至三、六、九免朝則已。初開講，亦出班奏，以初侍講筵爲詞，如未面恩而先遇召對，亦即於御前致詞。

10 中堂新任，内府司設監辦送鋪陳二分，紅綾夾被二，紅綾綿被二，青綾厚褥二，藍綾褥二，青絹帳二，青綾春凳坐二，青綜絲枕二，用爲内直房夜宿之需。

11 閣員例辰入申出，後因幾務殷繁，有遲至深更始出者。將出，吏報繳牌，申時蓋舊規也。每夜輪二員宿朝房，或内直房，防不時發本，中書官亦二員輪候。

12 初入閣，於板房坐候首揆。到，出揖，與同入，如是者匝月。以後隨到隨入，到齊公揖，夜仍公揖出，行必後首揆數步，寓退讓意，次輔以下不拘。

13 入朝，錦衣衛撥旗尉跟隨，辟人於百步之外，無敢相揖者。將到，閣門官一員高唱某老爺到，出，百僚避輿，雖勳戚、冢卿亦然。門署「一切書揭赴朝房投遞」九字，私宅出入各封鎖，以示無私交、專事一人之義。

14 見客於各朝房，私宅亦間會焉。應送上轎者，用明轎送，越十數步始易圍轎。余在事日，以冢宰鄭公三俊爲舊提學師，宗伯林公欲楫爲同里前輩，特請用圍轎送，稍稱破格，若九卿以下並集，必先請翰林官見，爲本衙門故。翰林、科道各送上馬，部屬送至門止。

15 内直房，舊爲精微科，即宜興周公所手改也。夜宿神思頗清，既省明晨應接之煩，而於赴閣甚邇，候早朝亦便。若常時自西長安門至閣七八百步，出入近數里矣。腳力稍衰，扶曳行，實不勝困苦。

16每晨發本，除不須出旨，止該部知道者，中書官自行彙出填簽，餘總送首揆分票。如五六十本，則每位炤數得若干，多寡勻配。往日爲次輔甚逸，以事並關決首揆也。分票起天啓初，其簽内填「臣某等擬」起崇禎初，遇改票則原擬旨某自行改進。

17本發後，遇事體重大者，不時另發，用黄絹小匣封固，御題「某日某時送内閣」，及擬票簽封進，亦炤原匣寫「某日某時臣某等謹封」，其餘分項入套，用文淵閣印鈐送，品式最爲詳明。夜彙票，將本詳細閲過，防有錯名錯字及錯夾票簽等弊，關係非輕。

18本批紅發下部科，復將親批票簽密封發閣，如擬進敕諭蒙批行，原稿發下，親書「某年某月某日發某部訖」爲驗，其慎密古未有也，亦太焦勞。末年漸壅積。

19夜彙票訖，將出矣，忽有本到，仍聚分擬，有追至板房再擬者。每宿直至二三鼓，尚傳本自門隙中出，佇候擬進，真所云「旰食宵衣」也。六科各輪員守科坐是。

20閲起居注，萬曆末方公從哲閣揭，以近有薄暮將出之時，票本始到者，非故事。舊發票以日中，得從容審酌。噫！使方公及見後來者，當何如耶？聞神廟中，閣臣日或無本可票，午飯趨出。即余天啓中，以庶常閣試，見諸公未晚出閣，試卷須於將出時完交，稍遲則溺職矣。

末世多虞，聖主難事，信惟余輩所遇爲然。

21每月召對十數次，或徧召九卿、科道，或單召内閣，中極殿、皇極門、中左門、平臺、德政殿、武英殿、文昭閣諸處，各隨駐蹕。晨召逾午罷，晚召有至漏下十數刻者，出仍分本票，形神俱瘁，即智慮無所自生。

22召推知考選，召兵部司官奏對，於御座旁左右設四榻，置紙筆硯墨水注，賜輔臣侍坐，令手記各奏詞，隨聽隨書，字潦草，出到閣騰真，當夜彙進。故詢事考言盛典，其實虚，恢辨之士屢得巧售，所手記直什一三耳。泥張釋之虎圈嗇夫前談，將至格格。

23每早朝行禮訖站班，閣臣行從東階，歷級上，循皇極門簷階，至金座旁，與西錦衣衛掌印官對立，司禮監亦東立，稍後。遇有顧問，即面答，候奏事訖，鳴鞭，同至座前俯躬，候駕起。退，仍從東陛下，與大九卿廷中公揖，有大事，亦即面議其間。

24文書房奉上傳到閣，門官高唱「傳本老公到」，同穿直衣候，從西階上，入檻内，先揖聖人，次作揖，曰上傳。就分本榻東西對立，首揆取紙筆録訖，送從西陛下，閣僚從中階下，至庭花臺前揖别，有應傳各部者，即傳示，或應面傳，則請部堂至東閣，分南北坐密商。

25各部堂有公事詣閣，典籍先禀知，穿直衣待，門官報訖，下階作揖，面講畢，讓至屏間，候升階一揖，進檻内一揖別。若科道部屬官□公事，令彼自西階上，至檻外，稟訖而退，並無迎送，編、簡等官同。

26五府都督以上，應領敕者，到閣會敕。余嘗見恭順侯、襄城伯各口念職銜，待如部堂禮，其在外兩司官會敕，行一跪禮，跪宜勿俯，若俯則是拜非跪，兼類叩頭矣。副總兵以下，行兩跪禮，然多傳免者。

27召對，行一拜三叩頭禮，遇賜饌賜坐，另致詞謝。答「朕知道了」，加「朕」字爲優待閣廠禮，餘只云「知道了」。若皇太子旁侍立，則另過行禮，曰「臣等恭叩皇太子殿下」，答「先生每辛苦」，或曰「先生有勞」。皇太子自稱曰「本宫」。

28召對每賜饌甚豐，雖極隆冬，率臣食，以北方氣熱故，惟湯飯須微温耳。一日賜渾酒，濃如膏，爲宫中佳品，爐火用紅蘿炭，長尺許，每條燒半日始竟。

29司禮監職視内閣，首一員秉筆，視首揆，文書房八員視尚部尚書，俱差送通家侍生帖。若彼補文書房在後，與内閣送門生帖。遇召對，間與秉筆及東□作揖。先帝待内侍嚴，或左右顧，則咸退出門外數丈許，俟講論畢，呼司禮監官來，始匍匐進。

30閣員例總裁實録、會典，同知經筵日講，提調東宫諸王講讀，尚書自禮部及户部、吏部止，宫銜自太子少保至太子太保、少傅、少師止，閣殿自東閣至文淵閣、武英殿、建極殿、中極殿止，勳至左右柱國止，贈至曾祖父止，廕子至尚寶司丞止，要皆紉榮耳。惟立身行道，少有補國家，斯稱職矣。

31尋常恩賚，如上元、端午、中秋、重陽，賜酒饌外，遇聖節，賞銀四十兩，元旦賞銀三十兩，首揆每加十兩，於酒幾瓶、膳幾品之間，亦視諸輔量加，以存優異。

32元旦聖節，既大班慶賀，内閣復同日講官詣會極門，行五拜三叩頭禮者，以另謝恩賚故也。日講酒飯，即於文華殿外頂門謝，賜胙、煖耳頂午門謝，同。

33東宫出閣，每日輪内閣一員侍講讀，遇三、八日，則齊入，行一拜三叩頭禮，畢，亦止以一員立侍，餘先趨出。講官讀經書各五遍，東宫仍應聲同讀二遍，始講。所居端敬殿，不甚寬，嘗擬移入端本宫，不果。

34永王、定王講讀，舊初開館，内閣連到三日，示提調□，餘日罷。會有旨，每隔日則輪一閣臣提調，行一拜禮，不叩頭，案上置「四書」、《書經》白文、《集注》、《洪武正韻》、《海篇直音》諸書，皆紅綾□。講罷，有酒飯宴。

35東宫、二王，間日寫倣，用紅匣盛，紅綾錦遮，二内員持圓扇前行，送至内閣。遇俯躬讓過閣，視其字稍可者，加細朱圈，或重圈〔一〕，末批四字，如「體格莊嚴」、「骨力遒勁」之類。稍長，則於朱字旁學書，不用倣。

36高皇帝革中書省，不立丞相，故本朝無宰相之名，内閣贊機務而已。雖甚蒙眷，御劄稱「元輔」、「先生」止。或於章奏中露「相臣」字樣，非是。稽祖訓云：「後代有敢請復立宰相者，罪極刑。」辭至嚴厲。

37文淵閣銀印，玉箸篆，用密封章揭，直達御前，不以下諸司也，下諸司用翰林院印。崇禎壬午冬，宜興周公以元輔出視師，請攜文淵閣印行，許之，閣中用翰林印者累月，爲從來未見之事。噫！獨無可另給者乎？

38閣印爲宣德朝特賜。察萬曆甲申文定當國之年，被盗失之，另鑄給。庭前花臺牡丹芍藥種，亦傳賜宣廟，前輩有玉堂賞花詩，癸未春嘗追和原韻。

39兩房中書，東制敕房辦制敕、詔旨、誥命、册表、寶文、玉牒、講章、碑額及題奏、揭帖，一應機密文書，併各王府敕符底簿；西誥敕房辦文官誥敕、進士榜、番譯敕書及四彝來文、兵部紀功、勘合底簿等項。各有攸司。

40制敕房缺官，例以誥敕房題補；誥敕房缺官，例以史館、四彝館官題補，間請於下第告選舉人内考取三四人，授試中書舍人職供事，仍准會試一科。

41典籍二員，於東房内選補其年深著勞者，自評事、主事、郎中遞加至太常、少卿、太僕卿，在閣供事。隆慶元年有旨，兩房中書官不准陞列九卿，究之帶小九卿銜者纍纍也。或二、三十年窟穴其中。

42田皇貴妃薨，予六字謚，中書官一員於文華殿西廡題寫銘旌，閣臣入視撰謚，册用香木板，刻既成，每位賞銀三十兩。是日，司禮監設席，請内閣於歸極門内某所，賓主分上下坐，赴内席止此一次。

43東宮侍班用卿貳以下，講讀用坊局以下，俱内閣題。親王講讀，用翰林院簡討二員於進士内，待詔二員於教官内，侍書二員於舉人〔二〕、監生内，各陞選事屬吏部。惟嘉靖中，諱言立儲，裕、景二王同出閣，因用衙門官各二員，陰寓優隆意，且於形跡稍渾。然裕王講讀，高拱、陳以勤二員，一係編修，尤當時閣臣深意。親王例用簡討，無編修，此陳文端公所藉以消弭嚴世蕃之疑，爲羽翼地也。景王得之非舊制，顧時不得不然。

44親王講讀隨之國，雖帶詞林銜，俸滿依舊陞轉監司。惟萬曆中潞藩講官董樾等，以九年滿，從閣臣請，陞樾修撰，仍官簡討〔三〕，事獨破格。其後崇禎末，魏公藻德欲以是私其科同年，業露意，勢將格格。

45凡詹事府、翰林院掌印官缺，俱從内閣推補，兩京祭酒、司業、吏禮部左右侍郎從吏部會推，然俱先移文内閣，取一正一陪職名，昔稱詞林官除授不繇銓曹指是。顧得旨後，吏部亦具覆本如常儀。

46所撰送講章誥敕，内閣詳閲過，有未妥，發行修改。崇禎中，羅公喻義講章，爲首揆烏程温公駁改，不肯從，大聲詬詈，坐謫去。羅太戇，實内閣有提調之責，考前輩陸公深之與桂公蕚事，適類是。

47管誥敕官，苟非其人，貽笑有不可勝道者。曩以内閣務煩，特題詹翰官二員較閲誥敕，余嘗叨是役，惟是史官才質有限，其弱者，雖鴻筆不能益也。武官誥有定式，屬西房爲政，官至一品者，與文誥同。

48閣揭首「大學士臣某等謹題」，末列諸同官姓名，不用全銜。揭每幅寫五行，體制特小，答四方書牘，亦用副啓之短而狹者，每面三行，非内閣不敢用三行。近頗有混襲者，殊屬僭妄，要非所論於今日。

49答巡撫書，封寫「某省巡撫某爺」，巡按寫「某省巡按某老爹」，布政以下倣此。係前輩相傳格式，近「老爹」之稱，或稍變通，無輕加「老爺」者，世變後難言之矣。

50 六部尚書、左右侍御史稱「老爺」，侍生帖，正坐，送轎；侍郎、副都御史、通政使、大理卿稱「某爺」，受侍教生帖，僉坐，送轎，路遇俱避轎，南京同；餘三品、四品京堂稱「某爺」，受晚生帖，三品簽坐，四品以下旁坐，俱隨行，送轎馬，隨行法可少寬；若部屬及評、博、中、行等官，受官銜門下晚學生帖，旁坐，隨行，不看馬，稱「某老爹」。

51 六科給事中受晚生帖，十三道御史受官銜晚生帖，舊有「科知道友」之説。科回「知生」，道回「友生」，今俱回「通家侍生」單帖，惟初到任，朝内投六科知生帖一次耳。御史考選在入閣後者，受官銜門下晚生，初次拜，不看馬，差出巡按，受官銜手本，部屬以下，差送「友生」單帖，惟文選司郎中送「知生」單帖，俱不回拜。

52 各省督撫帶尚書銜者，用「侍教生」，侍郎銜「晚生」，副僉都官銜「晚生」，視在京各降一等。一品至四品稱「老先生」，以下稱「公」，或掌科道長，雖同年相知，俱用「年侍生」、「年侍教生」貼，無仍「年弟」者，相見亦只稱「老先生」。

53 公、侯、伯、駙馬、戚畹，俱「通家侍生」，往來正坐，送轎馬，路遇避轎。至朝班站拜，則讓居前列，退後數尺許。遇《實録》開館，必用元勳一員爲監修官，經筵開講，惟元勳與首揆知經筵事，次輔以下同知經筵事。

54 聞之内閣規制，至景泰中陳芳洲公始備，如常朝，與錦衣衛官對立，經筵立尚書、都御史之上，午朝翰林院先奏事，皆是自陳手。陳有經濟才，己巳國難，率共推于謙、石亨，寔陳居中調度，功在二公右。

55 天順中，每召對，先王翺，次李賢，時尚論品級，王三原公以冢宰、宫保欲踞内閣丘瓊山公之上，坐是故也。以余所見，每朝，閣臣列班首，六部尚書次之，其尚書登從一品腰玉者，得綴閣臣末班，餘瞠乎後矣。

56 朝廷致書各親王，内閣具草，如「皇帝書奉曾叔祖某王」、「叔祖某王」、「叔某王」、「弟某王」，例王書有叔無伯，有弟無兄，緣國初秦晋二王已薨，成祖最長，仁、宣以來，並天潢嫡支尊行，當時書式如此，遂相沿至今。

57 廷試策題，先揭請御裁，如得旨擬進，即於直房具稿，手書密封進，立召中書官及刻匠，入右掖門内六科廊寫刻，督以司禮，無知者。考庶吉士題，亦繇閣擬，隨點用，然每多漏泄之弊，想先經中書官手。

58 吏部會推本發下，將各正推、陪推評該才品，亦不便過于褒許之辭，略云某堪某職而已。

如不點，則云這員缺，著另推，或再推幾員來看。補牘復奏之風，非所責于今之閣臣，用人自吏部事，閣難代操。

59閣員以廷推先後爲序，中有情誼牽連，不安占長者，具揭聞，許從更定。如李文節於葉文忠之父，選貢同年也，葉遜李；錢公象坤之於温公體仁，房師也，錢遜温。爲事勢所不得不然，雖公庭聽伸私敬。

60廷推之外有特簡焉，爲宸意所默眷，旨從中出，然易致猜疑，不若衷之外論之爲穩也。或因廷推弗預，借端攻訐，尤非體。宋人之詠蘇舜欽進奏院事云「一客不得嘗，覆鼎傷衆賓」。噫！得不得有命耳，忍爲此態？

61枚卜自詞林外，舊惟吏部尚書、都察院左都御史預推。崇禎末造，遂罔弗預者，薰蕕雜進，至以三載史官入閣主會試，其殷廷之有祥桑乎？妖甚矣。

62初，洪武中設四輔官，分職四季，如春三月，某司初旬十日，某司中旬十日，某司下旬十日，夏、秋、冬倣是，驗雨暘時若與否。各兼太子賓客，班列公侯都督之次、尚書之上。按此真調燮陰陽遺意，顧職太隆重，勢必至災異册免如漢人，宜行不久罷。

63我朝之有内閣輔臣，自解大紳始也。輔臣之歷官至一品，自西楊始也。西楊尚書兵部，東楊工部，各終其身。其領吏部尚書自王毅愍文始也，官至一品、入閣亦自王始也。其有謹身殿大學士，自東楊始也。

64永樂初，内閣考滿陞任，或改別衙門，如胡儼之出爲祭酒是也。成祖嘗諭蹇忠定曰：「胡廣等日侍朕左右，繼今考滿，勿授外任。」以後遂爲定制。

65考閣臣改任，不止胡儼一人，如解縉出爲廣西參議，許彬出爲陝西參議，張瑛、江淵各出爲尚書，陳山出教習内豎，□俞綱入閣甫十餘日仍出理部事，以至岳正自戍所還，終郡守，閣體掃盡。

66自胡惟庸被誅後，閣臣死西市者二人，王文、夏言；死兵難者二人，曹鼐、張益；死詔獄者一人，解縉；勒自盡者二人，薛國觀、周延儒。其謫戍，自陳循、徐有貞、岳正之後，至崇禎朝獨多，劉鴻訓、錢龍錫、吴甡三人，迺若甲申中國變後陳演、魏藻德等，益非余所忍言。

67成化中，國臣去位，多不以禮，萬安爲大璫摘去牙牌，勒出，舁夫以非時未至，徒步至朝房，借馬歸。萬無狀，自取詬辱，不必言矣。壽光劉公珝，一日退朝，將入閣，有較尉邀於路，曰：「免入請回。」博野劉公忠之去，一内使至其家，促具辭疏。方明主意嚮漸移，即須豫覺，何致此決裂，申公徒不如白生已乎？

68王文恪鏊，稱進退最明潔。考以正德元年入閣，四年告歸，與逆瑾及焦芳、曹元輩相首尾三載餘。噫！此詎可一朝居乎？末頗是張、桂大禮議，早卒，不然幾爲楊文襄、費文憲之續矣。危哉！

69 薛文清公於天順元年正月入閣，六月致仕，真急流勇退矣。李文節嘗評定本朝輔臣，推爲第一。李意耑重閣品，陰以自寓，其寔文清在位淺，分毫未有展布，直以理學望重耳。顏、閔欲兼禹、稷功，竊所未任。

70 何良俊《四友齋》述司業朱大韶之言曰：聞之順門上内官云，昔張先生進朝，我們多要打個躬。「後至夏先生，我們只平著眼兒看哩。今嚴先生，與我們拱拱手。」謂永嘉、貴溪、分宜三公也。按：門官無敢與内閣拱手之理，或因歲杪贈曆，班立揖謝而已，朱説不知何據。

71 陸深《金臺紀聞》載張元禎云：「自余登朝，而内閣待中官之禮，凡幾變」。李文達當國，司禮巨璫以議事至，便服接之，議畢，揖退。彭文憲繼李，具衣冠與分坐，後陳閣老文，送之出門，商閣老輅又送之下階，萬閣老安又送至内閣門矣。按：此實不知事體，妄爲之辭。凡内璫至，接之，穿直衣，未一坐也。送下階花臺前別，亦無送至内閣門理，閱王守溪《震澤長語》自明。

72 陸容《菽園雜記》云：「太監曹吉祥嘗在左順門，令人請李文達説話，李不赴，曹乃令二火者扶掖而至。李曰：太監誤矣，某等乃備天子顧問之官，太監傳命來説，自合到閣，豈可相召耶?」李辭理甚正,今司禮巨璫,寔鮮到閣者,有事於日講召對之隙,時一立談耳。

73彭文憲以景泰己巳八月入閣,自記云:「時居内閣者,咸未明入,抵暮出。勤苦憂戚,比他日爲甚。而内外贊畫防禦,陳、于二公之功居多。」彭語最實録,是陳芳洲一□功案,若晨入夜出,其於余所遇已屬尋常。

74焦芳奸邪,無足道者,讀王弇州《别記》云:芳曲媚其卿少保李賢,而又陰遣其妻入侍,歲時伏臘,均於子姓。按,此何等語,毒口穢談,真所云文人無行也。小説載蔣文定冕〔四〕,少舉解元入監,爲祭酒丘公濬所愛,與同卧起,誣同。鉅公元老,奈何以俚傳狎褻語辱之。

75正德庚午,逆瑾就縛,治黨與,李長沙欲逮内閣曹元,太監張永曰:「老先生勿開此路,當爲日後計。」按,元罪逮治非枉,而永慮深長矣。其後楊新都欲論殺王晉溪瓊,大禮成,張永嘉又欲逮新都,司禮監俱所不肯。

76楊新都初爲左中允,修《會典》成,閣擬陞左春坊大學士,内疑其誤也。遣問李長沙,以資望深隆久著勞對。實大學士止五品銜,東、西楊俱嘗官是。惟後移爲閣銜,始罷設耳。長沙想猶見前朝事也。

77權謹以孝行特拜文華殿大學士,事奇,然雖入閣,不預機務,其乞歸也,進秩通政司參議而已。文華殿久不繫銜，越二百年，朱文懿賡忽得之，詫爲曠見。

78 徐武功自署銜曰「掌文淵閣事」，謬甚。閣在禁中，豈人臣所得擅掌。如晉華蓋、謹身諸殿，亦云「掌某殿事」，可乎？萬曆中，申文定嘗一被總政之旨，有識猶以爲疑，稽國初，只「看詳章奏，平駁諸司」八字。

79 世廟所任輔臣，初議禮，後贊玄，議禮猶見才見學，若玄修，一味軟媚而已。真廬設禁中，全不到閣，偶出直入閣，即不勝咫尺天涯之感矣。勳戚如朱希孝、陸炳、鄔景和等，皆得侍直，若另開一殿陛然。

80 郭朴陞南禮部尚書，袁煒題掌南翰林院事，俱疏辭，請以原官留供玄撰，爲上意所益愛憐。張治性亢爽，頗不樂以青詞自安，卒，僅謚文隱，若見爲懷情不盡然。異哉！勢不至驅紳緌而黃冠之不止也。

81 嚴分宜夙負能詩文聲，日嘔嘔柔顏怡色，籠絡天下士，苟非坐舐犢累，罪猶差減。惟其侈汰已極，賊害已深，無復自全理矣。究禍發於藍道行，藍此功在鄒應龍、林潤之上，以毒攻毒，所得力偏多。

82 許讚、張璧、張治、李本雖入閣，不甚預機務，事悉取決分宜，墨墨而已。令終老冢宰、宗伯者，不更佳耶？宋蘇易簡爲翰林學士，屢承眷，百計謀參大政，反因吏事見責，邑鬱以歿，諸公得無同此恨耶！

83 徐華亭初執政，上意猶嚴之，不分以所鍊芝藥，曰：「卿階政本所關，不相溷也。」徐惶恐，請得效力。既嚴嵩罷，念孰贊奉玄者，忽忽不樂，徐因益精專於其職，從風靡，不復自異。社稷臣、容悦臣兼而有之。

84 穆廟登極，徐文貞有《丙寅除夕》詩：「兒童不解滄桑變，猶問何時赴直中。」明前斯經歲未一出直也。辭曰：「臣不忍離陛下。」度一時袁、董、嚴、李諸公皆然，每閣員暨吏禮尚書缺，必諸公得之，他莫敢望。

85 嚴嵩以子世蕃敗，於是徐文貞獨當國，而袁文榮煒次之，袁無他技能，以無子故，度可省世蕃禍，因之蒙眷亦深。夫孰知無子爲媚主之一端也哉！

86 世廟學淵古，每劄諭，多不甚可解，或故幽渺其辭，惟徐文貞供事久，入手了然。一日劄問：「卿齒與德孰高？」莫測謂何。徐曰：「德者，禮部尚書歐陽德也。問二人年孰少長耳。」以實對。諺云「朋友知性可同居」，諒夫！

87 高新鄭之被逐也，馮保爲蜚語布於宫中曰：「拱欺太子幼沖，欲迎立其鄉周王爲功。而已得國公爵。」既逐歸，復以陰行刺罪誣之，動加以覆宗滅族之禍，信怨毒之於人深也。江陵即恨高，抑何刺促至此。

88王元美《嘉隆首輔傳》叙高新鄭逐，僦一露車，出宣武門，道旁人皆揶揄之，有詈者。據高自述，則云道旁觀者多流涕。二説孰徵？高自以忤權貴歸，於市人初何德怨，惟炎炎驟滅，隆隆驟絶，旁觀爲駭愕咨，或所未免耳。究寧直高人一笑曰「若夢初醒」乎？

89《首輔傳》謂諸公於内璫各有所主，高新鄭主李芳，張江陵主馮保，趙内江、殷歷城主陳洪，張蒲州主李武清伯。張、馮事較然矣，他有無未可知，即有之，何勞括出，至舉天下大權盡歸之若輩之手，不亦輕朝廷、羞當世士哉。謂弇州有學有識，吾不信也。

90徐文貞晚以隆慶登極詔收功，聲望甚美。倘未及先罷，或先逝，則易爲依阿順旨，一無所短長者耳。名臣勳業，故有命存焉。於楊新都亦云，熟閲本傳自知。

91張江陵以歸葬行，薦馬文莊、申文定二公入閣，猶稱具眼。末遂薦潘晟、梁夢龍等，時病甚，已不能有所主矣。晟行至中道被劾，委頓歸，今閣臣名籍無復齒晟者，聞許國、余有丁、陳經邦三賢亦在薦中。

92往首輔虚，則次輔以序遷，坐居所直房，翰林官衣緋入賀，然非諭劄有「元輔」之稱，未即真也。萬曆中，張、申交搆，張雖歸，賞賚猶首及，申懼，行萬金張宏、張鯨所，始獲稱元輔，云此段情景或差近。

93蒲坂張文毅憂歸，惜驟没，非然，必再出矣，出必與申爲難，是天之所以厚吴門也。豈惟吴門，蓋自是綸扉皆南人，爲申、王、許，嗣皆浙人，爲趙、沈、朱，因有敝閩葉、李二公，而西北無一與者，疑天運循環所鍾。

94蜀陳文端公入閣，同事爲李文定，恂恂長者，高文襄與共講裕邸，張文忠則所舉士，而趙文肅其鄉人。四公無纖芥之嫌，方相推重，陳輒引疾歸，厥後或以言去，以罪去，甚至身後毒大發，陳無恙自如，壽望八，有子世其官。噫！此天人也，誦之猶爲神往。

95李文定、申文定，林居各有年，申壽八十，李七十五，子孫多仕宦。又李歸尚侍雙親養，雖其平生通方守和之報，乃天意若故優之，稱太平盛事。

96輔臣專意事主，勢不便謅謅訿訿，與外庭附和，此王文肅所爲攻江東之、李植也。江、李寔謀逐申文定，亟擁戴王。王心念申，眷厚力饒，未容易動，即果去，同里同年，後何面目處此？因首攻江、李，亦坐是不爲言路所附，坎壈終身，於朋僚猶爲厚道。

97王文肅嘗稱：海瑞、王用汲、李三才，鐵肩幫漢子，此三人即手批吾頰，當笑受之。究之末年私發王密揭，鼓煽南北臺省，正李爲淮撫時，知人故自難。

98浙趙瀫陽、沈蛟門、朱金庭三公，相繼柄政，有傳燈之疑。萬曆己酉、庚戌間，浙禍大作，周應賓至發憤出揭，寔三公不甚護其鄉人，時吏科都給事中陳三謨、陳與郊、陳治則皆浙人，詆爲「陳陳相因」云。

99沈四明行事，不滿人意多。閱所著《敬事草》疏揭盈千，亦庶幾心血嘔盡矣。葉福唐公素頗少之，比入閣，覩起居注，則凡向所私疑蓄縮者，業勇爲之，始知前輩之未易輕也。畢竟光廟册立冠婚，屬四明功，雖仇口莫能掩者。惟歸德、江夏二案，難代解嘲。

100同安蔡獻臣光禄有云：「礦税被逮，若馮應京、華鈺、何棟如等，繫刑部久，嘗謁四明公，問繫可出乎？曰：『未也。』又問沈歸德，公答如之。無何，夜半旨出，釋群繫，歡聲雷動。乃諸君既出之後，皆感歸德，不感四明，豈歸德別有一段悚動處耶？」蔡此語有味，可細參。

101蔡光禄又云：「江陵相，深於申、韓者也。江陵之末，人情怨嗟，禍甚烈，而知申、韓不足治天下也。四明相，深於黄、老者也。四明之末，大失海内賢士大夫心，而知黄、老不足治天下也。張以權勝，失則恣；沈以術勝，失則諉。」

102李文節枚卜之際，論有異同，吏部録其事上聞，蓋變體也。時廷推七人，李名第六，首揆朱山陰公，密揭請於五名内點用，微指可知。乃當宁意原爰屬，不爲動。君相能造命，非乎？怪既用之後，若急之，若緩之，一任其呼號展轉，無所控以歸，又若其不能違命者然。

103 葉福唐公初進閣，班列第四，既王太倉病不赴，召朱山陰、于東阿，踵逝，李文節又困人言，於是葉獨當國。資在數人之後，而忽踞其上，事非夢想所及，且累年遠宦留都，何從結主信，冥冥有默司之者與？

104 神廟嘗稱葉閣老揭帖明白易曉，此未必文章定評，要自齒舌間得利。江右鄭公以偉，宿儒也，晚入閣，自云讀書四十年，臨時求一句之用不可得。釋氏有云「任他兵器滿車，某寸鐵殺人」，正是此理。

105 閣員之駢集也，其始於昌、啓之世乎？適宫府孤虚之餘，彈冠四起，有即家召者，有傳奉陞者，有别從他徑竇售者，有奉旨允去而復議留者，有廷推不用而强續點者，揆地從沓沓多故矣。

106 朱公國祚素著清恬，不繇廷推，以舊講臣特起，所謂即家召者也。孫公如游，典禮著勞，内旨命入閣，所謂傳奉陞者也。劉公一璟，業准馳驛去，而首輔葉公仍擬温旨慰留，所謂已去而復議留者也。孫公慎行、盛公以弘，首推既報罷，葉公爲再次揭請，所謂不用而强續點者也。至從他徑竇入者，談污人，已之。

107余乙丑冬見前輩楊公景辰、姜公逢元、馮公銓同陞少詹事，距其癸丑登第，甫十三年。而馮方三十一歲，美如冠玉，踰年遂大拜，又踰年楊繼之。肯少遲，何慮不階宰執乎？疾書多塗乙，信然。

108孔公貞運官十年，驟擢詹事，其同榜鼎元莊公際昌尚未離宮庶，而孔已三品矣。稽以日講叙勞，故一歲一叙，雖欲不超躐不可得也。舊或三歲始間叙耳。

109詞林談兵，原非本色，自趙大洲後，惟高陽孫公承宗出，督守巖邊，威惠宣流，雅有韓、范之風，餘若徐公光啓、王公應熊、劉公宇亮、李公建泰，非不翩翩自許，要亦虛言之耳。劉、李一出，□門隨潰覆，談何容易。

110劉公鴻訓性伉直，在御前侃侃好盡，但多俚鄙之辭。如云：「新到二閣臣皆真品，非皇上大福，何以有此？」又如：「中興如元氣一般，漸漸薰蒸，久自透徹。」又如：「此才是中興。世廟時無一矢之遺，何得謂之中興？」聞者哂之，卒坐增改敕書，編戍去，疑所致嫌有素。

111周公道登嘗於召對頃微笑，上詰：「卿何爲笑？」詞窮伏罪。天威之下，真宜悚息。惟烏程温公最恭謹，每拜起，不失尺寸，其蒙眷亦以是也。舊自講筵進者，禮度閑習，餘遜是，雖細節而亦「過位色勃」之義。

112葉文忠公之再起也，聲望微減，余意微但葉，即宋富韓公、文潞公再起，亦無是處。昔不云「精華已竭，褰裳去之」乎？其有林卧非甘，癢作春明之夢，至終以身名殉者，尤堪痛悼。考自夏貴溪以下，粗不乏人。

113錢公龍錫之下獄也，内意欲殺之，賴宜興周公叩頭力請，得從編管。其後周公禍作，莫爲申此義者，固人主之手已滑，亦大臣之膽非堅，余蚤乞身以是。

114召對之名甚美，寔非要著。先是，英、孝之朝，惟召内閣及部院數人耳。有大事，面加商確，今泛及九卿科道，百喙齊鳴，言既煩囂，聽亦熒惑，徒增一段紛紜而已。況能言者未必能行，屢見應對辨給之才，多不甚稱。

115凡召對，未有内閣不侍立者，間有之，嫌非公聽並觀，而亦慮致讒慝。如弘治中專召劉大夏、戴珊固賢者，然置内閣劉、謝諸公何地？鍾公惺以之擬表云：「繇安民而及知人，與部院而談内閣。」末句正説著題也。

116考自永樂壬午至萬曆庚申，輔臣數不滿百人，嘉靖、萬曆臨御最久，嘉二十七人，萬二十人已耳。天啓七年之内，輔臣二十一人，而崇禎至四十五人，内外雜進，年年枚卜，政本之輕，未有甚於此時。

117崇禎輔臣，自各衙門進者，張至發、薛國觀、楊嗣昌、程國祥、蔡國用、范復粹、謝陞、魏炤乘、吴甡、范景文、方岳貢，凡十一人。時推知求選詞林，部屬求改科道，以至大小卿僚，無不垂涎政府者，咸囂然有出位之思。

118枚卜啓釁，莫如己巳、壬午二役，己巳因首推錢公謙益，爲温公體仁訐奏，全推罷不行；壬午則推内房公可壯、宋公玫、張公三謨，同吏部尚書李公日宣、吏科河南道章公正宸、張公瑄各下獄擬罪。或云不與推者，流言陰中之，然莫辨主名。余輩同申救，不允。

119乙亥八月，召集中左門，人分一本擬票。是日文公震孟偶注籍不出，尋發查九員履歷，竟點用張公至發，同文公入閣，張素重厚，莫審所簡拔何自。

120戊寅六月，余先以册使出都，聞此番召對，令各書所見，上意兼用六部，除吏部、刑部不稱旨外，户部尚書程國祥、兵部尚書楊嗣昌、禮部侍郎方逢年、工部侍郎蔡國用、大理少卿范復粹，五人同入閣，時詞林僅方公一人，旋閒住去。傳武陵久在帝心。

121黄石齋公參武陵疏上，隨召對，責以疏不先不後，在不點用之時，若有所怨懟者。時咸思尼黄公疏，顧才性如黄，豈受人尼？而同鄉臺省，復併參韓城、武陵。於是薛、楊之交愈合，黄公禍遂不可解。

122 謝德州公陞自家宰入，素以精鍊自負，票本中如小吏姓名，錢糧升合，罪犯所坐獄詞，俱摘出，煩褻非王言體。而魏公炤乘尤迂蹇不可耐，傳笑四方，上久亦覺而厭之，於是有仍起宜興、江夏之舉。

123 江夏賀公逢聖，端人也。才鈍，每一本高聲朗讀三四遍始解，深夜猶搰搰不休，同事皆苦之，尋以病歸。上賜宴中極殿餞别，賀連拜，放聲哭，旁咸驚怪，以非吉兆爲疑。時張公四知亦予歸，餞竟弗及。

124 宜興周公出，而德州、費縣、滑縣並罷歸，山東人謂「一旦奪其二輔」，恨刺骨，即畿輔亦然。周公且自任，復還衙門舊規，終以興化吴公同年交至深，弗能易也。吴後更疑周，爲其鄉省臺挑搆，至周、吴俱敗始已。

125 周公蚤貴，精服食，所食至少，雅盡藥餌之良。性難甘寂寞，宿朝房間攜妾媵，而所往來門下人猥雜，然以視先朝分宜、江陵之汰，何敢望百一，要所得罪不關是。夫施重者報難，恩深者怨倍，罪負又無可言者。

126 陜西布政司，本唐宰相府，前堂屏扆，後有方石池，中刻波浪紋，云是冰菓之器。後堂簷下池，云用以割羊，中稍高，四周有走水渠，觀昔人遺制如是。謂今非田舍監門得乎？即萬曆末年，猶大家在受用中。

127嘉靖所特簡用者，張璁、桂蕚、席書、方獻夫、夏言五公，數既減近代之半，且此五公何等學問氣魄，而堪以區區楊、薛輩當之乎？詞林固駑緩不濟，併海內人才亦銷盡，無以應明主之求，真爲浩嘆。

128充馮北海之才，可以爲徐華亭；抒郭明龍之略，可以爲高新鄭；窮黄石齋之學，可以爲趙内江；養文湛持之氣，可以爲王山陰；存丘鞠懷之度，可以爲嚴常熟。而卒之約結不逢，摧殘俱盡，天無意於斯人乎？悲夫！

129本朝父子入閣，惟南充陳文端以勤、文憲于陛；一姓兄弟，則安福彭文憲時、文思華，然猶從兄弟也。視唐、宋遠不相及，差勝者，曰本朝必進士史館起家。

130狀元入閣者，胡公廣、陳公循、馬公愉、曹公鼐、商公輅、彭公時、謝公遷、費公宏、顧公鼎臣、李公春芳、申公時行、朱公國祚、黄公士俊、周公延儒、錢公士升、文公震孟、魏公藻德，凡十七人，三百年精華盡是矣。

131其以吏部尚書入閣，焦芳、劉宇、楊一清、石珤、桂蕚、方獻夫、許讚、嚴訥、郭樸、謝陞，凡十人，即其兼吏部尚書銜者，必首揆極品，數未易幾也。至高拱起首揆，掌吏部事尤雄峻，而亦爲後先僅見之體。

132或議詞林宜兼知錢穀兵戎，因補李公紹賢户部侍郎、倪公元璐兵部侍郎，各兼翰林院侍讀學士，倪尋陟户部尚書。故事，浙人不仕户部，爲司屬且不可，況堂官乎？業破格難拘往例，課效竟落落。

133楊公嗣昌、馬公士英負重寄，覆餗僨轅，爲兩朝罪臣之首。稽爲督撫時，亦頗可觀，或用之違其才乎？驥僅可數百里，强責之追風躡電之奇，則有中道疲斃已矣。求如翟鑾〔五〕、楊一清其人者，已難再得。

134海内推靈寶許、餘姚孫、三山林，爲衣冠閥閲之冠。許、孫各一人入閣，林如文安瀚、文僖庭機、文恪燫，世蔚然公輔器也，咸沮尚書。然安知非天之所以奉林氏乎？評價以許、孫入閣二公易林氏，恐尚未直。

135成、弘以前，閩三山、莆田之登鼎元鼎甲甚多，無一大用者，即官三品難之。傳林公誌、柯公潛並爲館閣推重，秀而不實，豈風氣之尚未開乎？泉郡發較遲，至隆慶戊辰始有登鼎甲者，嗣是金紫聯翩矣。

136閩躋揆席者，楊公榮、陳公山、葉公向高、李公廷機、史公繼階、周公如磐、張公瑞圖、楊公景辰、林公釬、蔣公德璟，暨不佞景昉，凡十一人。惟葉公首揆當國，略追建安、文敏之盛，餘各不大伸。昉至今後死，尤媿。

137 興、漳二郡，從未有人入閣，至周公如磐、林公釬始破天荒。然二公甫入遽病，僅越月卒，疑山川微有缺陷者。隆武行朝，漳黄公道周、莆朱公繼祚亦續入，而各從兵解，不知二郡形勝所受病處云何？

138 李文節公初歸自政府，接郡紳如在京體，孝廉執手板，三謁庭參，郡邑朔望候安，其後史公、楊公，猶高持風格，簡出入，至張公始稍蕩易，亦其時然也。余不幸歸半載即國難聞，滄桑易形，復何談承平事？

139 宋泉郡宰相，曾公亮、蘇公頌、留公正、梁公克家，其最表表者，本朝似不如也。所幸無蔡確、惠卿之累耳。又，宋韓魏公琦生于泉，王沂公曾祖父家于泉，藉爲譜牒之光，本朝丘瓊山公濬，先亦泉人。

140 同邑蔣公德璟，素留心邊計，痛恨楊武陵剏練餉加派之説〔六〕，荼毒天下，所手緝《御覽備邊册》，可千萬言。蔣公語微帶鄉音，而先帝偏以是喜之，昔有詆劉昌言閩語難曉者，宋太宗曰「惟朕能曉之」，事同。

141 萬曆中葉文忠、李文節二公同時登庸，僅同省耳。余與蔣公同邑，廷推蔣公第一，余次之，並蒙點用，里中頗稱奇。余先罷六個月，蔣亦繼歸，官各止太子少保，即文節公亦然，不登三事，而宗伯黄公汝良、林公欲楫各得從一品，腰玉。黄、林壽並高。

142 余壬戌京中得《嘉隆首輔傳》一書，恒寓目焉。蔣公以憂歸，偶舟中見之，亟持去不還，蔣時視余一落第舉子耳。余亦不便固索，卒與余同升，名在余前，亦其兆也。吴公甡舊晉江令，爲一時適湊之巧。

143 余壬午六月入閣，癸未九月致仕歸，同事如周公延儒、陳公演、吴公甡、魏公藻德暨同邑蔣公六人，今獨余存耳。中多受禍酷，念之凄然，何啻宿桑之戀。

144 憶乙酉冬，余將詣三山，刻有《内閣典儀》，題其端云：「兩都傾覆，故籍無存，視此恍漢官威儀，爰付梓人，以示吾邑之後來居此者，抑爲廊廟諸公言耳。山林中那復關是？呼牛呼馬，直應之矣。」兹《館閣舊事》成，亦同此意。

145 余幼題所坐壁，作「魁元館閣」四字，家慈嘗夢余飛身月旁，揭去月中翳者再，每揭，光數十丈，頗以是奇余，媿亦不能踐也。聊述示兒孫輩。

【校勘記】

〔一〕或重圈　「或」上原衍「成」字，據文意删。

〔二〕侍書二員　「書」字原缺，據萬曆《明會典》補。

〔三〕仍官簡討　「官」，原作「管」，據文意改。

〔四〕小説載蔣文定冕　「冕」原作「免」，據《明史·蔣冕傳》改。

〔五〕求如翟鑾　「鑾」，原作「鸞」，據文意改。

〔六〕痛恨楊武陵剏練餉加派之説　此處底本旁批「名嗣昌」三字。

玉堂三考

一　閩鼎甲考

廷試第一甲三人賜及第，以其數之止於三也，如鼎足焉。雖宦蹟不關是，而初進羡爲榮觀。閩舉第一人者：洪武乙丑丁顯，建陽人，修撰；丁丑陳䢾，閩縣人，未授官，坐私習天文禁，誅；永樂丙戌林環，莆田人，侍講；壬辰馬鐸，長樂人，修撰；戊戌李騏，長樂人，修撰；宣德庚戌林震，長泰人，修撰；景泰辛未柯潛，莆田人，少詹事；嘉靖丙戌龔用卿，懷安人，祭酒；癸丑陳謹，閩縣人，中允；萬曆壬辰翁正春，侯官人，禮部尚書；己未莊際昌，永春人，庶子。凡十一人。其舉第二人者：洪武戊辰唐震，閩縣人，編修；辛未張顯宗，寧化人，工部侍郎；永樂丙戌陳全，長樂人，編修；壬辰林誌，閩縣人，諭德；乙未李貞，南靖人，編修；宣德庚戌龔錡，建安人，編修；癸丑趙恢，連江人，庶子；隆慶戊辰黄鳳翔，禮部尚書；萬曆癸未李廷機，太子少保、大學士；丙戌楊道賓，禮部侍郎；壬辰史繼階，少傅、大學士；癸丑莊奇顯，南司業，自戊辰以後，五公同晉江人。凡十二人。舉第三人者：洪武辛未張言行，邵武人；永樂乙未陳景著，閩縣人。二人並不載何官。宣德丁未謝璉，龍溪人，工部侍郎；庚戌林文，莆田人，太常寺少卿；成化壬辰李仁傑、正德戊辰戴大賓，同莆田人，編修；嘉靖己未林士章，漳浦人，禮部尚書；萬曆丁未張瑞圖，晉江人，少師、大學士；丙辰林釬，同安人，大學士。凡九人。歷明世二百八十載，列是者止三十二人，稱廑廑矣。三十二人中，入閣四人，躋尚書、侍郎六人，僅什之三，餘略識姓名而已。莫厄於洪武乙丑；莫盛於永樂丙戌、壬辰、乙未；宣德庚戌、萬曆壬辰各二人，庚戌至三人，尤閩中夥見；成、弘之際，爲稍寥寥；比隆、萬，吾邑諸公始續振之。初侈三山，末誇溫陵，夫亦靈淑之氣間鍾，非偶然焉已也。俗傳林誌與馬鐸爭狀元，有「鈴兒草」、「鼓子花」之對，殆不足信。誌，字尚默，素謹重，豈爲玆狂躁舉。惟永樂丙戌莆田人陳實，登同邑林環榜進士，不服，疏訟環，自詡能百問百答，試稱是，竟坐違旨謫永戍，其軍繇書「廷爭狀元」，故亦一噱也。宇宙間信何所不有。

二　閩詞林考

國初行徵辟之典，隸詞林者，如侍讀學士張以寧、侍讀陳振、贊善陳完、修撰王褒、檢討王偁、典籍王恭、高棅之屬，並福州人。同以宿儒召纂修實録、大典官，是其有翰林院庶吉士之名，自永樂甲申始。稽建文庚辰，建安楊文敏榮自進士授編修，業先之矣。後文敏入閣者，有沙縣陳山，然谿給事中改，宜别論，今所紀以散館授官日爲定。永樂辛卯檢討黄壽生、陳用，俱莆田人；乙未陳坤奇，龍溪人，編修；連智，建安人，檢討；宣德癸丑薩琦，閩縣人，禮部侍郎；賴世隆，清流人，編修；天順庚辰鄭紀，仙遊人，户部尚書；楊瑛，建安人，死曹欽難，贈編修；甲申陳音、吴希賢俱莆田人，陳太常寺卿，吴侍讀學士；成化丙戌林瀚，閩縣人，南兵部尚書；黄仲昭，莆田人，終提學僉事，初授編修；戊戌鄧液，閩縣人，編修，丁未黄穆，莆田人，編修；弘治癸丑黄瀾，莆田人，編修；正德辛未林文俊，莆田人，吏部侍郎；嘉靖乙未康太和，南工部尚書；黄廷用，工部侍郎，俱莆田人。林廷機，閩縣人，瀚子，南禮部尚書；丁未林燫，閩縣人，廷機子，南禮部尚書；庚戌吕旻，龍溪人，禮部侍郎；乙丑陳經邦，莆田人，禮部尚書；林偕春，漳浦人，終提學參政，初授檢討；隆慶戊辰田一儁，大田人，禮部侍郎；萬曆丁丑莊履豐，晉江人，修撰；癸未葉向高，福清人，少師、大學士；丙戌黄汝良，晉江人，太子太傅、禮部尚書；己丑蔣孟育，同安人，吏部侍郎；林堯俞，莆田人，太子太保、禮部尚書；壬辰高克正，海澄人，檢討；乙未黄志清，晉江人，編修；戊戌周如磐，莆田人，太子太保、大學士；黄國鼎，晉江人，庶子；辛丑許獬，同安人，編修；甲辰陳五昌，侯官人，檢討；丁未林欲楫，晉江人，太子太保、禮部尚書；癸丑楊景辰，晉江人，少保、大學士；曾楚卿，莆田人，禮部尚書；己未朱繼祚，莆田人，少詹事；施兆昂，福清人，編修；天啓壬戌蔣德璟，晉江人，太子少保、大學士；黄道周，鎮海人，少詹事；鄭之玄，晉江人，贊善；乙丑余不佞景昉，太子少保、大學士；張維機，同晉江人，禮部侍郎；崇禎戊辰黄起有，莆田人，庶子；辛未李世奇，海澄人，庶吉士，終養；癸未庶吉士何九雲、張元琳、楊明琅俱晉江人，踰年國難作，遂以是終。此其班班可考者也。若散爲給事、御史、部曹各官，雖或積資累閥至尚書、侍郎，以名載列卿年表，例不援及。惟正德辛巳李默，甌寧人，仕至吏部尚書兼翰林院學士，仍繫院銜，宜特標出爲光。至於崇禎末造，館員自推官、知縣選，明屬變制，即事後亦追悔之。

三　崇禎十七年閣臣考

先朝更數歲始一枚卜，間點用三四人，或一二人，選之精，任之久，朝野肅然稱宰輔，勳績往往可數。昌、啓之際，以神廟末綸扉積滯，驟示連茹之升，格稍溢，然猶未若崇禎之世之甚也。自余宦京師，記無一歲不枚卜者。丁卯八月後，舊輔留尚四人：元城黄公立極、平湖施公鳳來、晉江張公瑞圖、高陽李公國櫓。戊辰各罷斥，即於丁卯之臘，舉金甌卜，得蕭山來公宗道、晉江楊公景辰、高邑李公標、長山劉公鴻訓、吴江周公道登、華亭錢公龍錫六人。戊辰蒲州韓公爌起爲首揆。己巳大名成公基命先入，冬特用宜興周公延儒、武進吴公宗達，復召高陽孫公承宗往視關寧師。庚午廷推桐城何公如寵、會稽錢公象坤，得旨，其烏程温公體仁，旨出内傳。先是，舉朝爲温公訐争紛拏者數矣。壬申上饒鄭公以偉、上海徐公光啓入，二公同篤老儒，湛於經術，竟亦落落。癸酉巴縣王公應熊、嘉善錢公士升、香山何公吾騶入。王公於某同籍，錢公於某同鄉，或滋揣摩，莫詳真否，錢公心跡頗昭然。乙亥召集中左門人分票一疏，因簡用長洲文震孟、淄川張公至發，張公時官刑部侍郎，至爲外衙門入閣之始。丙子用句容孔公貞運、江夏賀公逢聖、順德黄公士俊。黄公初佹不預推，功名真有命也。同安林公釬亦於是年即家召至，同召三人，獨稱旨。丁丑用綿竹劉公宇亮、進賢傅公冠、韓城薛公國觀，薛公時官僉都御史。至戊寅局益大變，即中極殿召對，令各書所見，户部尚書上元程公國祥、兵部尚書武陵楊公嗣昌、禮部侍郎遂安方公逢年、工部侍郎金谿蔡公國用、大理寺少卿黄縣范公復粹，同被命入閣。時決意用六部，除吏部、刑部對忤旨，罷。或云武陵簡在有素，特故援諸公渾其跡，韓城益贊導之，遂安方公旋得罪去。從此内閣盤踞囂張，政尚深刻，公然加詞林以疎脱之名，巧宦趨時，争復改顔事之矣。己卯蘄水姚公明恭、費縣張公四知之獲進也，韓城寔譽之曰：「做寔事，不尚虚名。」因參以管京營兵部侍郎滑縣魏公炤乘，大都時局類爾矣。庚辰冢宰德州謝公陞爲政，推僅四人，已擢井研陳公演，而謝公亦與焉，未知謝有意否也。年來擬旨頗失當，遠邇喧傳，於是内意亦厭之。辛巳仍起舊輔宜興周公、江夏賀公領其事。周公初政頗可觀，諸公漸以次罷，僅留井研一人。壬午余邑蔣公德璟首推，余次之，並蒙點用，次興化吴公甡。吴公時亦以兵部侍郎管京營，猶前志也。癸未通州魏公藻德忽自修撰入，去其庚辰及第甫四年，即主會闈。先亦起舊輔巴縣王公，既至，趣放歸，而用曲沃李公建泰、穀城方公岳貢二人，方官視韓城。是爲余去後事。以至工部尚書吴橋范公景文偕宜城丘公瑜拜甲申之命，越月國事遂不可爲矣。哀哉！

屈指十七年中，惟辛未年暫輟，所登進四十六人，而舊輔之初留復起者，尚不與焉。始部推窮，朿之特簡，繼館職窮，廣之盈廷，究俾卿寺大僚、坊局新進咸離官畔次，有希得大柄之心，固諸臣自取厭薄，而亦可爲輕喜怒、好紛更者之鑒。諸臣以之喪失身名，追念昌、啓以前事，寧至是夫？亦其積趨之勢然矣。姑枚數之：勒縊死者二人，韓城、宜興；自盡者二人，武陵、吴橋；里居殉難者二人，高陽、江夏；謫戍者三人，華亭、長山、興化；徒二人，晉江、蕭山；革職三人，元城、平湖、綿竹；閒住三人，晉江、長洲、遂安。馴至甲申末劫，畢命鋒刃者，井研、通州、宜城、穀城四人；事後遂安、曲沃禍尤慘。嗚呼！余不忍言之矣。吴橋獨烈烈死國，疑不可與武陵□論，要非令終。今所存惟黄縣、興化暨余三人耳。往嘗於輪對之次，側聆天語，所最當意者烏程，所最憐卹者武陵，即韓城、宜興蒙眷初亦無兩。嗚呼！此其所罹禍本也與！

桐郡四徵

一　端揆徵

終明之世，晉江官内閣者六人。萬曆丁未李公廷機自禮部侍郎入，公清真任事，不絶物而物自憚之，既蒙眷，煩言滋起，移居荒廟者累年。壬子得請歸，加太子太保，辭，卒丙辰，謚文節。泰昌庚申史公繼偕自吏部侍郎入，公緜署南銓計察庶僚知名，性簡重，有紳笏凝然之意，官至少傅兼太子太傅，癸亥予告，乙亥卒，謚文簡。逮天啓丙寅、丁卯，而張公瑞圖、楊公景辰相繼入，時逆閹熏灼之際，難言之矣。張公素善書，覆用爲累，中不乏委曲維持，然世鮮諒者；楊公預金甌卜，業躬際聖明，終以餘波待浣，戊辰相繼歸，竟坐株論。楊踰年卒，張優游居里者十有四載。嗚呼！以李公之狷潔，實楊綰、包拯之儔，謬訾之曰「矯」曰「隘」；張公最負宏博才，同事翕推，奮欲以李長沙勳名自見，卒之心跡不甚白，亦可見叔季議論苛，士君子求自全於世之難也。崇禎壬午，蔣公德璟自禮部侍郎，余景昉自詹事府詹事同入。蔣公練習典故，奏對多直前，余斤斤循職。余以癸未九月歸，甲申三月，蔣公致仕，丁國難，崎嶇僅免，官同太子少

保、文淵閣大學士。蔣公越丙戌卒，余覥顔至今。舊制，閣中惟首揆得專進止，六人同在季孟

間，需次元僚，無一當國柄者。夫其經二百八十年之久，山川靈秀，謹得此六人，可不謂遭遇之難，六人迄□大伸其志，又足悲矣。後繼起者，其尚勉追宋曾、蘇、梁、留諸公盛事也乎？考丙子同安林公釬亦自禮部侍郎入，未幾卒，謚文穆。然林自漳郡籍，法當另書。

二　節惠徵

郡前賢之得謚，于宋曾宣靖、留忠宣、梁文靖、傅忠肅諸公，其表然者也。蘇子容不書謚，不審何故？若蔡忠懷之稱，談之□矣。入明徽易名典，可十二人：蔡公清以理學著，學者尊爲虚齋先生，謚文莊。張公岳潛心伊洛，晚用勳伐自見，挺立於貴溪、分宜之際，靡絲毫涅，謚襄惠。黄公光昇，明文法，至刑部尚書，謚恭肅，萬曆中有議停其謚者，事不果行。周公天佐，户部主事，抗疏，廷杖死，謚忠愍。王公用汲亦自郎署發江陵罪，章傳國史，至南刑部尚書，謚恭質。詞林自李文節、史文簡外，大宗伯黄公鳳翔，高難進誼，大雅卓然，謚文簡。少宗伯楊公道賓負時望，勤於其官，謚文恪。其後户部侍郎郭公惟賢，謚恭定，郭公侃侃發舒，撫楚協臺，各底績。兵部侍郎蔡公復一，困於督黔之役，然翕推幹濟，謚清憲。俞公大猷起世職武科，至大都護，東南積百戰功，與戚公繼光齊名，或謂過之，謚武襄。右十二人中，惠安、同安各一人，

餘皆吾邑。論者更謂朱都御史鑑、顧侍郎珀、洪侍郎朝選、詹侍郎仰庇可補謚，世遠蹟湮。迺若鴻臚卿史公朝賓，給諫史公于光、學憲趙公瑶、陳公琛之不得謚，秩限之也。秩可得謚矣，不謚，前閣臣張公瑞圖、楊公景辰，名涴之也。後蔣公德璟以及不佞景昉，時稽之也。推之少保黄公克纘、太子太傅黄公汝良、太子太保林公欲楫亦其例也。各臚列，俾覽古者得以觀焉。

三　文苑徵

魏文有言：「年壽有時而盡，榮樂止乎其身，二者皆必至之期，未若文章之無窮。」夫其人鵲起以文章垂世，豈易易哉！資稟有限者無論矣，幸而負絶人之姿，苦不肯竟學，肯竟學，遇或□之，疲於官守，卒卒無撰述之暇；又朋友生徒，不足以廣其傳，發其聲，光業亦替焉。蓋必兼斯四者，始列於古作者之林，卓自成家。

以余所見泉人文雖盛，無慙兹選者，二人耳：一參政王公慎中，一少司空何公喬遠。王公初學《史》《漢》，中厭之，更嗜宋人，於歐、曾尤所酣玩，爲文善即近窮遠，推微見著，繚繞回環，以無戾乎六經之旨。何公不甚拘尺幅，往往隨景生情，圓壁方珪，如其人之所欲貌，别以風趣發之。何公能攬筆促成，王公非擺定間架，不輕著手。王公思理必精覈，何少率矣。詩則王公徵質木，聲韻未遒，何公詩初殊朗倩，老漸蒼涼，亦有穨然自放之失。王公以十八歲登第，何公十九舉于鄉，所讀書各數行下。王公之自河南參政罷，甫三十三耳；何公亦自儀郎謫，卧鏡山者二十七年，廢居蚤，心力壯猛，得全注之文章。王公高持風格，非其人弗交；何近所云廣大教化主，樵牧雜進，輙引與銜杯共適。王公最友善唐公順之，晉江、毘陵，姗爲口實，何公門徒雖衆，鮮能嗣其武者，鄭宫贊之玄稱高足，子九雲略存父風。余幼好講明王氏□，長見何公于京師，一夕與論文歡，浹晨，盡裒篋中示余，屬爲刊定，余時以學未成，虚負長者厚意，辭不爲也。然能詳二公本末，莫如余者。有黄克晦者，惠安人，終老韋布，然工詩，評如入幽林長薄，鬱然蓊翳，近世盧、謝之流，未之或先，畫亦於沈石田近，遂駸駕二公，不得以跡微少之。

四　耆碩徵

往而不可反者年也，即百歲同盡耳。然家有耄耋篤老，侈爲美談，士大夫幸臻是者，迴翔久，德望愈尊，鄉若國羽而儀之，兼藉爲化民成俗之助，觀前代香山洛社之賢，播諸聲歌，繪及圖像，而吾郡舊亦有善俗坊焉。過之每欣然慕，瞿然惕，知賢長吏意深遠矣。要必峻爲之額，明臻是者之非易入，其人生平寔足以當之，貞同松栢，驗比蓍龜，無徒取山澤之癯已也。今所載自九十而上者：宫傅黄公汝良，光禄林公欲楝，計部朱公鐸，郡守趙公恒、黄公瓚、郭公良璞、史公朝富、林公雲程，運同林公雲龍，貳守楊公惟清，别駕黄公懋中，州守蘇公希栻，長史顔公廷棨、楊公錫璜，邑令謝公有大，封君謝公九思，布衣黄公文炤，孝子史公惠，凡十八人，内林公雲程至九十六，尤高。其自八十以上幾望九者：尚書黄公光昇、黄公克纘、林公學曾、莊公欽鄰、林公欲楫，侍郎顧公珀、張公維機，右都御史朱公鑑，中丞林公喬相，冏卿李公開芳，光禄伍公鎧，御史林公潮、龔公雲致、潘公維岳，廷尉林公希元，比部秦公鍾震，行人傅公櫏，中書舍人何公觀，監丞黄公居中，方伯林公一新、楊公道會，參政周公良寅、洪公纖若，憲副李公愷、何公元述、戴公一俊、陳公鳴華、傅公道唯、林公夢琦、林公鐘，參議李公繼芳、王公廷稷、蔡公一槐、韋公國賢，苑寺謝公台卿，僉事顔公隆、黄公澄、陳公學伊，長史林公大楨，郡守田公嵓、陳公安、張公喬檜，貳守莊公尚稷、黄公伯善、李公文纘、辜公志會、韋公孚獻，别駕李公瀾，司李王公萬金，州守王公承箕、丁公衍仁、侯公世延，邑令張公天叙、蔡公思雍、謝公吉卿、陳公文瑞，凡五十五人。稀齡上下，浩不勝□，餘□次續登，未畫所至，庶幾有百歲人瑞，如三山林公春澤者，出于其間乎？内謝氏、林氏叔侄、父子、兄弟並列名，尤先後罕儷，或曰：公不嘗有卻長年之説乎？噫！余所遇之時之地然也。若論恒情，靡不願岡陵祝者，余敢以身世之感，例諸弟昆。漢末管幼安自海外歸，歲八十五六矣，終完皂帽，彼亦何嫌於華髪墮顛爲哉！

追舊十志內録一條

館僚志

同榜，類相信愛也，而同館爲甚，以嘗聚讀書三歲，每朝會班次毗連，怡怡等諸昆弟云。乙丑選庶吉士十八人，參之鼎甲三公，如虞廷之數。韓城衛孽碧公嵚，未散館卒。既散館，安福劉石霞公垂寶、東莞李曉湘公覺斯，並改給事中。未幾，新安吴天石公孔嘉以詿累罷，南充江柱北公鼎鎮以年例出，睢州褚沖彝公泰初以抨彈歸，江業擢參政行矣，旋錮察典。始終留館中供職者才十五人。嗣後華亭楊方壺公汝成、吾邑張晦中公維機至禮部侍郎，山陰朱茂如公兆栢至詹事，錫山華未齋公琪芳、吴縣項水心公煜、仁和錢瑞星公受益、東鄉王光復公廷垣、永昌閃中畏公仲儼各至少詹事，益都馬勝千公之驥至國子監司業。會稽余武貞公煌以鼎元官止宫庶，聞末年爲監國魯藩吏、兵二部尚書。安肅師對溶公雅助、威縣王新原公建極各至簡討、給事中。東莞李公遂歷躋刑部尚書。而余景昉黴同曲沃李括蒼公建泰、宜城丘鞠懷公瑜先後入閣。方二公登庸，余畨解綬，會國難作，滄桑易形，二公並得禍酷。先是，威縣没于賊，睢州斃于法，仁和偶趨朝後，闈中爲衆蹂踐卒。有云會稽、吴縣各故勉陪考試，或答曰：「兄正該考。」唐問故，曰：「不見《文獻通考》乎？」聞者大噱。

連棲五懷 內取講幄同官懷一條

余自崇禎乙亥八月題日講官，至戊寅夏以册封淮藩行。辛巳秋復入供事，例用六員。先後同與斯役者，有前輩餘姚姜公逢元、南海陳公子壯、新建姜公曰廣，同籍則會稽余公煌、山陰朱公兆栢、宜城丘公瑜、曲沃李公建泰、保山閃公仲儼，而後輩潛山劉公若宰、鄞縣沈公延嘉、崑山徐公開禧亦續箮焉。數年間，沈公、閃公、李公以讀禮去，劉公、丘公以請假行，新建用詿誤降，南海繇狂驚罷，餘姚至禮部尚書，得過投閒，大都未晏然也。厥後宜城、曲沃登庸，余業賜歸，不及見，今其存者惟崑山暨余二人耳。嗚呼！鳥共飛者戀樹，魚共游者戀藻，未免有情，誰能遣此！況余輩博帶褒衣，日周折至尊之側者哉。新建每進講，詞色莊厲，如老師宿儒，坐是不爲上意所喜。昔程伊川在講筵思得范淳父共事，云自度少温潤之色，不如范色温氣和，有資啓發。憶惟宜城雅善是，不亢不隨，安安直若固然。宜城之於新建，師也，師不必賢於弟子，信夫。乃今北望神京，杳在何處，則又黯然傷之矣。聞南海、宜城、曲沃三家禍尤慘，即會稽亦從水解。追念司馬温公止夏縣先壠，受鄉村父老粟飯菜□□□，爲講《孝經·庶人章》，光景何可復得？士生末世，其亦不幸，密邇禁幃，其榮也衹其所以爲累與。

砭俗八鍼內録五條

戒援上

君子上交不諂，下交不瀆，言有則也。業身逢易代，罷廢屏居，縱不能披髮入山，亦宜稍杜門却軌，其於□司郡邑諸公，但不爲崖異而已，非敢數見也。每長吏車聲及户，輒攢眉，度勢難逃匿者，姑出備客主禮，有問後答，杯茗告罷。竊謂所處之時之地應爾。讀嵇中散《家誡》曰：「所居長吏，但宜敬之」已矣，「不當極親密」，不便數往，往又不當宿留。美哉言乎！世矜中散曠逸，豈知其爲温慎君子者乎？以余所覩近一二名流鉅公，好交遊當道，呵騶甫聞，擁篲恭俟，笑談未畢，壺榼横施，遂以竿牘造請，疑之似頗非其本色，無亦寂寞中覬爲光華，姑以誇示于里中婦孺云爾。余私念敝有數端焉：耗精神一也，縻酒食二也，荒學業三也，啓窺伺四也。昔稱賢士大夫，動以干旄孑孑趨詣不得一望見顔色爲高，所以身後誌文，喜談孤潔，廼若生前縟節，雅尚圓融，抑何名實之不相副乎？漢汲黯伉厲守高，而鄭當時多謁謝賓客，並稱名臣，漢史至以之同傳，即陳遵、張竦亦然，才性迥别，余寧敢以溪刻之道律人？夫亦各從所好焉可也。晉史謝安嘗造陸納，納都無供辦，所設茶菓而已。兄子俶密爲具餐，遂陳盛饌。謝去，納怒，數俶曰：「汝不能光益父叔，乃復穢我素業。」杖之四十。噫！使俶生今日者，將以賢子侄受賞矣。又魏司空王昶白牋於魏文帝曰：「昔與南陽宗世林共爲東宫官屬，世林少得好名，州里瞻敬〔一〕，及老，汲汲自勵，恐見廢棄，時人咸笑之。若天假其壽，致仕之年，不爲此公婆娑之事。」噫！世之爲宗世林，欲恒得州里瞻敬者，蓋亦多矣。余雖媿不逮陸納、王昶，然蚤知勇退，門庭寂静，羅雀自安，他無所望於賢子侄也。能無爲我素業累，不啻以肥甘食我。

重稱師

吾曹之所稱師者四：少習佔畢，稱業師；長舉鄉、會二闈，稱座師；出宦郡邑，爲上司所奏剡薦揚，稱薦師；其入讀書秘館，受教習課試者，稱館師、閣師，義盡是矣。良以負笈從□，比之委質事主，服勞終身，談何容易。邇來郡邑孝秀諸子，喜造次投人門下刺，「吾師乎，吾師乎」，屨津津見於識面之間、立談之頃，而爲之縉紳前輩者，亦遂抗顔師之無異詞。彼其師人者，明知其非有所傳授也，曰吾且以虚名縻之，藉爲先資。乃其見師于人者，亦明知其非有所繫屬也，陽托之教育英才，陰利爲延聲譽、通賂遺計，曰吾且以活法收之，圖其後效，若兩相媒然。蓋浸淫幾於市道矣。昔韓退之自尊師道，數欲彝李翺於張籍、皇甫湜之班，而翺不受也。

輒「兄之」「丈之」，柳子厚譏之曰：近代寡稱師，「獨韓愈奮不顧流俗，犯笑侮，收召後學，作爲《師説》」，愈以是得狂名，爲時所群聚怪罵。余觀國朝王文成公所撰徐昌穀《墓誌》，徐自年少工詩，推藝壇雄帥，而王必抑之，强納以盡性至命之説，疑有好人師嫌。其後羅南城、鄒吉水二公，德立名成，亦頗以生徒雜沓爲累，於是適適然驚曰：「豈道學先生家法宜爾乎？」然韓猶以之得狂名，爲時怪罵。今不惟無是虞也，又且有聖賢之稱，將來可尸祝俎豆之具，則亦何憚不爲此。余自孝秀時，學必求自得於心，時何鏡山儀部、李宗謙省元方廣開壇坫，士靡弗登其門者。李居去余邇，何賢子九雲於余交厚，余直以後進禮見耳，不稱師也。其後濫竽史館，自湖廣庚午、順天丙子兩榜外，未嘗受人半脯之贄，有謬欲相師者，恒笑謝之。至偃然當長吏北面禮，尤所愧懼，以爲彼業治我矣，更師我乎？我何德何才堪之，往往閉户□去。坐是有迂筦目，不爲物情所附，余竟行之自若。老氏有言：「非汝能使人保汝，而汝不能使人無汝保也，而焉用之？」顧以規他人，則户外之屨滿矣。余不免煬者争竈，舍者争席。噫！余其有蓬之心也夫。

鑒通譜

自譜牒之法弗明，世之以松檟相鬻，蕂蘿相施，終至於猥濫不可究詰者，可勝道哉！今夫通譜之説，余不知於海内何如也，而吾邑爲甚。余見某紳始退然叔侄行也，已曰：「詳稽族譜，非是，直兄弟耳。」於是仍講爲兄弟禮。又見某紳昨方以齒據右席也，越數日遜居其下，詢之，曰：「近通譜，宜叔侄行。」甚或通其叔而其侄不知，通其弟而其兄不受，行坐趄趦，百無聊賴，余殊爲苦之。記余嘗爲銘黄太守封翁墓曰：「黄於族姓稱最古，邑四尚書各異祖。」四尚書者，黄恭肅司寇、黄文簡宗伯、黄彭湖少保、黄毅庵宫傅是也。同時各自爲支派，未一相通，今三尚書後人，遂叙昭穆矣。惟司寇孫曾稍不振，則無復過問者，余亦爲傷之。余觀前輩名家，如王荆石相國、王鳳洲司寇同太倉州人，交最相善，而卒之未嘗通譜，曰一系太原，一系琅琊。陸五臺太宰、陸平泉宗伯同清正大僚，出處相近，而卒之未嘗通譜，曰一籍檇李，一籍華亭。三山林文安司馬，晚家居，有成齋司徒、竹田司空、敬齋太僕、南澗都憲同爲耆英之會，號「五林先生」，然竟各自名所出，侈爲美談，今可再見焉否乎？余家起檗谷海濱，自高王父大參公以來，未嘗有所攀附，仕途中有陰示指者，謝不敢從。計吾郡之爲同姓衣冠，自四尚書外，若前田氏、若北門氏、若文山氏、若溪後氏、若浦口氏、若坑柄氏、若鬻竹氏、若羅溪氏、若鼎渼氏，凡十數家，目前不互締宗盟者鮮矣。所介然獨立，惟余檗谷一宗耳。余非不慕貴游，非不慕親暱，直以世承先父祖之訓，罔敢隕越，故寧爲狄武襄之敬避梁公，而不能效郭崇韜之遥□汾陽，别嫌明微，意頗有在，要在兒孫能奮發，力振箕裘，得如文簡宗伯公之爲有後也，則亦無所勞攀附焉矣。

勸惇書

同年陳平人中丞，於余交最懽，背後頗規余，有歐九不讀書之恨。陳文尚六朝組織，余與異趣，然誰肯發此言者，深媿感之。余初入史館，每閣試未嘗起草，時略恃經史涉獵，旁顧儔偶，亦有無甚差池之意。中復以宦冗奪，坐自懶廢，苟其時已能如近四五年躭書，臨事得力，當有百倍于此者。蔣八公好讀《大明會典》，繙點數遍，究裨益弘多，彼自是形名度數之學，余亦非喜。余自歸田後，手鮮釋卷，即枕上、廁上亦然。每遇年少質美士人，輒以多讀書爲勸，觀高忠憲攀龍蚤歲貽某同年書云：「丈不以此時究身心實益、家國大計，乃於酒食游戲中，浪置此身，自古聖賢有從酒食游戲中得來乎？」詞至嚴切。惟飲酒爲余生素業，勢難勅斷。楚何孟春少宰有言：「非讀書何以善身？非飲酒何以暢倦？」蓋藏脩息遊兩得之，爲言之較獲鄙心者也。泉中苦難得異書，間值之，必不踰日閱盡，迺奮書再四讀，亦自有新趣溢生者。蘇子瞻詩「故書莫厭百回讀，熟讀深思子自知」，意政近是。今於詩□尤遂心，所詠五七言近體，幾五千首，餘稱是，滑滑然覺其來之易矣。曹孟德欲於譙東五十里築精舍，秋夏讀書，冬春射獵，又自云：「老而好學者，惟孤與袁伯業耳。」昔稱老而好學，如炳燭之光。炳燭之光，孰與□行？若夫年少質美士人，蚤知從事焉，則其功尤非余比。今漳郡生儒，動能搦管，揮翰數百言立就，尚其鄉前輩濡染之力，中丞公遺風可念也。□使中丞公在，睹今士大夫嬉遊玩愒狀，所爲唾面張目，又不知視昔何似耳。世間田宅財産，俱屬倘來，惟書籍爲人家性命攸關，不可不殷勤護視，或適無賢子孫能讀者，即以推與他家，亦自作達。蔡中郎見王粲，驚曰：「此王公孫有異才，吾不如也，吾家書籍文章，盡當與之。」一生斯世，真有仲宣其才，何難傾筐倒庋。度未可數見，無亦姑曬藏之，以俟諸後代不可知者乎？

訂訛韻

吾閩音韻，素爲宇内所輕，良由鼓篋初，村塾師承訛襲舛，教令上口，爲父兄者力無暇較正，或其智不足及此，坐誤一生。即殿元莊公，膠轇之誚，亦緣幼口熟致然。偶得邢子願所與黄鍾梅中丞書曰：「《漢書》西域大宛國。宛，於爰切，原平音，王遵巖先生詩中何故作仄用？」則知信手雌黄，雖名輩國工，猶所未免乎？迺若尋常謬誤，尚有不可勝指者，如呼嗣宜祀，作祠；呼疏宜數，作疎；呼戀宜卵，作鸞；呼捐宜涓，作焉；呼鉉宜顯，作玄；呼高宜篙，作歌；呼茗宜酩，作名；呼甍宜丰，作膺；呼炎宜鹽，作豔；呼美宜每，作米；呼揆宜軌，作逵；呼鉅宜舉，作渠；呼植宜治，作殖；呼癭宜影，作嬰；呼稔宜忍，作驗；呼恚宜惠，作恙；呼繇宜右，作由；呼肸宜迄，作盻；呼批宜撇，作披；呼艧宜福，作護；呼商宜的，作商；呼愎宜逼，作腹；呼嶷宜逆，作勁；呼礱宜摺，作曩。始不過唇齒之差，遂成膏肓之痼，所謂一齊人傅之，衆楚人咻之，雖日撻而求其楚，不可得矣。夫字以《説文》爲宗，音以《中原》爲正，吾輩苟無意於聲律之學則已，不然，其可不□殫心也哉！何鏡山先生自云：「年二十餘，從黄孔昭山人學爲詩，孔昭每見未快也，謂其韻不調而響不振也。予心良熱，則取古人之作，與予作並按之，而尚未得孔昭一快心也。最後學成，惜孔昭已不及見。」夫孔昭山人所爲格格者，必何公初作，實未甚慊於其心，觀其以韻調響振論詩，微指可見。李文節嘗稱惠邑李抑齋公爲詩〔二〕，高吟朗誦，音節和調，則其配恭人曰：「調矣。」公曰：「爾何知？」曰：「吾知之唇吻也。」按此與孔昭山人論合。何公晚歲詩，隤然自放，不復拘繩尺，畢竟以韻響爲疑耳。後生可畏，余所爲粗效切磋止是。至其中秘密之藏，變化之巧，可知不可言之妙，須學者自得之，而亦非余區區筆舌所能盡也。

【按：宛字寔有平去二音，《春秋》「楚殺其大夫郤宛」注：「宛，於阮反，又於元反。」則宛亦不盡從平。】

【校勘記】

〔一〕州里瞻敬　「州」字原脱，據《晉書·王湛傳》補。

〔二〕李抑齋公爲詩　「抑」字原無，據《李文節集》卷二十二《湖廣按察司副使抑齋李公洎配恭人吴氏墓志銘》補。

附録

黄景昉詩文輯存

詩

贈陸嗣端年丈時以水部郎小謫

經年監厰獨賢勞，玉勒珠弓金錯刀。如汝火繩猶見謫，是誰錦瑟更能操。薊門戈甲連遵永，麟閣丹青想鄂褒。仍送封書留御榻，主恩終念漢功曹。

録自〔清〕沈季友編：《檇李詩繫》卷四十，《景印文淵閣四庫全書》第一四七五册，第九四五頁。

何太常悌邀步南郊覩圜丘享殿齋宫諸制恭述

皇矣穹窿廣，君哉制作殊。改絃歆世廟，分祀别留都。日練金支秀，春回華蓋趨。竹官靈放悲，羽客韻虚無。繭栗三犧用，瓜華百末敷。篆煙颷鬱鬯，罳影入珊瑚。富媪壇仍峻，高皇座稍隅。殿詢公玉帶，庭接鬼庾區。憶昔陪清蹕，於兹享大雩。鳥銜齋饌素，沙點布袍烏。重許窺閶闔，須知辨瀍瀘。帝真雲漢主，天轉斗牛樞。禁地人雍肅，祠官汝敏膚。秩從夷典禮，倫始契司徒。誰獻河東賦，空吹冀北竽。戚干容肄雅，卿景合賡虞。

録自〔清〕張豫章等奉敕編：《御選明詩》卷九十四，《景印文淵閣四庫全書》第一四四四册，第三五三—三五四頁。

曹娥廟

上虞古縣大如斗，春風繡簇堤前柳。烟斷千年無復知，不見男兒傳不朽。纖纖幼女貌如花，雙燕墮鬟貼新鴉。玉顔遲向波心死，當年嫁與阿誰家？波心婉轉那可訴，血污蛟龍不敢怒。謡來河伯畏貞誠，從此行人早晚渡。只憐五月錢江水，白馬朱衣碧空起。一江隔岸東西流，丈二將軍一女子。我來重問山陰墅，日暮倩指摸碑所。中郎題字右軍書，不話風流話凄楚。風流凄楚終成塵，古瓦參差剡水濱。湖君孝女洛神賦，香霧蕭蕭共愁人。

清華園小雨

溪塘小漲溪流曲，石脚苔衣連夜緑。手弄荷珠不送人，戲剥新房彈屬玉。侯家朱閣玉雙飛，酒客停歌緩緩歸。錯看沙痕愁雨冷，谿來山露濕人衣。

望南臺追懷黃布衣先生

觀井畫圖新，春風筍水濱。亂離歸故里，巾履集同人。魂魄猶依沛，詩書盍避秦。至今山鳥嚮，猶是影逡逡。

題李孝伯花隱别業

巷避車窮處，誰期宛委通。入門驚竹翠，隨地見花紅。白璧邘關使，青樽綺里翁。酒行觴政肅，知未損家風。

常州贈别

雪擁高城客路賒，不禁思汝倍思家。尚看一夜常州月，已分三秋北地沙。席上誰同玉麈尾，市中自愛白羊車。懸知雄劍終當會，記向姑蘇問莫邪。

立秋日仝傅子訒王何稱林爲盤郭閭生穿蓮東湖分得蓮字

曲水旁城好放顛，荷香十里葉田田。爲驚鳥夢停歌扇，故拂花鬚落酒船。詩思清如秋乍起，湖光雅與客相憐。紅裙白紵尋常唱，我愛峯頭玉井蓮。

送會稽章爰發之太原

携將雙劍玉連錢，去踏炎雲也冷然。官舍黄梅熟後酒，越溪白苧夢中烟。不妨授簡陪枚乘，豈有傳經勝伏虔。莫訪太原州將子，盛時虚自擁書眠。

賦得夏木囀黄鸝

匹馬傍堤隨意行，緑陰深處足流鶯。誰教刀尺催金縷，試聽笙簫下玉清。油壁青驄薄暮約，雙柑斗酒少年情。上林遊客獨佳興，爲愛薰風曲裏聲。

追哭吴磊石御史君故熊經略婣，坐抗疏廷杖。余趨視之郭外，色怡然，無怨尤意，惟以母老爲言。越數日死。

綑急棒深話不冤，到頭生死是君恩。株連楚禍繩婣婭，潰決臺綱奉寺閽。白旐風牽歸廣柳，清宵月落泣孤猿。汝鄉騷賦纒綿恨，千載重招屈賈魂。

武林宿昭慶寺

宋家宫殿佛爲壇，廊下波斯十字欄。薄暮青絲邀客醉，重湖白紵映人寒。暑逢再閏凉非遠，歸及中途夢未安。仍被信來催轡發，許多幽壑不曾看。

同李曉湘給諫過集郭仲常吉士宅分賦

閩山潮海未殊鄉，密坐深盃况夜長。莫管市聲催鬭箑，同將風景憶檳榔。吹笙緱嶺神仙相，烙馬黄門羽獵裝。君自投驍稱絶技，滑稽誰更似東方。

步韻答陳昌基孝廉

滯汝公車十四年，羈龍筊鳳總懸天。爲思嚴助春秋對，試續蒙莊内外篇。驥老終能麾豆棧，鶴饑誰與餉菰田。書來雞骨猶勞問，身擬長林放犢眠。

舟泊沙上題詩

向晚湖風靜，長天散赤霞。興來無紙筆，題詠滿溪沙。

其二

碧月上溪沙，照我沙中字。明朝來尋覓，不見題詩處。

蜀茶

昨聞蜀鳧吗，今見蜀花開。花鳥如相識，開時吗幾廻。

其二

分得三巴色，移來萬里春。看花憐久客，同是異鄉人。

秋夜聞雨

旅館秋風夜，獨行還獨宿。夜中寒雨聲，瀟瀟窗外竹。

邢州詢李于鱗先生遺蹟

先朝西署盛風流，白雪縱横不待秋。三輔年年驅五馬，只今人説李邢州。

冒宗起大行索贈

酒語仙歌記幔亭，但愁不看桂林青。人間五岳何須徧，一部真君感應經。

紅蓮花

橘刺藤梢緑浸溪，愛花偏不待花齊。明霞一片誰邊色，飛入瑶池深處棲。

右廿一首録自〔清〕田茂遇、董俞輯：《高言集》卷一，《四庫全書存目叢書補編》，第四十一册，第一三八—一四一頁。

經李淮撫廢園

逢人猶説舊淮揚，故苑遥鄰帝闕旁。有水臨門深閉閣，何年乘月更登床。大臣引過羞田竇，執法持平美漢唐。莫遽婆娑悲老樹，豆萁終頃未全荒。

雪封梅蘂

滿園珠綴傍瑶臺，是雪是梅客費猜。深鎖暗香防蝶見，巧遮緑萼待春開。粧成玉貌仍非粉，凍合冰心總未灰。誰信風光關得住，試憑歌管一吹回。

陳綠厓大參見示楚蜀遊草題贈

怒濤莫怪狎天吴，蚤歲耽遊賦二都。横把月高看作雪，卓將江險劃爲湖。小孤漢日仙從過，三雅峨眉佛可呼。徐庶論兵尤我畏，古來荆益重基圖。

右四首録自〔清〕魏憲輯：《詩持》卷一，《四庫禁燬書叢刊》集部第三十八册，第二九—三〇頁。

習池

習郁種魚池，相傳古亭館。涓涓石甃平，所溉遂百畹。昔賢經濟心，不肯不澹遠。山公郎廟器，家典尚書選。持節督方州，遭遇未爲晚。不應白銅鞮，窮年事杯盌。中原板蕩初，爲歡日已短。盈把神州淚，易一兒女莞。無迺父風然？蚤歲誤嵇阮。遯矣龐德公，采藥竟不返。

又

山公池頭醉，羊公碑下淚。坐令漢水深，流光照嵐翠。韻事合雄心，即目成姿媚。想當游宴時，攔街作鐃吹。葛彊爾何人，名亦鄒湛類。反覺古人殊，哀樂如無謂。百里香爐峰，峨峨燭星煒。棄置魏晉間，徒焉飽精魅。運會苟未逢，靈山亦自閟。英雄學神仙，斯語幾人遂。

右二首録自〔明〕朱隗輯評：《明詩平論二集》卷二《五言古詩》，《四庫禁毀書叢刊》集部第一六九册，第五三六頁。

登釣臺

先生饒隱具，隨手足魚腥。瓜葛從吴市，裘竿傲漢庭。奴狂終有態，客重不須星。應識還山意，鴻飛悔未冥。

銅雀臺

遥憶銅臺宴，登堂各自親。小侯鄴下長，新婦洛川神。天地私雄主，風流想古人。猶聞書記好，横槊待徐陳。

又

尤有驚人語，謂山不厭高。上天應板蕩，老猾出風騷。塜上今磨劍，床頭舊捉刀。黄鬚偏好武，未肯愧三曹。

又

莫信言肝鬲，欺人術太工。過車防腹痛，得檄愈頭風。牛老犢何罪，巢傾卵已空。楚江鸚鵡血，芳草至今紅。

月夜突過林守一書舍

不遣通名刺，探瓶坐索嘗。侍兒私致語，上客是何鄉。禮數吾真闊，風騷汝所長。定知今夜夢，落月滿孤梁。

詠馮夫人和戎

漢閣中天起，君王駕御才。圖形紛燕頷，字牝亦龍媒。鴻鵠高秋怨，蒲萄内苑栽。只今西塞草，曾拂錦車來。

九日山懷古

似爾供流寓，休官策未迂。駁班秦硯眼，夭矯晉松鬚。近寺鐘分緑，磨碑字餂朱。相傳舊舶使，曾此祭天吴。

送二兄可發之陽江時連得大兄可文撫州訊悵別並寄

庾嶺舊秦餘，風烟四望舒。岸牆堆蠣蛤，庵屋蔽棕櫚。强進官廚酒，頻馳子舍書。楚人矜意氣，賦或重相如。

又

楚水粤江暮，雙鴻信自飛。不愁行路屢，反覺在家非。祖地拈花悟，姑壇種藥肥。好思姜伯約，爲母寄當歸。

右九首録自〔明〕朱隗輯評：《明詩平論二集》卷十一《五言律詩》，《四庫禁毁書叢刊》集部第一六九册，第六一六—六一七頁。

讀周元立姻丈兩都詩有懷

二都宫闕界黄河，彩筆馮陵爾屢過。鐵甕江城襟北固，銅臺碑樹咽東阿。更誰年少文無害，有客陽春和不多。珍重明珠能稍閟，近來風雨暗黿鼉。

雨憩淇門

鄴臺漳水扣天流，形勢雖雄亦少幽。偏入淇園森竹箭，莫經衛女試松舟。妙香越澗隨禽引，餘熱連山賴雨收。濕盡帷車勞自笑，綏綏狐跡爾何求。

撤棘侍讌楚王殿上箋謝

衡峯二嶽忽呈身，肆夏工歌酒七巡。隆準衣冠高帝後，夥頤宫闕大江濱。南風久罷腰纖好，漢史先書肺附親。敢向梁園誇授簡，一官終自倚王人。

登太和絶頂

博山爐好峙當中，日射黄金帳殿雄。天野星纏包兩戒，國朝嶽禮俯三公。榔梅樹老蛇盤磴，鸞鶴仙來虎嘯風。歸向闕庭應有乞，一官提舉洞霄宫。

寄懷季豹嘉生御之三王子

裘敝無妨緝芰荷，歸時柳淺雉初科。以吾一日長乎爾，如此三星粲者何。漢口帆從鸚鵡落，荆州士比鯽魚多。屈原弟子工騷賦，莫遣陽春有和歌。

譚友夏解元就訪鄂城答贈時余將有景陵之行

相思不藉弟爲媒，蕭槭江帆肯自開。歷覽東南存北艸，掀翻雅頌見騷才。張華頗負知龍鮓，陸羽重看出雁胎。我過寒河君滯此，反嗟容易刺船來。

遠承陳昌基孝廉佳贈步韻答寄

黃河北徙渤東傾，肯學窪池一鑑清。枚叔賦游梁上苑，伏生書重漢西京。自從落月呈珠色，誰復翔風別玉聲。千載蛾眉凄楚恨，有名人苦羨無名。

集北郭草堂賦呈闇生姻丈

名園闔郡汝爲宗，第五橋邊豈再逢。割樹放飛批頰鳥，闌雲留養剔牙松。落英滿徑侵裙路，餘紫前山照帽容。肯爾拘拘樓四角，横斜端自出心胸。

又

珠簾繡閣白雲間，豸史乘驄去不還。石怪漸看窮庾嶺，臺高莫妙過金山。誰邀玉珮神仙客，自唱清歌菩薩蠻。最是良遊宜惜興，話深容易鬢毛斑。

筍江月色

横披萬丈水晶屏，肯比寒光照淺汀。江氣向人元自白，月魂連樹不知青。錦袍擢舸聞供奉，羅襪凌波怨洞庭。誰譜浪沙東去曲，夜深歌與老龍聽。

壽樊紫蓋郡伯

凝香森戟玉闌珊，舊是紛綸漢井丹。却老仙方隨意學，爲郎諫草避人看。公餘稺子燒松液，酒半材官舞蔗竿。不遣王褒宣樂職，更誰聲似洞簫寒。

贈别黄石齋先生

學高楊慎節舒芬，封事庖西此更聞。日者重關迷白晝，天乎遺檻泣朱雲。蘭亭帖寫安邊疏，汲冢書傳册士文。不見始寧倪若水，同時冠蓋僅推君。

又

神靈高廟鑒長存，出處蕭然叩不言。朝論衣冠憎絳灌，主恩鄉里罷湘沅。横江唳鶴天台寺，去國饑驢海岱門。寧使汝言偏少驗，逐臣終老望乾坤。

戲爲小遊仙詞

紅雲鬱鬱上真居，玉几金堂事未虚。月子剪來粘户裏，雷公驅出代耕餘。何人塗鶴三生血，有客偷狐八道書。畢竟雙莖承露掌，漢廷元不賜相如。

南臺同林讓菴姻丈邀集黄季弢周台石二先生是日重建天然圖畫石亭用韻各賦

盡道峰高巧障天，那知天在几亭前。仙家閬苑琉璃浦，禹貢楊州篠簜田。巖壑盪開平似掌，桑麻寫出淡於煙。吾徒舉足關興廢，可信春遊不枉然。

又

絶壁何緣玉一區，即教善畫莫能圖。爲雲今覆三千界，置邑將容十五都。日出金雞啼破漢，風來黑鯉渴吞湖。諸公綵筆誇强健，最早詩成字字珠。

未央瓦

客雲移甓漢時宫，丞相經營想像中。武庫不隨蛇劍火，鄴城空貴雀臺銅。猶餘龍虎真人氣，未蝕蟲蠢累代功。敢向玉池輕點染，更無雄句似歌風。

右十七首録自〔明〕朱隗輯評：《明詩平論二集》卷十四《七律二》，《四庫禁毀書叢刊》集部第一六九册，第六六四—六六六頁。

南陽東七里爲卧龍崗諸葛忠武侯草廬在焉遺像巋然慨題二十韻

恭謁清高像，襄南兩度看。風雲緣傅築，溪壑異嚴灘。莫辨烏誰止，總知龍所蟠。墓猶連古冶，居頗負崇巒。三顧思疇昔，六飛扈永安。桓靈身痛恨，荆益事艱難。火適逢薪盡，棋無奈子單。開誠庸褘琬，益智寫申韓。鼎足基羸定，秤心嘔易乾。才高兵厭詭，國小政懲寬。忽忽歌梁父，森森樹錦官。悲來原五丈，望去嶺千盤。未少棲真谷，何勞拜將壇。蛤蛙銅鑄鼓，牛馬木傳餐。膝可終朝抱，書惟大略觀。佳兒生太慧，嫫媛德相歡。誰令馳驅許，居然涕淚端。微衷天日鑒，往跡雪霜漙。曲筆癡陳壽，甘心帝魏瞞。忍窺祠下井，嗚咽至今寒。

録自〔明〕朱隗輯評：《明詩平論二集》卷十七《五排》，《四庫禁毀書叢刊》集部第一六九册，第七一四頁。

桃源行爲羅太公八旬壽

武陵三月桃花妍，千株夾水繫漁船。花下晝静少往還，中有仙人撫清絃。衣冠猶是秦漢前，龐眉鮐背稱華巔。攤書嗜古忘歲年，稗官野史咸精研。不願通籍守園田，有子六翮飛沖天。逢翁八衮開壽筵，假歸綵袖舞褊襬，邀我爲君奏瑶篇：昔予曾到楚江邊，問津愧無漁人緣，桃花流水春依然，一花一實歲六千。

録自〔清〕陳夢雷等編：《欽定古今圖書集成·方輿彙編·山川典》卷一百六二，第一九六册，第一七頁。

雨宿西塔寺

款客不園堂，禪房與野航。歌從茶井過，夢借藥燈涼。潦倒憑雙屐，羈棲念眾香。旅人復此雨，愁費老僧糧。

録自〔清〕陳夢雷等編：《古今圖書集成·方輿彙編·職方典》卷一一四八，第一五一册，第一〇頁。

徐仲子持賢母傳略見示爲題仍送南還

爲有高堂訓，於焉賦遠遊。牆東相與隱，樹北自然幽。茗椀猶龍眼，篢輿乍虎丘。麻姑三接待，清淺海東流。

五嶽游應遍，君行警且歸。只今身上葛，是母織成衣。歲遠罨藤古，秋深籬豆肥。慈烏三倒意，終自向南飛。

己巳秋日，東厓黄景昉書於玉堂之署。

録自〔明〕徐弘祖著，褚紹堂、吴應壽整理：《徐霞客游記》卷十，第一二五〇頁。

文

南京户部尚書鄭三俊誥命

制曰：朕嘉意乂民，責成計相。二京作宅，睠祖宗豐鎬之區；六職建官，先南北度支之寄。必有財宜先有德，惟舊都思用舊人。爰播贊者，式徵殊數。咨爾某官，體資忠亮，識蘊淵閎。擢自郡邑藩臬之間，洊登執法；試諸禮樂兵農之用，具有成勞。業稱累世之能臣，適值先朝之末造。群邪醜正，爾因慷慨拂衣；未老投閒，時或沉吟憂國。暨朕躬再清天日，尚海内未息兵戈。問一歲錢穀幾何？曰有主者；念諸臣廉能最甚，僉惟汝諧。晉長地官，俯從人望。覽邇日條陳再疏，悉老成樽節一端矣。方今奴虜妖訌，漸及内地；吴越財賦，已異當年。楚餉佯委之黔中，南糧半没於豪右。廟堂開會議之局，幾於筆秃舌乾；守令得催解之文，或以克囊掛壁。凡滋耗濫，悉賴勾稽。非借股肱之良，疇安根本之地。兹以覃恩，授爾某階。於戲！周公居洛邑，寔爲誕保之師；蕭相守關中，獨領轉輸之任。追爾疇昔，初貳農卿，已能使少府金錢漸如流水，而況今三台杓斗，佇近辰星，尚其著足國及民之勛，行矣有自南而北之召。靖共爾位，式遄其歸，祗服斯言，且有後命。欽哉！

録自〔明〕鄭元勳選：《媚幽閣文娛》卷五《制辭》，《四庫禁毀書叢刊》集部第一七二册，第一〇一頁。

崇禎十六年十一月甲寅疏奏

甲寅，大學士黄景昉疏奏：今天下兵將，惟陝西爲能戰，而陝西腹中之兵三，不當邊兵之一。賊入潼關，不惟資彼形勢，恐强兵健卒舉而附之，不可伏制。惟有速飭三邊總督，由興縣渡河，直趨榆林，提調甘、延、寧三撫，汲汲拊循邊兵，鼓勵邊將，使其齊輯捍剿，然其事未易言也。年來各鎮，京民二運，□不解給，兵之饑窘逃亡，居者已不成旅，行者未常得息，謂宜設處十餘萬金，先付督臣，以爲招補犒賞之費。若徒手而往，必無所濟。臣過陝西，惟見鳳翔、西安二府，今歲稍稔。其慶、平、漢四府，荒殘已爲極矣。盜賊伏多，已費料理，大寇一入，各處夥盜附麗以逞，火光燎原，非只用督臣，便可了當。見在各撫才力平平，而道府各官員缺甚多，固原一道，不補官者幾年矣。宜推擇能幹幾人，與督撫協力，於現在將士之外，多方蒐羅，收召豪傑，此救秦之先著也。河北三府，在承平無事時，原甚脊薄，況凋殘之後，事力單虛。今上自藩王，下至撫按，大凡河南無任可履之官，皆駐紮彼所，其供億之費，固已難矣。而調防之官兵士馬，避難之紳衿軍民，屯聚騷擾，何以堪之？況如昨者進剿之時，責以輸運，自不得喘。百姓嗷嗷之心，不待賊至，而已思離散矣。故急宜選撫按之廉潔幹濟者，加意綏輯而保障之。然撫按不爲河北設也，當思所以渡河而南之計矣。賊入陝西，則尚在河南者，率多僞設之官，與詭附之土寇耳。若能廣布威略，鼓率義勇，佐以官之偵探精確，相機進取，可復則復，可守則守。臣請敕行該撫按，將河南道府州縣大小官兵，一一核實，所駐何地，所司何事，隨事課功。至於鄉紳士民，宜令糾集壯丁，各建恢復故土之策，如有功效，一體叙推。臣聞汴梁新决，沙河口業已成河，歸德竟在新河之東矣。則歸德、汝寧二府之情形，宜責令該撫察明具奏，先行克復。不然，中原底定，何日之有？伏望皇上召在廷諸臣，問以此議，仍令條畫便宜以聞。

録自痛史本《崇禎長編》卷一，《明實録附録》十四册，第三七—三八頁。

劉見初先生全集序

此奉常劉見初先生集也。先生既械繫五載，直聲震天下，臺資最高，起壓光禄丞，蓋將大用先生，而龍御遽賓天矣。今上聖明，旌遺直録其後，子官三品，風勵諸犯顔仗節之臣，乃始易今稱云。嗚呼！以神皇如天之度，四十餘年，大聲疾呼，人得自遂，何所望于先生而械繫久之？當日緹騎未應，天怒赫然，猶不忍尺箠寸梃之及，豈真欲死先生哉？景昉小臣，謬窺測其意，夫梃擊之事，固中外所閧然也，憸人因而生心，正士亦復動色。使人人各伸其説，如國體何？神皇，長主也，端居深念之，不得已借先生鎮戢中外之口。且奏對失序，先生罪自應耳，何居乎以震驚爲辭？古善處危疑者，糢糊焉不得，解明焉不得，神皇以其若隱若露之心，置先生于可生可死之地，而借慈寧宫之筵几，微示其莫爲莫致之端，且隱若以尊親至性，感動一時者。故庚申當鼎成之期，而解網之恩，實自元旦。及光皇歌《訪落》之始，而賜環之命，即在詰朝，宸意已先定之矣。彼擠先生者與救先生者兩不遺力，宜不足動萬一也。先生諸經濟風猷，具在奏牘中。於輪對之先，即愀然有元功奇貨之慮。逮身滯詔獄，天王明聖，無一語不歸於自責。以老成心行激烈事，於艱貞遇作平等觀，二事尤先生大節。假令班次漸邇，天聽稍卑，或再得一二人旁伸其意，俾先生慷慨詳言之，則他日史臣執筆紀左門起居狀者，别有可書，而惜乎止是也！夫君臣相得，莫盛於泰陵之世。至劉華容之深謀密語，日高下殿而尚論者，且有神聖莫及之説，遇合之難，自古歎之矣！然當日無先生一人爲之點綴，膝而前，叩頭而出，虚百年僅見之儀，負三聖一堂之盛，亦何以鋪揚俞美，令後世景仰乎？今上之追念先生，恩三四逮不替也。景昉生平師事，多先生鄉人，頗知所畏慕，又獲從先生之弟游，故因讀兹集，論次其大都如此。若集中學問深馴，書詞剴盡，則世自有大手筆能表章先生者，余曷敢任矣。天啓丙寅季夏朔日，後學温陵黄景昉頓首拜撰。

録自臺北「國立中央圖書館」編：《「國立中央圖書館」善本序跋集録・集部四》，第五三一—五三二頁。

趙文毅公集序

俗稱詞林職在文史，無深譚世事，姑藏器需時可耳。遠勿論，劉文安《應詔十策》、王文恪《籌邊八議》，即其以鯁亮特聞，如鄒、吕、舒、楊諸君子，何稜稜也。迺至神廟初年，海虞趙汝師先生復力振之，蓋自羅文毅鳳鳴之後，兹其嗣響云。君子曰：羅、趙故並稱文毅，宜哉。然余頗衷諸情勢，爲羅易，爲趙難，即趙初攻江陵時猶易，而其後難。曷謂「爲羅易，爲趙難」？南陽勳已就，枘鑿偶乖；江陵焰方張，戈矛未已。羅竟左官，雖交絶，弗出惡聲也；趙岌岌幾不自保，是其較然者矣。而論者猶若致疑於先後難易之説，則愚請以其事明之：語有之：「寧搏虎豹，莫攖龍蛇。」夫趙公之初攻江陵也，是扼虎之技也，一不勝，與之俱靡耳。乃其後所袒胸射、裂眼争者，嘗出於蘭茝深交，枌榆密戚，而其人故踞尊位，負賢豪名，力足坐困公。雖坐困公甚力，於己之尊位賢名，卒亦不少損焉。嗚呼！愚所爲難公於江陵者，此也。愚讀某鉅公疏牘，初被命，即訟言不附和氣節，諸君又每每規公太激太露，凡事宜什九在心，什一在口，自是老成識慮，廊廟箴銘，抑惟有某公之志，斯可耳。不然，其不爲輕氣節人藉口也者幾希。昔少師伏鑕，高綴三仁，仲氏升堂，未參四友，漢不爲丙、魏之功廢貢禹、龔勝，宋不爲温、潞之業訾陳瓘、劉器之，何者？道固各有當也。且如文毅公才，徒區區用氣節鳴已乎？跡所論撰，若策虜，若捄荒，若江南田畝、征徭、水利、錢法，咸一一灼幽若鏡，畫地成圖。復潛精性命之學，同時吴、沈諸君實鮮有及者，然猶不免於屢困，是故君子悲之。今其子若孫竝兢持名行，日者景之太史遂偕其弟前之聯第，世其家，仁人有後，仕蘄無得過於天焉，足矣。或云公雖以屢困歸，要亦翺翔三事，終保暮齡，當日國論明、風俗厚，即宿嫌猶從理遣如此。嗚呼！海虞光氣終古嘗新，後視今猶今視昔耳，第如文毅公所遭，愚猶謂未盡非遇也。崇禎十年丁丑六月望。日講官左春坊左諭德兼翰林院侍講通家後學閩晉江黄景昉頓首拜撰。長洲後學吴嘉言頓首書。

録自〔明〕趙用賢：《松石齋集》卷首，復旦大學藏明萬曆四十六年刻本。

何鏡山先生奏議序

鏡山先生既拜南司空之召，余數從交戟下讀所上章，未嘗不三嘆也。先生三十載屏居，聚徒講德，素不問米鹽凌瑣狀，乃使之分析簿帳、勾稽乾没，如老主藏舌費筆秃，嘵嘵然與一二竈婢莊僕抗，豈先生得已哉！余知先生且從此隱矣！嗚呼，先生非今世人也。生平論學，以誠意爲宗，以靖共正直爲準。著書萬卷，動則先王，列爵貳卿，身如寒士。方其屢疏諍國本、諍東封，一時郎署少年，頗多踵起，然未有剴明鯁亮如先生者也，以故終神祖之世，蒙譴獨深。已而弓被遺招，茅征衆彙，先後偕福唐、吉水、關西數公登朝，海内喁喁望治焉。屬瑠患已蘖芽其間，履霜堅冰，先生實陰慮之，以故值熹廟之初，見幾獨決。先生之與數公者友也，庶幾桴鼓投而水乳契。然當其意所不可而發爲棄遼城、讞罪醫之議，逖聽閧然，持不稍改。蓋久之而始悟先生晝之平、策之蚤，殊致同歸，事未易目睫論也。上神聖，特再起先生田間，有師命不可以辭，因以兵餉機宜請。無何，旋自求罷。至垂解組矣，猶力疾上閩海開洋一疏，然後去。累朝求舊之禮也，老臣報國之忠也，出處語默，雅稱無愧。

余觀古文章之士，道德之儒，其以奏議著名者，漢賈誼、劉向，唐陸敬輿，視先生名位操履不必盡同。韓昌黎佛骨一表、淮西事宜一狀，先生饒爲之，時亦稍異。惟歐陽永叔封事紆徐沉痛，婉中物理，爲有先生之風。然余觀永叔初年微亦有虚驕恃氣、不純學問之嫌，晚又以濮議累，不能如先生粹然。夫先生所惓惓誦法者，固文武舉政之方，而堯舜告王之旨也，乃所願則學先生也。上方崇正學、敦實行，擬舉行徵辟舊典，先生前疏業預及之。又宗科之設，海禁之寬，練湖運道之復，其説皆始自先生。凡廟堂因革宏議，具載篇中，後之君子，庶亦有所考焉！

録自〔明〕何喬遠撰，陳節、張家莊點校：《鏡山全集》卷首，第三八頁。

凌義渠奏牘序

憶曩爲庶常，詣閣試出，呈草羅孝可先師。師笑曰：「凡爲奏議，忌論策氣，爲論策，亦忌奏議氣。子試牘誠佳，惜類奏議耳。」一時余談兵食事稍激，先師因以爲規。去之十餘年，卒驗，負負良媿。以今觀於同門友都諫凌君駿甫奏議，抑何直而婉，洞屬微至，曲類吾先師所云也。駿甫生辟葷血，望如深山道人，每過其邸中，綈縢敝暗，臧獲樸謹，惟聞兒曹讀書聲。與共談，言言玄遠，蘭雪內薰，至其氣誼較然，雖復炎流金寒涸地，不能易其中之所守，移之一盻。往當其里人柄國時，炙手可熱，駿甫絶不詣其門，事存岸異，非特不阿之已也。觀其初珥筆，即以真心炯炯爲盟。「恭勤廉遜」，羅列四箴以繩己，亦以繩人，無隻語不堪覆按者。乃余所推服駿甫不惟是。駿甫，一羸秀書生耳，非於兵家事夙授也。邇自總樞垣之重，二載於茲，諸凡奴寇情形、撫鎮功罪、東島衅局、西陲釁端，目覽手批，口占眉灼，莫不纚纚然具中機宜，預談之歲月之前，而其效遂響答於數百千里之外也，可不謂難哉！昔先師宦都諫時，適闞外警聞，旬日十疏，迄今頌滿人口，日惟駿甫傳其衣鉢耳。況繇今視昔，危苦尤倍過之，然先師竟以是階奉常，翺翔卿寺，而駿甫不免外遷，豈垣規銓法乃逾晦且苛於往時乎？噫！難言之矣。駿甫所著有《湘煙録》、《使岷詩》，家多抄本，未見書，幽蒨特絶，兹其經濟一班云。後之君子讀是編，咨嗟慨慕，謂如此才屈從恒調，蔽賢失士之議，將自有任其責者。顧於駿甫曷媿乎！司國棟者慎無樂乎以無媿加人，而以蔽賢失士之譏自予也哉！戊寅重五日，門年弟黄景昉頓首拜書。

録自〔明〕凌義渠：《奏牘》卷首，《續修四庫全書》第四九三册，第一—三頁。

方密之激楚序

初看花長安，杏園雁塔，分部遊遨，即昔人弗禁也。吾友方君密之於其時，獨瘖嗟食咄，邑邑若不終日。既已，上書闕下，不獲請，數扶服策蹇，詣圜扉，躬親滌灑，於是乎飄風之什作焉。情異反騷，義從激楚。原夫騷所繇名，《離騷》猶離憂也，王逸注曰：「離，别也；騷，愁也。」密之起盛年雋譽，稱射策子大夫，族又鼎貴，所至羣趨之，車騎爲滿，非刈蘭初椒比。而直以家難未平，國威方震，庶幾借孝子履霜之操，一伸其羈臣、罪帥、棄友、怨婦，壹鬱無聊賴之感，説在乎女娟氏之歌《河激》也。觀其攘袂操楫，凌波浪，狎蛟龍，倡爲禱福恕醉之詠，雖偏主未免神動，矧天日赫然者乎？先是，密之爲諸生時，輙已擬《九章》、《七發》，善楚聲，蓋亦性近之矣。予姑援先朝舊事，爲密之慰，無論婁東二美，終憾分宜，即如雲閒馮行可、黄梅瞿甲，豈不亦括髮刺膚，自縛登聞鼓下，或俛死而始一濟，視密之何如哉！兹且擁銀艾、奉板輿，歸拜家慶爲歡，復以殊恩當擢爲諸侯王傅相，淮南小山諸篇，日益紛出。繇斯言之，密之即變其激楚之音，爲虞賡周頌焉可矣。或云：「《激楚》義類深意别有在。」噫！天下事壞於楚，而蔓滋於激楚者，予何敢言之，亦未知密之意果出是否也。遇端策拂龜其人，其尚爲予質之。崇禎辛巳，晉江黄景昉拜書。

録自〔明〕方以智：《浮山文集前編》卷四，《清代詩文集彙編》第三十五册，第四五九頁。

易原易或題辭

二十年來，松雲蕉雨，寂寞遺身，爐香茗椀之餘，抱膝危坐，不敢問户外事，不敢接當世偉人，不敢論文，不敢譚性命。乃今夏胥山子忽焉惠顧，初以疾辭，則固以問序請。予力疾，把晤間一接謦欬，見其有眼如天，有胸如日，有口如河，因手所著《易原》《易或》以示予。受讀之月餘而後卒業，乃喟然嘆曰：嗟乎！絶業之不傳也久矣。《易》自漢魏以來，或流於玄，或流於數，或偏於天，或偏於人，或泥於象，或泥於理，安得融通貫澈，合諸家之異同而統歸於一，是如胥山、寒泉二子者乎？其大旨則天人合一，體用不二，而獨契其妙於一心。以心統性情爲事變材智之所從出，閲千萬世不窮，乃其精義有可言者，要不外此。八卦以通神明之德而已，故即其變動不居，環流六合，道心無體，神用無方，釋天之健；時至而事起，物來而順應，不爲事先，不失事後，釋地之順；見義直往，奮迅有爲，釋雷之動；見理沉潛，輒中竅會，釋風之入；能設機變，制伏匪數，釋水之陷；善與人同，因物共濟，釋火之麗；堅執有守，更無揺奪，釋山之止；和平樂易，無忤於物，釋澤之説。八德俱備而成其爲人，即成其爲天，即成其爲易。然此八德總歸於易簡，易簡又歸於貞一，故其爲書，自六十四而原於八，自八而原於兩，自兩而原於一。一者，乾也；六十四者，乾之變化。故在我者，心之爲慮，才之爲用，目之爲視，耳之爲聽，口之爲言，四體之爲動，皆是也。以在我者，而在天、在地、在人、在物，分爲萬泒，即是性命；非天、非地、非人、非物，同出一源，即是太和。在内、在外、在中、在邊，變化不測，即是易；非内、非外、非中、非邊，聲臭俱冥，即是神。會神易之原者，如明月入懷，肺腑濯濯，秦鏡在空，鬚眉畢照，又何有於六十四、三百八十四哉？予於此道，白首紛如，獨怪世之學者，非惟不能合天人象數而一之，且并立德、言、功分而爲三，説書、講學又分爲二，加以俗鑒之迷，深廢淺售，人情日趨苟簡，古學日就荒落，竟使苟鐸摇車，邕桐執爨，胥山子之枘鑿於世也，不亦宜乎？

順治庚子秋七月温陵黄景昉題。

録自〔清〕趙振芳：《易原》卷首，《四庫全書存目叢書》經部第三十册，第六七七—六八二頁。

三山論學記序

讀蒙莊氏有云「堯問道于許繇，許繇問於齧缺，齧缺問于王倪，王倪問披衣」，意謂寓言。今觀葉文忠師相之與泰西氏論學也，一晤談間，乃有八萬里遼邈之勢，洪荒前事，乃真有之耳。泰西氏之學詳具記中，凡吾儒言理、言氣、言無極太極，皆見爲執有滯象物於物而不化之具。其擯釋氏尤力，微詞奧旨，大都以勸善懺過爲宗。文忠所疑難十數端，多吾輩意中喀喀欲吐之語，泰西氏亦迎機解之，撞鐘攻木，各極其致。語云：「不發横難，不得縱説。」其謂是乎？愚按，天之與帝，明分二體，地法天，天法道，道法自然，雖老氏頗亦言及。然降衷昭事，載在《詩》、《書》，可考也。謂天地之大，别有主之者，理所必然。愚聞之艾思及先生曰：「我歐邏巴人，國主之外，蓋有教化主焉，其職專以善誘。國主傳子，教化主傳賢；國主爲君，教化主爲師。若然，則二柄難於兼合，即泰西氏亦慮之矣。然其人咸越八萬里而來，重譯累朞，始習居中華文字，如痿再伸、如壯再稚。以余所交，如思及先生，恭慤廉退，尤儼然大儒風格，是則可重也。嗟乎！以彼大儒風格，特見於重累朞之久，八萬里之遥，吾輩安坐飽食，目不窺井外，乃靦焉議其區區得失，是則可媿也。湘隱居士黄景昉拜題。

録自徐宗澤：《明清間耶穌會士譯著提要》，第一一四頁。

新建及觀鄧公禄祠德政碑序

祠以志思，夫感深而有餘慕焉，尸祝之如陸浚儀之社、宋汝陰之石，詎不足爲一夫得情、千室鳴絃者明馨哉？然未有生致之者也。生而致之，自九真享任君、須昌碑童長始。若畏壘不釋然，庚桑視方功而斅，顧何如也？嚮風逮今日，郡邑罔弗儼然墠土而俎豆者，此余鄉蔡先輩惴惴然不忍輕爲祠者記。余何人斯，謬來尤邑人爲其邑侯鄧公祠記之徵乎？余不揣有以來尤邑人之徵，其亦信余友趙某得公治行之實。蓋尤巖邑，公以名進士特宰之，甫下車，傷崖負者泚如，圳畚者血如，仰焦沃而苦濕束者曁瘠瘠如，于是一意爾蘇爾敉，亟爽爾釐剔之，備志在尤人德政録中。余特有取於志中所最頊烽警告急當事者：首度支以催科課，郡邑勞拙，石濠之呼，其能必捐乎？一不愼而奸黨侵没，不可言矣。公蓋真廉而破規例，禁耗費，互繳簿，俾民親填之。勞於會計，逸於終事，尤民胡厚幸哉？佐度支莫重鹽稅，尤去海鹵地五百餘里，懸潤食於近封，而運臺徵引以額限，求之坊里，蚩蚩不樂，服賈竟爲蠹猾所魚，莩離相繼，有自來矣。公惠户通商，具詳運臺，務使引足民便，尤民竈釜待舉火者百餘家。尤剛土輕生，脩郄尚怨，每每多無情健訟，公大畏之，今始息且也。權不下貸，吏絶舞文，編審則貧富適均矣，謁餽則養廉是捐矣。民感而愛，愛而思，思極而禴歌之築，皆實義也。雖治不近名，公與庚桑同意，而有斐君子，終不可諼兮。不寧惟是，諄諄造士，破荒彙徵，分闈得人稱盛，多士勸矣。士勸而九真生祀任君，比文翁世享於蜀。今尤德公甚亟，欲尸祝，乃棟乃梁，壽石於堂，及公見之，比任君受祀於九真有加矣。矧今聖天子方重枚卜之選，簡郡邑循異入侍翰筵以儲，詰曰：「大拜，公其人也。」余與公同事木天有日，罔敢辭徵言，故撮其政之最者，摛寄以答諸尤人志。不者一祠十表，耳而目之，衆實有口，胡可塗也！余敢忘余鄉先輩云乎哉！公諱一鼒，字燮五，廣西全州人，辛未科進士。

録自（明）鄧一鼒纂修：崇禎《尤溪縣志》卷九《徵文志》，明崇禎九年刻本。

崇禎丁丑重修浦江縣志序

《星紀》謂：「金華婺郡上應須女，則浦陽其舍也。」本朝之《實録》則纂修於宋公，倣朱子之《綱目》則嘉隆時毛令，今踰百有十年於兹矣。修之者有良吏無良史，文獻未徵也。吴伯能大令，三湘奇士，初起家即注是邑。有習其地者，謂浦於婺爲瘠，土艱水複，山民生其間，少華言，恥逋賦，但好鬬尚鬼。伯能夷然也，謁予曰：「諸言非是。夫浦，故宋文憲濳溪所遷居也。忠孝節烈，一時林立，九牧稱歎。又王新建良知之學沾被於此，使某因公暇得泝大儒編小史，師許之乎？」蓋予時有纂修之役，每懼紕漏，幸得登獻成書矣。來濟爲學士，恨不得修史，伯能徵自方也。今春函一志相示，則凡其邑之輿地、規制、學校、壇社、典禮、兵防，以至食貨、文翰諸傳，無一不鱗次成章，而其大者，則在標人物之幟，灑忠孝之魂，式節烈之廬。夫以彈丸蕞爾，鄉有七，隅有六，都有三十，而以義同居十世者三，慕義同居五世者亦三，令人欲登堂延訪，孟水薤本之論，冀有聞焉。於是伯能爲之輕徭免鍰，撫循教育，以稱其俗，而與都人士課文無虛日，士民安之。史氏曰：「吾於山而復見仙華、寶掌諸景，於水而復見潮溪、浦汭、浙湄諸道，於人則復見有鄭義門、陳太竭、柳待制諸人，而於吏則見伯能。凡余所見皆伯能貽之也。」新制諸吏循良異等，得徵入爲天子文學侍從之臣，伯能英少巍科，吾向聞其語矣。潛溪遭逢明盛史館盛事，伯能願得而俎豆之，高山仰止，良吏良史有以也。賜進士出身、奉直大夫、左春坊左諭德兼翰林院侍講官、管理文官誥敕、編纂六曹章奏、經筵講官、纂修實録、前召對記注展書、奉旨湖廣正考試官黃景昉撰。

録自民國《浦江縣志稿》卷首，國家圖書館藏民國年間刻本。

鹿鳩詠自序

初入都，有以生鹿餉者，槎角不甚馴，時抵觸客，稍伐木爲柴畜之。鄰某給諫園特宏蒨，多猿鶴聲，晨夕響答，蕭若山寺。會移僦，因輟遺之僦近古塔旁。庭二槐樹，可數圍，鼠耳漸長，游絲滿院，小刺猬輒蠕蠕其下，有雙白鳩日來栖止，鳴音淒異，毛羽縞如。都中例鮮談詩，屬有勸講役，匆匆靡暇。出闈後，益憒惑無佳思，所存感懷讌贈諸什，聊具體耳。什用鹿鳩爲顏，志始也。《風》始鳩，《雅》始鹿，僕何人，敢附斯義？抑《詩》疏云：「鳩性拙，不能爲巢。」情質差近。又魏元忠有言：「臣猶鹿也，獵者苟須臣肉爲之羹耳。」往歲所遭，迺不幸類之矣。戊寅冬日景昉識。

録自（明）黄景昉：《鹿鳩詠》卷首，臺北「國家圖書館」藏舊鈔本。

古今明堂記自序

《左傳》載晉狼瞫之語其友曰：「周志有之，勇則害上，不登於明堂。」杜預注：「明堂，祖廟也，所以策功序德，故不義之士不得升。」按《禮·明堂位》曰：「明諸侯之尊卑也。」孟子亦云：「夫明堂，王者之堂也。」繇狼瞫言，不但諸侯之尊卑於此而明，併其卿大夫之賢否於此而定。升降黜陟具有成書，如今甲所記功臣廟、忠臣祠之屬焉者，亦云嚴矣。杜注獨以祖廟爲言：「古爵人必於廟。」蔡邕嘗論：「古之有明堂、清廟、太廟、太室、太學、辟雝，六者爲同事而異其名，其實一也。」杜注亦此意乎？於是余取之以名是書，書所載僅可二百人，其獲登名茲簡者亦僅僅耳。要皆王侯將相、磊落之才，間有身賤跡微、名晦滅者，特標出之，亦必其神思氣誼雅足相衡，是故並謀也獨深，並斷也獨決，衆縮手憂其難矣獨易，衆驚心慮其危矣獨安，有權有度，孰雌孰雄，雖復虞廷之分九德，孔門之列四科，未過是也。《神仙傳》稱：「金庭桐栢之間有異宫焉，屬王子喬主之，太上三年一降此宫，校定天下學道之人功行品第。」南嶽魏夫人降語楊羲曰：「吾昨考真仙籍，頓落四十七人，復上者三耳。」雖世外語未足全信，然世間真有此理，不聞上官昭容之去留昆明池沈宋詩乎？余嘗有二絶句題其後曰：「名登茲簡諒知難，千載英雄將相壇。趙女今爲厮養婦，未忘眉黛寫邯鄲。」又：「少希高節老無成，繞指剛消罷請纓。傳與後賢經濟訣，大都心地要光明。」抑「心地光明」其首舉者耳。就中事理尚復多端，王遠既授陳尉符，仍教之曰：「君心中亦當知其輕重，臨時以意治之。」劉曄有言：「對明主非精神不接，精神可學而得乎？」噫！事未易爲迂儒道也，有真正英雄其人庶幾解此。

録自〔明〕黄景昉：《古今明堂記》卷首，浙江圖書館藏清鈔本。

察吏議

虞廷三載考績，三考黜陟幽明。《皐謨》所載「知人則哲，能官人，安民則惠」，亦以九德論其官。周冢宰歲終則令各官府各正其治，受其會，聽其致事，詔王廢置；三歲則大計羣吏之治而誅賞之。其制視虞夏稍詳，維時太和在成周宇宙間有繇然矣。三代以來，惟漢吏治蒸蒸近古，而其法：刺史以六條察二千石，歲奏事，舉殿最。至宣帝綜覈名實，二千石有治理效，輒以璽書勉勵，公卿等則選諸所表以次用之。故朱邑以治行第一入爲大司農，尹翁歸以盜賊課爲三輔最，韓延壽以斷獄大減爲天下最，召信臣爲百姓興利賜黄金四十觔，義縱、朱博、尹賞皆縣令高第入爲長安令。他如黄霸、龔遂輩，俱雅意安民，循良之譽，史不絶書。至唐，每歲尚書省諸司具州牧、刺史、縣令殊功異行，皆上於考司，而以能撫養役使者爲功。宋太祖時，州縣官撫養有方、户口增益者，各准見户，十分加一分，刺史、縣令各進考；若户口耗者，准增户法，減一分，降考一等。二代之法皆欲安民也，而治效不逮古。總之臧否之法多繇請托，致令考功者疑諸心而信耳目，疑耳目而信簡書，而不知簡書愈繁，官方愈僞也。如是即欲比隆於漢，庸可得乎？國家三年一計吏，自郡國岳牧質成而上，總以太宰，參以臺省，廉訪既詳，彰癉互用，察吏之術，蓋稽虞、商、周，而遠過漢、唐、宋矣。

邇來功令日煩，民生日蹙，果朝廷之德意在期會簿書而軫恤未必周察，薦剡之稱揚祇紙上空言而撫循未有寔績耶？夫課吏而不覈寔績，僅以文飾當之，百相欺、百相詐，一人而夷跖其身，一時而毁譽其口，詭而投遂詭而録，詭而録復詭而營，於是有繭絲之計原工而謬托保障以欺人，鷹鸇之擊無已而過奬鸞鳳以欺世。幾見簾垂晝日者果務簡事理乎？幾見金卻暮夜者果清畏人知乎？幾見露覆桁楊者果囹圄盡空而貫索銷沉乎？峴山之片石難憑，庭水之投書罔據，安望其淳化浹洽以幾察吏無遺術哉！無已則察吏於吏，不若察吏於民。夫民之於吏也，必取其所愛，十人愛之則十人之吏，百人愛之則百人之吏，千萬人愛之則千萬人之吏。撫民以吏，察吏還以民，故曰：「民者，吏之程。」夫誠以民察之不虛，憑銓敘之進退，而更試其慈刻之事端。中牟之雉果馴，即潁川之鸞不集，不害其爲異也；畏壘之情既真，即厨傳之飾不聞，不害其爲能也；撫字之心既勞，即催科之政果拙，不害其爲仁也。「子曰賈所生，男以鄭爲字」，即不配食縣社，不害其爲遺愛也。而後循吏不必獵廉吏之名，不必飾文吏之貌，不必張才吏之幹局，庶幾吏治源清，民生有濟乎！雖然，吾欲吏有恩撫民，而無法以御吏，即欲計安民生，能無阻格哉？夫事責其無可他端則易成，機逢其有所旁撓則多敗，故一在齊功令；以任者而閼議者之口則蜩螗争鳴，以任任事者而分任者之權則宓肘易掣，故一在寬事權；百丈而塹，豎儒可凌而上，數尺而峭，樓季不敢窺而下，故一在嚴賞罰；共驩不能争禹稷之坐，水土不必攘稼穡之成，魚不假足於獸，鳥不借甲於龜，故一在明器使；凡民樂於久道之化成則易就，而駭於目不習見則常格，故三代之盛，邦家有社稷焉，兩漢之興，牧守有子孫焉，故一在重久任。操此五者以馭吏庶，責成寔而報効多矣。然愚猶有説焉：守理之於州縣聽睹綦真，司道之於府廳整齊較一，然而白裹能蹄，青蚨能羽，有力負之而行，又何暇從赤子問枯菀乎？天下之患，莫大乎有體面無風力，有情分無精神，則欲察吏以安民者當自司道守理始，而此司道守理者又環而聽殿最於一人者也。惟聖天子秉衡鑑於上，舉所上循良者、卓異者，一一廉其治狀，有不寔即以其罪罪所舉者，庶人心震肅，提其綱而目自理，何患吏不得人，澤不下究，而民不安哉。

録自〔明〕林德謀：《古今議論參》卷二十九，《四庫禁燬書叢刊》集部第二十一册，第七九—八一頁。

東厓公祧祀議

《禮》：祀先立廟，天子七，諸侯五，大夫三。所謂三廟者，曰考廟，曰王考廟，曰皇考廟。王考爲祖，皇考爲曾祖，大夫祀曾祖止，其高祖、始祖無廟，祀並祧。夫豈忘淵源所自哉？情有所殺，勢有所不可也。其有功德顯著、爲闔宗所共寵靈者，准特祀之，例世世不祧。吾宗自高祖大參公始受爵于朝，宦屢亨融，學行峻潔，以啓我後人，其世祀不祧焉宜矣。如六世祖潛菴公、七世祖質直公忌辰，宜可輟祀。若從大夫三廟之制，即家非能世爲大夫也。諸伯叔行業不盡具衣冠，以比諸適士官師猶爲不可，况大夫乎？今議二祖祀並祧：惟遇元旦、清明、中元、歲暮諸節，仍開龕列主同祀，倣祫祭禮，以後各房子孫，務加意專祀大參公，不得以年荒殺禮，家貧輟敬。所原有交輪，既歲省六祀忌辰，則其力易周，虔易致，較可永遠遵行。或云：禮有其舉之，莫敢廢也，子以末裔而倡議廢二祖世祀，可乎？且非群情之所安。余聞之曰：是禮也，禮時爲大，順次之，其或近人情者非其至也。昔漢韋玄成、貢禹、匡衡皆議罷郡國廟，毀其親盡者，如孝惠、孝景之屬，以帝王宗廟尚爾，何況吾曹？且《禮》稱諸侯五廟，有「去祖爲壇，去壇爲墠」之文。按，去祖爲壇，謂高祖之父；去壇爲墠，謂高祖之祖。今吾二府君世次正與之合，當此際議祧焉可也。孔子在陳，聞魯廟焚，曰：「桓、僖乎？」杜預注：「桓、僖親盡，而廟不毀，宜其爲天所災。」由前言之，既有可祧之義，由後言之，又處於不得不祧之時，以順天心，以嚴王制，以寬諸貧宗耗費，以示諸後代法程。竊謂二府君忌辰自今歲丁酉爲始，停之便。

丁酉清明日識。

録自《檗谷黃氏家譜》，檗谷村村委會藏清光緒二十六年長房家乘鈔本複印本。

周如砥先生本傳

大司成即墨周礪齋先生没有年，華亭、蒙陰二宗伯業爲傳，不啻詳矣。賢子京兆君復持見委。余生稍晚，登第後先生三紀餘，媿不任傳，即傳，何敢望二宗伯？而先進衣冠之慕，私自耿然，聊復掇所傳聞附見焉。《傳》稱：「先生舉南宮，最爲許文穆激賞，俛首多士，自王文肅、李文節而下，咸器重先生，獨沈文恭弗善也。窮其故，先生實跡絶相門，又爲同館莊、區二公見詘，咄咄不平，隙愈著。」余按，區海目得譴，略以詩酒過，性亦踈脫，詳董華亭《別記》中；若長沙莊公天合官少詹，駸嚮用矣，屬有白雲慕，自講筵特請急歸，不審所見詘何等也。詞林不輕詣政府，禮數固然，沈雖睚眦，或不應苛細至是。然攷沈在事時，先生久不調，泊如，落落難合，頗亦有端乎？其後王文肅再召自田間，李文節繼相，二公故先生知己，意拾級同升之際矣。無何，攻文節者沸起，尋波及焉。嗚呼！世路巇危，夷於荊棘，其弗善先生者，既足滯先生飛騰，而其雅善先生者，亦無能爲力，且貽之累。雲浮泡沫，復何足云。然觀先生所交遊取捨若是，稜稜風節具見矣。先生於載籍鮮所不窺，詩若文，質直温厚，蒼然古色，同時于東阿文定、馮臨朐文敏並以嫺博著齊魯間，先生與相鼎立無媿。性至孝，少孤，育伯母孫孺人所，既貴，即疏楊母節併及孫孺人勞困狀，情詞酸楚，幾軼李令伯而上之。余謂先生集最多，兹疏嶽嶽第一云。先後凡三衡棘試，再長成均，學徒半天下，侍講幄尤多所發明。念既以翰墨爲職，即有奇安施？乃陰爲德於其鄉甚力。歲儉，首發粟倡賑；會倭警聞，或議徙即墨，營城避之，先生不可，躬上記主者條折要害，且謂墨地瘠賦繁，不宜代他邑償羨，又爲之請勞山廢寺材拓新文廟，里中士感倍刺骨，乃一二豪有力猶有以數畝宅齮齕先生者，亦可笑也。先生故嚴重，生平無惰容戲語，端坐嗒然，或竟日不一聞聲，侍者咸自廢。而蒙陰宗伯又云，先生雖恂恂儒者，遇緩急乃奮然有烈士偉丈夫之概，如代毛文簡後人訟功及脱同年駱生亡命中，事咸怪特，將無一露其衡氣機乎？惟馮文敏稱：「周季平是聖賢地位人。」季平，先生字也。馮素善持論，聞之焦弱侯、馮少墟二公，亦謂信然。余於是折衷羣説，特用國史例書曰：萬曆某年某月，國子監祭酒周知砥卒，贈禮部右侍郎。如砥，山東即墨人，繇己丑進士改庶吉士，歷今官。篤學淵修，確然醇正，尤勇於蹈義，世恒以大用期之，位不配德，輿論惋痛。

論曰：讀國史至萬曆戊申、己酉間，未嘗不三歎也。於李文節何仇？群攻之至累百疏，併南北二司成亦在螯中。南爲余鄉林文簡，北則先生，或以枌榆，或以衣鉢抱蔓歸，無一免者。卒之身後論定何如哉？文簡遂起家至大宗伯，惜先生止是。抑攷先生同館秩綸扉，惟崇仁、烏程兩公耳，亦拂鬱不甚行其志。士君子樹立哀然，勛名其寄焉者矣，余故詳敘先生事，而於東阿、臨朐、蒙陰三君子遺旨亦間録焉。夫誠海岱靈淑之氣，駢鍾非偶而已也，近乃不數見，何歟？是在後之君子哉！或曰：「子視子鄉前輩良媿甚，毋多言。」則余過也夫？則余過也夫？賜進士出身、左春坊左諭德兼翰林院侍講、纂修實録、管理文官誥勑、編纂六曹章奏、充召對記注、起居注、經筵日講官，閩晉江後學黄景昉頓首拜撰。

録自〔明〕周如砥：《周季平先生青藜館集》卷末，《四庫全書存目叢書》集部第一七二册，第三七五—三七六頁。

曾母節孝傳

文學曾君弗人，負奇操，工古文辭。余以甲戌秋北詣道三山，弗人貽余長箋，敘其母節孝狀良苦，要爲傳，忽忽六年往矣，諸負未償也。此六年中，寢食恒喀喀在抱，念秋後仍當道三山北詣，將何以謝弗人？弗人母，吾邑張賓槐女也。賓槐，庠名士，舊與先王父長史、先外王父海鹽公游，擇壻得曾唯，奇之。唯亦名士，家故貧，母歸，徒手而已。吾邑舊姓例課子嚴，兒婦或聚處三日，不即就外傅者，譙訶及之矣。母自合巹後，於唯稀數見也。聞履聲至，輒自匿。居無何，唯尋病卒。方病急間，以微言嘗。母慨然引刀自剄，深一寸許，佹絶復甦。時母業幸有身，默自忖，即男乎，寧忍死爲立孤計；即女，竟死耳。生果男也。而先是，舅已没，姑卞難事，母抱兒臥起苫次，披髮徒跣，殆不類婦人。一夕隣不戒于火，焰且及，母亟徙兒他所，身憑櫬慟哭，願與俱燼。詳母生平，自二十年後，無日不在死法中，造物者亦故窘之。刺死、焚死、驚怖死、詬誶死，咸在旦夕。即幸而免，貧至不能具薪水，躬斬草擊秸以爨，食半糠覈。歲適荒，疫癘徧作，其勢亦足以飢憊死、疾死，然竟不得死。于是造物者之意回。兒漸長，文日奇噪，爲制名異撰勗之，是爲弗人。諸大吏恒加禮焉，而前此其嚴姑意亦漸懌。蓋至病彌留，覘母日宛轉廁牏間，泣謂「吾負若久」，母益自傷。婦也僅徼垂没時一顯乎？余思以曾母摯孝，而不能早得之其姑，此亦造物者窘法也。予之杵使針，予之盤使穴，性光孤露，搖搖在風吹雨撼中，若徒涕泣闌干，姑諉之曰「君家婦難爲也」，則庸矣，而併其姑之賢亦自不掩。「惟此三君，高明之君，惟此三子，忠臣孝子」，陳元方業預及之，真格論也。母性姁姁好施予，諸娣姒咸安之，獨繩弗人讀不稍恕，特訓厲之曰：「無以貧故妄于人有所干。」其亢冽諳大義如此。

録自〔清〕錢肅潤輯評：《文瀫初編》卷十四，《四庫禁燬書叢刊》集部第一七三册，第四六二—四六三頁。

長溪新建書院記

書院之興自宋始，時域中凡四書院，推白鹿洞規制尤美。入我朝，彬彬乎弦誦相聞，居然家塾黨庠，盛事矣。其在敝閩，自武夷精舍外，三山、泉山諸望郡遺構矻存，士恒講藝其間，乃未聞長溪之北，前有以書院著者。詢長溪之有書院，自州大夫揭侯爲政日始也。始侯以篤行名儒，舉畿闈，連第五經高等，法得爲京朝官，不應外屬，當事忮，固外之。侯處之澹如，愈一意勤乎其職。比三載政成，道化翔洽，神人胥豫，咸謀即學宮肖像祀。侯不可，曰：「像祠非古也，於法疑，我其爲杇之人也乎？惟長溪前未有書院，視諸望郡缺如，曷若即其地繕材鳩工，稍益之輪奐，爲州博士藏修息遊，資永永無極，乃不啻百世祠我。」父老子弟韙侯言，役亦旋就。

余按，宋以來書院類多士大夫致政之餘，集生徒飲射讀法，祈自成教於鄉，如所云「大夫爲父師坐右塾，士爲少師坐左塾」之例云耳。故不盡出自官，即間出自官，代綱紀之，亦未聞官自輟所尸祝之區，因政寓教如侯茲日者也。范文正得姑蘇南園善地，耻爲子孫計，移建學，大指略同。乃侯意更有進是者，侯自爲諸生時，即慨然有區別人倫、整齊方夏之思，所評騭古今成敗累百萬言，自許在三代以上名卿大夫伯仲間，徒區區循吏目侯，猶淺之耳。觀司馬遷所序循吏五人，鄭子産、楚孫叔敖、魯公儀休皆褎然良執政選也。知古人高視吏治，眼目殊闊遠。至班氏始以郡國賢長令實之，僅瑣及葱薤雞豚之屬，失其本指，嗣後史承訛襲舛，更於循吏外，另標儒林、文苑諸科，若判不相入焉者。然則夏游之列聖門，第丹漆其章已矣，武城莒父之治又何稱焉。嗚呼！吏治以法令爲師，此秦俗也，漢初儒者業憂之，其言曰：「俗吏不知大體，移風易俗，使天下同心嚮道，非俗吏所能爲。」而其號爲能吏者，又往往非薄儒效迂疎。周絳侯雖不好文學，猶知東嚮召諸生，令趣爲我語，至朱博直云：「亡奈生所言聖人道何？且持歸俟堯舜君出爲陳説之。」其椎且倨如此。余意博輩故不足言，然使儒者出身加民，果或近迂疎，至無以逆折能吏之氣，而闇其口，亦與有責焉。爾今觀侯之爲長溪也，自城隍、獄市、亭障、關梁、徭賦、田疇、樓船、戈甲之屬，靡不躬加綜理，概就鼎新，要此猶能吏所可幾及，其大者乃使人潛孚默感，勃發其尊君親上之性而不自知。侯署中晨夕侍尊人太公惟謹，皓髮蒼顔，奉爲吏師。每遇西北風苦勁，烽燧乍馳，未嘗不慷慨激卬，願執戈躍馬，先士卒殄滅之爲快。若濱海小小蠢動，侯直坐縛之矣。凡此者，皆侯身教、言教，可意悟，非可形傳。陽道州曰：「學者，學爲忠孝也。長溪人士誠知以是範侯，即宋人四書院遺規復何過是？豈必賔賔焉懸鐘鼓、治笙簧，從事於登几布幣之末，而後謂之書院哉！」余於侯謬有一日誼，侯所善進士李君光龍、孝廉王君一馭、黄君奎光、紀君許國、林君嗣環、柯君賡昌、林君高崑等，又雅暱就余，書院成，並來授簡。余恐後之，紀侯治績，僅舉漢以下循良茂宰爲辭。夫侯所原本，固姬氏尊親之遺，吾尼父變齊變魯之意，侯蓋學爲聖人之道者也。余特爲書其大者，庶幾以異日良執政望侯，亦陰用漢史遷指云。侯諱重熙，别號潛銘，江右撫州之臨川人，舉崇禎丁丑進士，以庚辰某月任，其建造書院，年月工費若干，别詳具碑陰如左。

録自〔明〕揭重熙：《揭蒿菴先生全集》附録，《四庫禁毀書叢刊》集部第一八二册，第六三一—六三二頁。

與黄明立

頃亦刻近詩數帙。離羣索居，久違繩削，里中亦復鮮以此道相質正者。冥趨狂馳，恐從此爲大雅所棄，求先生鑒定，得一言使知省改。年近四十矣，修名不立，頭顱如許。日披閲鄭大白宫贊遺集，慨然歎息：清新俊逸，故自本色，而亦微有才未盡量之感，都緣平日因循酬應，神有所分。此公尚爾，況昉之最駑下者乎？然使昉若改從時賢，墜今吴楚諸名流派中，則亦有所不屑。惟鮑叔知我，始敢略吐其胸懷耳。

答周減齋

芬依德宇，慶衍慈闈。世外幽貞，粗獲全其母子；民間瑣禮，未敢聞之君公。何期蘧使之遥臨，伏動風人之雅詠。伏披瑶櫛，光垂琬琰之章；兼覩銀鈎，妙極風雲之勢。惟臺下宏愛人之德，罔靳遺羹；乃膝前具知子之明，恒懷恤緯。重播無疆之頌，彌深不匱之思。薇省雄藩，在昔首尊岳伯；幔亭勝事，于今高宴曾孫。蓋將老吾老以及人，庶幾親其親而至善。五百里侯服，且在邦域之中；千萬年春秋，永效岡陵之祝。尚圖躬謝，曷任神馳。

與周減齋

東方生有云：丈夫相知，何必撫塵而遊，偃伏以日數哉。諒夫！于先生雖未荆識，而庇其德宇，諷其佳吟，若有送抱推衿，默相通于形氣之外者，誠不能自解也。抄有拙句數十帙，敬塵清覽。目下風雅寥落，惟先生實爲正宗。既不可過泗州不謁大聖，又不肖腐心此道，頗亦有年，知己難逢，流光易謝，亦高漸離所慨念畏約、願自出其匣中裝時也。先生案牘之暇，時賜批繩，倘稍有一言幾乎道，勿吝教音，一題及之，感且不朽矣。前亦有啗張林宗五詩，仗所善蔣生以進，不審可置之珠玉之側否？奉晤未期，臨楮曷勝翹跂。

右三篇録自〔清〕周亮工：《尺牘新鈔》卷十一，《海山仙館叢書》本。

與王忠孝書

自三山奉教後，世界滄桑，即鱗鴻稀遇，所闊候聞問者，八載於斯。台翁翱於海外，不肖局蹐於郡中，獨於心微可以相炤，而跡則負愧甚深。漢之亡也，諸葛武侯負可興復之資，拮据全蜀；管幼安則寧以皂帽終老，蓋自知其才之不如，各從所志耳。不肖家有八十餘歲老母，一舉足則闔門受禍，又於當事非夙交，曩福京獲戾，尊侯意嘗惴惴，故未敢爲蹈海之行。數載間，强出應酬，或鼓或罷，或泣或歌，時以詩酒笑駡倒行之，實非其素懷所寄，未審台翁能亮之否？晤當事希代致意，容當自通。潘道宣丈向有文字之雅，爲併及之，何如？便言附回，求以宿誼勿擯之。立望德音，臨楮神馳。

録自〔明〕王忠孝：《王忠孝公集》卷八，第二一一頁。

附東崖雜記八則

晉江柯實卿爲諸生時，與一司理有小嫌，將抑之，乃於省試前以他事繫於獄。會司理有分閱之行，囑丞尉曰：「俟我行可數日，逼闈期，然後釋之。」柯既出，偶遇汎海舟，一日夜抵省。

時未行易書禁，司理得其闈卷，識之曰：「此泉狂生柯某，安得至是？」袖其卷擬投井中，適主司行值之，詢曰：「有佳卷欲呈乎？」不得已出之，大稱賞，遂以入彀。後柯官至太守。司理在泉亦有惠聲。

邑前輩蘇公濬視浙江學政，所賞拔士累擢魁元，歷三十餘年，科第不絶。閱文日數行下，晨入試，夕已揭榜。初人人奇駭，久愈追頌。蔡光禄獻臣云：「公於吴顧憲臣、浙朱用光、閩劉庭蘭、李光縉未遇時，並以解元許之，若有成券在胸中者。」以余所聞林大宗伯欲楫語尤奇。方宗伯早歲從父宦粤西，適蘇公官粤西參政，父修啓白通，命屬草時亦信筆爲之，不甚媚駢偶也。公得之喜，以詢某鄉人曰：「林守備有館賓乎？」答無之。「然則昨啓誰草？」其人曰：「林惟一季子，垂髫相隨署中，想出其手。」公歎曰：「真遠器也。」議以其女委禽焉。會宗伯先定婚，不果。宗伯兄光禄公欲棟爲諸生時，公夫人雅意擇婚。或以林、莊二生才爲請，夫人意未決，陰以其文寄質。公亟嘖嘖林，而夫人移於他議，卒妻莊。後公歸，語次微惜之。夫人曰：「莊非科第中人與？」公曰：「莊亦一進士也，但林爲有福進士，莊不及耳。」光禄公遂以甲午、乙未聯登仕宦，富貴壽考爲闔郡冠。而莊成丁未進士，旋卒。蘇公自粤西參政擢貴州觀察使，不赴，歸，未幾卒。其辭官文云：「用世如虚舟，存而不繫，過而不留，不以天下爲己有；出世如游魚，游乎江湖，忘乎江湖，不以己爲天下有。」辭亦洒達可誦。方公之舉解首也，房考郭大司馬子章夢蔡文莊清詣其門。公邑同、經同、姓草同、名水同。丁丑入彀，申文定公持其卷語人曰：「此卷必晉江人，非蘇則李。」李謂文節公也。兩公同以解元，善《易》學，爲主司所夙知。懸斷不爽，亦奇矣。

曩聞之蔣八公太史道其曾祖赤山公事，甚奇。公足智謀，有異鑑。初販布臨清，爲小賈。江行諸大賈，布貯舟中，以公直微，僅令置舟屋上。忽舟漏布濕，置舟屋者反無虞。已遂爲大賈，衆讓公貯布舟中。適風浪作，咎舟太重，故競取所置舟屋布投江中，公又獨全，因以資溢聞。嘗遊桃源，飲主人樓上，一望良田數百頃，美之。主戲言能三日内具三千金來者，田以歸公，過三日不論。公立遣僕星夜馳歸，金如期至，主詞屈，盡鬻其田。一日，有田客輸租至，公異其貌，手觴之酒三。亡何，倭蹂泉，溪舟盡閉，其酋首呂尚四聲云：「惟蔣赤山穀舟得出耳。」詢即公所觴者也。於是他舟咸哀祈公，詭名赤山以免。同安陳尚書道基微時隨其父賣卜村中，公一見奇之，妻以弟女，封夫人。其一配王參政慎中爲繼室，亦稱淑人。公没後，蔣當中微，業不隕墜，賴尚書、參政力，實席公知人之庇。公諱繼勳，孫二：光彦、光源；曾孫二：德璟、德瑗，並進士。然太史公每述其祖母吴太恭人之言曰：「兒孫輩縱科第纍纍，何敢望曾祖布衣百一乎！」即公概可知。公累散千金，濟人緩急，識者謂范蠡、魯朱家之流。以余所聞，清溪有李巡簡森者，行事雅類公，後亦昌熾，要皆國初承平時人物。噫，今絶響矣！

鏡山司空胸趣空闊，於世無所不容。其子太史九雲則擇地蹈，擇人交，所不契，望望若浼。癸未，庶常太史實爲之長，余輓詩云：「館長金閏諮進止，家翁石鏡異寬嚴。」是也。

庚辰廷試，後有旨召進士四十人入對。吾郡與召者蔡公肱明、張公朝綖、盧公若騰。三人已臚傳，蔡公爲二甲第一人。舊例首二甲官禮部主事。時中外多警，上雅意邊才，議以樞密席禮曹之上。於是蔡暨張、盧二人並授兵部主事。比入署，譽望大起。大司馬陳公新甲，蜀人也，屬銓部，推蔡爲蜀威茂道，尋將以蜀督學畀之。無何，陳僨事覆，嗣是蜀亂，蔡竟殉節。嚮令蔡循常例，優遊寅清之署，自可衡文鉅省，無意外虞。抑使堂上司馬非即蜀人，亦不至崎嶇天梯石棧間。不幸功令適改，遂爲蔡禍福攸關。悲夫！

泉城中晉安驛，即宋貢院舊基，内有井，鐫「狀元」字，余所親見。城外溜石塔，本某太守造，亦用爲郡鼎元之祝，今廢。考宋惟梁公克家、曾公從龍，本朝惟莊公際昌，廷試一甲第一名狀元。歷兩朝六七百載，僅得三人耳，何寥寥也？第二名榜眼乃頗多。宋則曾公會、黄公宗旦、宋公程、劉公逵、石公起宗、董公洪、陳公晉接七人。曾會次子公亮，司空、魯國公，贈太師中書令，謚宣靖。會亦進楚國公。黄宗旦，惠安人，有文名，與李慶孫埒。時爲語曰：「國朝才子黄宗旦，天下文章李慶孫。」宋程終著作郎、台州通判。石起宗終吏部員外郎。方石公及第之歲，正王公十朋爲守，贈之詩曰：「坐看萬石門闌大，轉覺朋山氣象新。」自注：「所居萬石坊。」其賀啓云：「家傳萬石，譽擅七閩。雖策勳有蕭一曹次之或殊，然公議以王後盧前爲未愜。」誦足知其概也。先是韓魏國生於泉州，唱第，名亦第二。故王公詩落句：「試觀忠獻堂中像，亦是當時第二人。」傳爲佳話。觀王公注江家録《荔支》云：「泉自龍虎榜以來，多出第二人，江緑在譜中亦爲第二。」雖謔語，雅亦有致。劉逵，同安人，官中書侍郎。董洪終劍州守。陳晉接郡志不載，靡考云。入國朝，登榜眼者五人，黄公鳳翔、李公廷機、楊公道賓、史公繼偕、莊公奇顯，俗傳有「五眼開，狀元來」之讖。於是莊公際昌應之。莊公與宋曾公從龍，科同己未，亦一奇也。若張公瑞圖，林公釬，及第第三人。稽探花止二人，不能如五眼之盛。信泉山偶數多耶？今古遞遷，滄桑非昔，其獨存人口中，如梁公、曾公墳墓、第宅，略可想像，餘莫知誰是矣。萬石坊已久毁，即郡中士民亦稀復宋、石其姓者，不知何故。黄公鳳翔、張公瑞圖各有子成進士。黄孫曾多顯，他姓或漸衰微。雖然，山川長在，所鍾靈吐異，豈有窮哉。

泉三世登進士者，傅凱子浚、孫檝，趙恒子日新、孫世典、世徵，惟此二家耳。丁自新子日近，孫啓濬，抑亦次之。其父子進士，有詹源、仰庇，黄瓚、思近，黄澄、養蒙，蔡清、存遠，林性之、一新，蔡克廉、應麟，莊國楨、懋華，洪有第、啓睿，洪有聲、啓初，賴廷檜、克俊，劉存德、夢松、夢潮，張鳳徵、繼桂，李奇俊、廷益，秦舜翰、鍾震，王惟中、同休，邱有喦、應和，蔡貴易、獻臣，郭良璞、如楚，史朝宜、繼偕、繼任，蔣光彦、德璟、德瑗，王三陽、寅揆，吴龍徵、逢翔，周維京、廷鑨，李栻、日曄，黄鳳翔、潤中、灝中，林欲楝、期昌，張瑞圖、潛夫，何喬遠、九雲，黄熙胤、志遴，楊景辰、旬瑛，凡三十三家。若祖孫並進士，自傅、趙、丁三姓外，有陳章應孫道曾，趙瑺孫恒，鄭良佐孫得書，黄天爵孫師顔，張岳孫迎，黄光昇孫琰，留志淑孫震臣、敬臣，莊一俊孫履豐、履朋，李奇俊孫燵，王良柱孫繼曾，莊應禎孫毓慶，洪有第孫承選，劉宏寶孫鱗長，黄森孫學元，黄鳳翔孫熙胤、景胤、徽胤，黄國鼎孫中通，郭如楚孫世純，劉夢潮孫望齡。二十二家内，黄公鳳翔實父子孫曾四世進士，爲閩郡冠。但三孫各分支派，似在丁之上，傅、趙之下。以傅、趙一脈相承故也。

若兄弟同進士第者，黄銘、黄鏷，張岳、張峯，王慎中、惟中，王宗源、宗濬，李愷、李慎，史朝宜、朝富，傅履禮、履階，謝吉卿、台卿，史朝録、朝鉉，張治具、治樞，許國誠、國讚，莊履豐、履朋，趙世典、世徵，劉會、劉春，史繼偕、繼任，劉夢松、夢潮，留震臣、敬臣，林欲楝、欲楫，張維樞、維機，蔣德璟、德瑗，黄景明、景昉，黄日祚、日昌，黄潤中、灝中，龔龍可、必第，二十四家。内黄、史、謝三家同榜，黄同弘治癸丑，史同嘉靖癸丑，謝同萬曆庚辰，其爲同祖兄弟或同族群從之屬，數繁不勝書。說者謂泉大陽、小陽山，朋峯聳秀，宜有連枝之應，其在斯乎！

録自（清）周學曾等纂修：《（道光）晉江縣志》卷七五—七六《雜志上、下》，福建地方志編纂委員會主編：《福建地方志叢刊》。

資料彙編

傳記資料

明史·黄景昉傳

黄景昉,字太穉,亦晉江人。天啓五年進士。由庶吉士歷官庶子,直日講。崇禎十一年,帝御經筵,問用人之道。景昉言「近日考選不公,推官成勇、朱天麟廉能素著,乃不得預清華選」。又言「刑部尚書鄭三俊四朝元老,至清無儔,不當久繫獄」。退復上章論之,三俊旋獲釋,勇等亦俱改官。

景昉尋進少詹事。嘗召對,言:「近撤還監視中官高起潛,關外輒聞警報,疑此中有隱情。臣家海濱,見沿海將吏每遇調發,即報海警,冀得復留。觸類而推,其情自見。」帝頷之。十四年以詹事兼掌翰林院。時庶常停選已久,景昉具疏請復,又請召還修撰劉同升、編修趙士春,皆不報。

十五年六月召對稱旨，與蔣德璟、吴甡並相。明年並加太子少保，改户部尚書、文淵閣。南京操江故設文武二員，帝欲裁去文臣，專任誠意伯劉孔昭。副都御史惠世揚遲久不至，帝命削其籍。景昉俱揭争，帝不悦，遂連疏引歸。唐王時，召入直，未幾，復告歸。國變後，家居十數年始卒。

録自〔清〕張廷玉等撰：《明史》卷二百五十一《黄景昉傳》，第六五〇三—六五〇四頁。

明史稿·黄景昉傳

黄景昉，亦晉江人。天啓五年進士。由庶吉歷編、中允、諭德、庶子，直日講。崇禎十一年，帝御經筵，問講官用人之道。景昉言：「近日考選不公，推官成勇、朱天麟廉能宿著，乃不得預清華選。刑部尚書鄭三俊四朝元老，至清無儔，不當下吏久繫。」退復上章論之，會講多助爲言，三俊旋復釋，勇等亦俱改官。

尋進少詹事。嘗因召對，言：「近撤還監視中官高起潛，關外輒聞警報，疑此中有隱情。」帝言：「既有隱情，不妨密奏。」景昉對：「臣家海濱，見將吏每遇調發，即報海警，冀得復留。觸類而推，其情自見。」帝頷之。

十五年六月召對稱旨，由詹事拜禮部尚書兼東閣大學士。明年，與德璟並加太子少保，改户部尚書、文淵閣。操江故有文武二大臣，是年八月，帝欲裁去文臣，專任誠意伯劉孔昭。惠世揚拜左副都御史久不至，帝命削其籍。景昉俱具揭争，帝不悦，遂連疏引歸去。唐王嗣位，召入直，未幾，復告歸。國變後，家居十餘年而卒。

録自〔清〕萬斯同：《明史稿》卷三百五十六《黄景昉傳》，《續修四庫全書》第三三〇册，第三一八頁。

石匱書後集・黄景昉列傳

黄景昉，字太稺，號東厓，福建晉江人。天啓乙丑進士，選庶吉士。楚御史吴裕中建言廷杖，景昉躬撫之榻前。比没，楚人無敢臨其喪者，景昉獨解橐賻之，人服其膽。時璫焰方張，即請假歸，以避其鋒。

戊辰，思宗登極，始入都，授編修。歷官中書、知起居注，編纂誥敕，諸所撰誥敕，尤爲時所傳誦。庚午，典試三楚。辛未，丁祖憂。

甲戌，還朝，陞左中允，充日講官。丙子，轉左諭德，復典畿闈。其在經筵，奏對剴直，語侵政府，首揆蓄怒。戊寅，轉右庶子。召對平臺，因奏：「考選未盡公道，如推官成勇、朱天麟，廉能最著，不獲預清華選。」遂俱得旨改館員、科道者十數人。大司寇鄭公三俊以詿誤繫獄，景昉面救，又復疏陳，極言其清正，得釋繫。首揆益加嫉忌，景昉即以封差行。抵饒州，盡卻淮府饋贈，信宿即行，省貧藩無算。庚辰，差竣報命，轉少詹事，同詹翰官入對。時太監高起潛擁重兵關外，驟撤回，未至，中外慮有他變，無敢言及者。又黄道周謫江右幕員，撫疏薦及之，至蒙逮繫，舉朝震恐。景昉面對時，即昌言御前，以「才撤回監視，而遼撫即有警報，疑此中或有隱情」，復以「用舍喜怒之間，須再加斟酌」爲言，實爲黄道周稍寓規諷。兩班聽者，皆爲咋舌。辛巳，以詹事署掌府篆，復以原官改掌翰林院印。黄道周獄久未解，爲陰請之政府、司寇甚力，始得從編戍去。

壬午，會推閣員，召對中極殿稱旨，遂欽點陞禮部尚書兼東閣大學士，入直辦事。在閣受事半載，賜坐三次、賜宴三次、賜騎馬遊西苑一次，召對六十餘次，每呼「先生」而不名，皆異數也。

癸未，見時事日非，遂懷去志。緣先帝性明察，而於大機宜顧屢多違拂，喜怒旋更，所施行往往惟意。以此，終不能有所濟，惟有急求引退而已。具疏求去，得旨，馳驛歸。

北變之後，家居二十年，以壬寅歲視履考終。所著《湘隱堂集》二十四卷、《甌安館詩》三十卷、《續詠》十二卷、《左史唯疑》十六卷、《國史唯疑》十二卷行世。

録自〔清〕張岱：《石匱書後集》卷十三《黄景昉傳》，第九九—一〇〇頁。

南疆逸史・蔣德璟黄景昉傳

蔣德璟，字申葆，黄景昉，字東崖，俱福建晉江人。德璟舉天啓壬戌進士，又三年，景昉亦舉進士，同官翰林。兩人皆博學强記，專心著述，文體華贍，而德璟尤長經濟，凡兵餉鹽屯諸政、九邊十二鎮山川險要，纖悉在口，廷臣共推之。壬午六月枚卜，同以禮部尚書入閣，與吴甡並命。德璟持正不阿，多所匡救，時欲行鈔法，將取桑穰四十萬于浙西諸郡，德璟力言不可。又進《御覽備邊册》，深陳練餉之害，帝漸悟，欲用其言，而德璟去國。甲申三月，與景昉同賜錫幣，乘傳歸，出國門十日而國亡。在閣諸臣，或死或辱，論者以二臣之去爲幸。弘光立，召德璟輔政，疏辭。又言：「先帝英武勤儉，綜核萬機，收集羣策，禮賢愛民，耿耿不遑，蓋千古勵精之主所不及，而一旦膺此異變，茫茫蒼天，真不可問。所望雪恥除凶，惟聖明中興是藉。昔晉、宋之南也，河淮以北已爲敵疆，故偏安一隅；今河淮故吾土也，頃聞賊已敗奔，一二逃將，假名行劫，中原士民，翹首王師，有如時雨。但使中外合力，文武同心，陛下命將出師，迅掃寇氛，歸於一統，則老臣雖死亦有以藉手報先帝矣。」隆武建號福州，德璟、景昉同起入直，明年八月，帝蒙難，德璟絶粒而卒。景昉歸家，至壬寅七月卒。景昉所著有《甌安館詩》三十卷、《湘隱堂集》二十四卷、《國史唯疑》十二卷。

録自〔清〕温睿臨：《南疆逸史》卷二十，第一三九—一四〇頁。

崇禎閣臣行略・黄景昉傳

黄景昉，號東崖，晉江人。登天啓乙丑科余煌榜，改庶吉士，授編修，尋陞中允、諭德，經筵日講官。丙子，順天主考。辛巳，陞詹事，掌翰林院事。壬午，以禮部尚書入閣。癸未，加太子少保，改户部。頃之請告，馳驛去。景昉恂恂雅飭，曲謹事上，雍容朝宁，内外安之，亦其際會然也。但年逾强仕，時值多艱，崎嶇里閈，良亦苦矣。

録自〔清〕陳盟：《崇禎閣臣行略》，周駿富輯：《明代傳記叢刊》第四二册，第七五六—七五七頁。

崇禎五十宰相傳・黄景昉傳

黄景昉，字太稺，號東厓，晉江人，天啓乙丑進士。壬午六月十九日，由詹事陞禮部尚書，兼東閣大學士。癸未五月，叙城守功，加太子少保，改户部尚書，進文淵閣，九月予告。乙酉隆武，以原官召用，與鄭芝龍不合，競于朝。

録自〔清〕曹溶：《崇禎五十宰相傳》，周駿富輯：《明代傳記叢刊》第四二册，第八八二頁。

南天痕·蔣德璟黄景昉傳

蔣德璟，字申葆；黄景昉，字東崖，俱福建晉江人。德璟，天啓壬戌進士；又三年，景昉亦舉進士，同官翰林。兩人皆博學强記，留心著述，文體華贍。而德璟尤長經濟，凡兵餉鹽屯諸政、九邊十二鎮山川險要，纖悉在口。廷臣共推之。壬午六月枚卜，同以禮部尚書入閣，與吴甡並命。德璟持正不阿，多所匡救。時欲用鈔法，將取桑穰四十萬於浙西諸郡，德璟力言不可。又進《御覽備邊策》，深陳練餉之害，帝漸悟，欲用其言，而德璟去國。甲申三月，與景昉同賜銀幣歸，乘傳出國門，十日而國亡。在閣諸臣或死或辱，論者以二臣之去爲幸。弘光立，召德璟輔政，疏辭。又言：「先帝英武勤儉，綜核萬幾，收集群策，禮賢愛民，孜孜不遑，蓋千古勵精之主所不及，而一旦膺此異變，茫茫蒼天，真不可問。所望雪恥除凶，惟聖明中興是藉。昔晉、宋之南也，河淮以北已爲□敵，故偏安一隅，今河淮故吾土也，頃聞賊已敗奔，一二逃將，假名行劫，中原士民，翹首王師，有如時雨。但使中外合力，文武同心，陛下命將出師，迅掃寇氛，歸於一統，則老臣雖死，亦有以藉手報先帝矣。」隆武建號福州，德璟、景昉同赴入直。明年八月，帝蒙難，德璟絶食而卒。景昉歸家，至壬午七月卒。景昉所著，有《甌安館詩》三百卷、《湘隱堂集》二十四卷、《國史唯疑》十二卷。

録自〔清〕凌雪：《南天痕》卷十《蔣德璟、黄景昉傳》，《明代傳記叢刊》第一〇七册，第五二八—五二九頁。

檗谷黃氏家譜・景昉公傳

景昉公，宗彝公三子，字可遠，又字太穉，號東崖。幼爲文，觀石公每奇之，夜飲爲加爵。十六歲，謝太夫人連歲病羸，私爲疏，叩頭籲天，願自減算母。十九歲，入泮。二十一歲，爲萬曆乙卯科中式第十六名舉人。三十歲，爲天啓五年乙丑會試中式第九十三名，廷試二甲第十八名。六月選改十八名爲翰林院庶吉士，名列第三。時逆璫肆横，御史吴裕中以言事忤璫意，杖闕下，躬撫之榻前。比歿，楚人無敢臨其喪者，獨割俸賻之。念璫焰方熾，請假歸。戊辰三十三歲，爲崇禎元年，聖政方新，還朝授翰林院編修。七月管理誥敕，充經筵展書官。十二月同纂修《熹廟實録》。三十四歲，二月充召對記注，六月再起居館編纂六曹章奏。三十五歲，五月差典湖廣鄉試，念詞林無言責寄，熟觀時事，憤慨填膺，抒發之二三場論策中。《録》出，舉朝悚歎，時貴不悦，政府烏程温公、大司馬鄢陵梁公憾甚。三十六歲，三月廷試充掌卷官，六月杪，聞太封君訃，奔歸。三十九歲，抵都，復除原職。四十歲，三月轉左春坊中允兼翰林院編修，八月補日講官暨經筵講官。同郡前輩濟濟，靡任日講官。因在講筵，每值直，講敷時時事，深得聖眷，後來綸扉之簡，實基於是。旋陞左春坊左諭德兼翰林院侍讀。四十一歲，典順天鄉試。照坊僚往例，資序應典應天，忽改順天者，輦下習煩囂，口語嘈嘈，風波易起，烏程借以相苦也。所選策仍剴直如《楚録》，加峻焉。四十二歲，三月充廷試彌封官。四十三歲，陞右春坊右庶子兼翰林院侍讀。四月遣册封江西淮府，秋抵家省母。四十四歲，築屺湘公墳，工竣還朝。四十五歲，三月充廷試受卷官，越月陞詹事府少詹事兼翰林院侍讀學士，協理府事，秋再題補經筵講官，臘月陞詹事府詹事兼翰林院侍讀學士，署掌府事。四十六歲，二月遇京察，奉有「學行素優」之旨。四月以原官改掌翰林院印，七月再題補日講。四十七歲，夏會推閣員，名列第一。踰月，召對中極殿，稱旨，陞禮部尚書兼東閣大學士，再辭，弗許。六月杪抵任，隨題充實録、會典總裁，同知經筵日講。四十八歲，陞太子少保、户部尚書兼文淵閣大學士。三疏辭，弗允。因見時事不可爲，已懷去志，值有旨裁文操臣員缺，又副都御史惠世揚部議改推輒奉旨革職，皆具揭力争，以是拂上意，遂具疏力求去。奉俞允，有「忠勤敏練」之褒，准馳驛去，仍賜路費銀三十兩，紵絲二表裏，辭朝疏猶惓惓以發章奏、惜人才、稽古遜心、詢謀舍己爲祝。方在閣時。劉宗周以直言觸聖怒，忽奉内批革職，送刑部擬罪。因念劉係累朝老成，所争執事正，倘身就牢獄，謂朝論何？於是偕諸輔臣手奉御批，躬入面奏，以律有七十收贖之條求免送刑部。上俯手接批，思移時，改云：「姑念輔臣伸救，革職爲民，免其擬罪。」此舉有昔人封還詔書遺意。其餘前後言行、事宦績，詳《福建通志·人物志》、《泉州府志·文苑志》、《明史列傳》及《和敬堂集》中。

隆武時，叙捐助功，晉勳階二級，遺陳中翰翔齋敕到家敦趨，旋有福京監國之命。最後給假抵家，決意終隱，或詢朝政，弗答。居家十餘年，以著述爲事，所著有《湘隱堂文集》、《甌安館詩集》、《讀史唯疑》、《國史唯疑》、《連蜷齋嚏言》、《古文篝卜》、《古今明堂記》、《經史對句》、《館閣舊事》、《宦夢録》、《經史要論》、《雙聲叠韻譜》、《制詞》、《奏疏》、《試録》、《講章》等書。

生萬曆二十四年丙申十一月初六日卯時，卒康熙元年壬寅七月二十二日戌時，享年六十八歲。卧病三日，絶粒不呼醫，易簀之夕，口占二詠，曰：「國亡身合殉，家破弟先歸。傷心陵北望，松栢不成圍。」一首「嬉遊皆假合，啼笑亦隨緣。耿耿孤明處，佯狂二十年。」二首索紙筆於膝上疾書，遂擲筆而逝。妣慈碩賴夫人，生萬曆二十七年己亥二月十八日戌時，卒康熙三年甲辰十一月十五日卯時，享年六十六歲。側妣張氏。先葬晉江三十二都紫美山之原，負午揖子兼丁癸，後拾瓦棺與澹叟公合葬一都鐵竈山，穴坐乾向巽兼戌辰。生四子：知白、知雄賴夫人出，出繼景昭、知古、知今張氏出。

録自《櫟谷黄氏家譜》，櫟谷村村委會藏清光緒二十六年（一九〇〇）長房家乘鈔本複印本。

南明史·黄景昉傳

黄景昉，字太稺，晉江人。天啓五年進士。改庶吉士，授編修，歷庶子直日講。嘗忤温體仁，陳啓新希體仁指劾之。崇禎十一年，上御經筵，問用人之道。景昉言：「考選不公，推官成勇、朱天麟廉能素著，不得預清華選。」又言：「鄭三俊不當久繫。」上皆嘉納。晉詹事。嘗召對，言：「近撤監視中官高起潛，關外輒聞警報。臣家海濱，將吏每遇調發，即報海警，冀得復留。觸類而推，其情自見。」上頷之。十四年，掌翰林院。時庶常停選已久，具疏請復。又請召還劉同升、趙士春，皆不報。

十五年六月，拜禮部尚書、東閣大學士。明年，加户部尚書、文淵閣。嘗因召對，力言黄道周清修博學，并其永戍窮困狀。上意動。未幾，召道周還。南京操江故設文武二人，上欲裁去文臣，專任劉孔昭。持不可，忤旨，遂連疏引疾歸。

紹宗即位，以户部、武英殿召，不赴。已遣陳翔以死力請，乃入直，加少傅。以福京潰兵山寇，兵單餉絀，根本動摇，議併事權，以憲臣節制二撫及兵道移駐福清。未幾，復告歸。永曆元年，鄭成功圍泉州，謀内應。十六年七月卒，年六十七。

子知白，字原虚。任尚寶丞。詩有才情格律。

録自錢海岳：《南明史》卷四十一《黄景昉傳》，第一九九四—一九九五頁。

乾隆福建通志·黄景昉傳

黄景昉，字東崖，晉江人。天啓乙丑進士，選庶常。時逆璫肆横，御史吴裕中以言事忤璫意，杖闕下。比殁，景昉割俸賻之，乃假歸。戊辰，授編修，纂修《熹宗實録》。轉中允，充日講官。會召對，因奏：「近日考選未協公道，推官成勇、朱天麟廉能素著，不獲清華選；刑部尚書鄭三俊四朝老臣，一生清德，以詿誤繫獄，乞從寬宥。」後與蔣德璟同日入相，尋乞假歸。所著有《甌安館詩文集》。

録自〔清〕郝玉麟、盧焯、周學建等：《（乾隆）福建通志》卷四十五《黄景昉傳》，《景印文淵閣四庫全書》史部第五二九册，第五五四頁。

同治福建通志·黄景昉傳

黄景昉，字太穉，國彦孫也。天啓乙丑進士，改庶吉士。時奄黨肆横，御史吴裕中以言事被杖死，景昉割俸賻之。崇禎改元，授編修，纂修《熹宗實録》，歷庶子，直日講。嘗忤温體仁，給事中陳啓新希體仁指劾之。十一年，帝御經筵，問用人之道。景昉言：「近日考選不公，推官成勇、朱天麟廉能素著，乃不得預清華選。」又言：「刑部尚書鄭三俊四朝元老，至清無儔，不當久繫獄。」退復上章論之，三俊獲釋，勇等俱改官。

景昉尋進少詹事。嘗召對，言：「近撤還監視中官高起潛，關外輒聞警報，疑有隱情。臣家海濱，見沿海將吏調發，即報海警，冀得復留。觸類而推，其情自見。」帝頷之。十四年以詹事兼掌翰林院。時庶常停選已久，景昉具疏請復，又請召還修撰劉同升、編修趙士春，皆不報。十五年晉禮部尚書、東閣大學士，與蔣德璟、吴甡並命。明年加太子少保，改户部尚書。嘗因召對力言黄道周清修博學，并其永戍窮困狀。帝意動，未幾，召道周還。南京操江故設文武二人，帝欲裁去文臣，專任誠意伯劉孔昭。副都御史惠世揚遲久不至，帝命削其籍。景昉具揭争，帝不悦，遂連疏引歸。國變後，家居數年卒。

録自〔清〕陳壽祺等撰：《（同治）福建通志》卷二百之四《黄景昉傳》，《中國省志彙編》之九，第三七四一—三七四二頁。

民國福建通志・黄景昉傳

黄景昉，字太穉，晉江人。天啓乙丑進士，改庶吉士。時奄黨肆横，御史吴裕中以言事被杖死，景昉割俸賻之。崇禎改元，授編修，纂修《熹宗實録》，歷庶子，直日講。嘗忤温體仁，給事中陳啓新希體仁指劾之。十一年，帝御經筵，問用人之道。景昉言「近日考選不公，推官成勇、朱天麟廉能素著，乃不得預清華選。」又言：「刑部尚書鄭三俊四朝元老，至清無儔，不當久繫獄。」退復上章論之，三俊獲釋，勇等俱改官。

景昉尋進少詹事。嘗召對，言：「近撤還監視中官高起潛，關外輒聞警報，疑有隱情。臣家海濱，見沿海將吏調發，即報海警，冀得復留。觸類而推，其情自見。」帝頷之。十四年以詹事兼掌翰林院。時庶常停選已久，景昉具疏請復，又請召還修撰劉同升、編修趙士春，皆不報。

十五年晉禮部尚書、東閣大學士，與蔣德璟、吴甡並命。明年加太子少保，改户部尚書。嘗因召對力言黄道周清修博學，并其永戍窮困狀。帝意動。未幾，召道周還。南京操江故設文武二人，帝欲裁去文臣，專任誠意伯劉孔昭；副都御史惠世揚遲久不至，帝命削其籍。景昉具揭争，帝不悦，遂連疏引歸。國變後，居數年卒。

録自李厚基修，沈瑜慶、陳衍纂：《（民國）福建通志》總卷三十四《列傳》分卷二十九，民國二十七年（一九三八）刊本。

乾隆泉州府志·黄景昉傳

黄景昉，字太穉，號東崖，晉江人。好古能文，出於天賦。七歲作「顧鴻雁麋鹿」時藝，即博贍陸離。萬曆乙卯舉人，天啓乙丑進士，選庶吉士。時璫焰方熾，御史吴裕中以言事忤璫被杖。及没，楚人無敢臨其喪，景昉割俸賻之，乃假歸。

戊辰，授編修，纂修《熹宗實録》。歷官庶子，直日講。崇禎十一年，帝御經筵，問「用人之道」，景昉言：「近日考選不公，推官成勇、朱天麟廉能素著，乃不與清華選。」又言：「刑部尚書鄭三俊，四朝元老，至清無儔，不當久繫獄。」退復上章論之，講官多助爲言。三俊旋獲釋，勇等亦俱改官。

景昉尋進少詹事。嘗召對，言：「近撤還監視中官高起潛，關外輒聞警報，疑此中有隱情。」帝諭之密奏，景昉言：「臣家海濱，見將吏每遇調發，即報海警，冀得復留。觸類而推，其情自見。」帝頷之。十五年六月，召對稱旨，由詹事與蔣德璟、吴甡並相。明年，並加太子少保、户部尚書、文淵閣大學士。嘗因召對，力言黄道周清修博學，並其永戍窮苦狀。帝意動。未幾，遂有賜環之命。操江故有文武二大臣，帝欲裁去文臣，專任誠意伯劉孔昭；惠世揚拜副都御史，久不至，帝命削其籍。景昉俱揭争，帝不悦，遂連疏引歸。計在閣十閲月，以癸未九月出都。甲申，都城陷。

唐王時，召入直。未幾，復告歸。

唐王敗後，家居十餘年，以著述爲事。文尚古奥，詩亦洪壯。有□□□□□□、《館閣舊事》、《讀史唯疑》、《宦夢録》、《經史要論》、《經史彙對》、《雙聲疊韻譜》、《古今明堂記》等書。

《通志》參《明史稿》、《東崖年譜》。

録自〔清〕郭賡武、黄任、懷蔭布纂修：《（乾隆）泉州府志》卷五十四《文苑·明文苑三》，《中國地方志集成》，第三册，第九十六—九十七頁。

乾隆晉江縣志·黄景昉傳

黄景昉，字太穉，好古能文。七歲作「顧鴻雁麋鹿」時藝，即博贍陸離。天啓乙丑進士，選庶常。時璫燄方熾，乃假歸。戊辰授編修，纂《熹宗實録》，歷官庶子，直日講。崇禎十一年，上御經筵，問「用人之道」，景昉言近日考選不公等事，尋進少詹事。十五年六月，由詹事與蔣德璟、吴甡並相。明年，並加太子少保、户部尚書、文淵閣大學士，未幾引歸。計在閣十閱月，以癸未九月出都，甲申都城陷。唐王時召入直，未幾復告歸。家居十餘年，以著述爲事，有《館閣舊事》、《讀史唯疑》、《明史唯疑》、《宦夢録》、《經史要論》、《經史彙對》、《古今明堂記》等書。

録自〔清〕方鼎等修、朱升元等纂：《（乾隆）晉江縣志》卷十二《人物志六·文苑傳》，《中國地方志叢書》，第三四四頁。

道光晉江縣志·黄景昉傳

黄景昉，字太穉。好古能文，七歲作「顧鴻雁麋鹿」時藝，即博贍陸離。天啓乙丑進士，選庶常。時閹燄方熾，乃假歸。戊辰授編修，纂《熹宗實録》，歷官庶子，直日講。崇禎十一年，上御經筵，問用人之道，景昉言近日考選不公等事，尋進少詹事。十五年六月，由詹事與蔣德璟、吴甡並相，明年並加太子少保、户部尚書、文淵閣大學士，未幾引歸。計在閣十閲月，以癸未九月出都，甲申都城陷。唐王時召入直，未幾復告歸。家居十餘年，以著述爲事。有《館閣舊事》、《讀史唯疑》、《明史唯疑》、《宦夢録》、《經史要論》、《經史彙對》、《古今明堂記》等書。

録自（清）周學曾等纂修：《（道光）晉江縣志》卷五十六《人物志·文苑傳》，福建地方志編纂委員會主編：《福建地方志叢刊》，第一三五〇頁。

著録題跋

題宦夢録

黄太穉《宦夢録》言魏藻德之驟進由於馮銓，其言足補《明史》。然藻德之福命遜於銓多矣。但太穉與李建泰善，極稱之，則失人也。建泰本有時名，故夏文忠公《幸存録》亦稱之。及觀其當大難時，特庸人耳。太穉頗譏興化受督師之命而惰，然興化之才遠在太穉之上，其督師非惰也，實當事不可爲之時耳。

録自〔清〕全祖望撰，朱鑄禹彙校集注：《鮚埼亭集外編》卷二十九《題宦夢録》，《全祖望集彙校集注》，第一三四〇頁。

宦夢録

鈔本《宦夢録》四卷，附《紛紜行釋八首》、《夜問九章》、《屏居十二課》。有高兆跋云：「湘隱先生著撰，嘗從其長公元虛教授所借觀請鈔，教授許刻成寄貽，遂載之豫章。越二載，教授客死，書散佚。吾友郭君殿見於延平，語余。訪之，僅得此四卷，命用溪衲環峰鈔歸，爲之三嘆。己巳六月七日，高兆識。」又徐釚跋云：「辛未夏，余客三山，曾從侯官高固齋所鈔得黄相國東崖《國史唯疑》□卷，今又借鈔此本，已三年矣。時康熙甲戌六月再游閩中記。菊莊徐釚。」

録自（清）吴壽暘輯：《拜經樓藏書題跋記》卷二《宦夢録》，國家圖書館藏清刻本。

宦夢録提要

明黄景昉撰。是書記崇禎朝遺事，附《紛紜行釋八首》、《夜問九章》、《屏居十二課》。是録言魏藻德之驟進，由於馮銓，其言足補《明史》之缺。但於李建泰推崇太過，則失人也。建泰本有時名，勇於敢爲，故夏允彝之《幸存録》亦稱其人。及觀其當大難，則真同兒戲，於是知知人之難也。書前有高兆、徐釚跋。

録自謝國楨：《宦夢録提要》，《續修四庫全書總目提要》（稿本）第三十一册，第四〇三頁。

其他

叙黄太穉詩義

蓋聞詩本言志，義取傳神。明興，大稱四家顯門，率繇六義。維時朝暾未啓，尚𨊠𨊠於溟波；春色將華，僅生生於蓓蕾。苞蓄淳固，異乎瓦缶錚錚者矣。自予通籍，稍聞轂音，初則白下三吴，劇心發彩；既而茗華諸秀，連袂同聲，斯一變之風騷，而百年之亨運也，郁郁乎盛哉！三十禩來，風尚浸廣。晉江黄太穉君自其先世東石、觀石、東溟公聯翩朝省，韞藉瑰奇。予猶及觀石公酒後撫掌浩歌，唏噓弔古。名門雋軌，富王氏之青箱；蘭砌芬芳，饒北平之翠竹。君幼而諳誦，長輒下帷，初試有司，便超仇耦，今秋弱冠，遂掇鄉書，羔雁一懸，衆甫自廢，當其悠然會心，汩乎興到，高若凌厲，清若漣漪，迅若先驅，舒若緩轡。似歌似些，彷凄切於湘纍；似激似依，舉美麗於漢藻。莫不風飛雲起，玉轉珠回，四顧躊躇，神行官止。若乃烏策龜文，盡供鞭箠；瑶箋怪牒，備入吐吞，擁制百城，璘霦五色，此則闚觀爲之溟涬，通人其猶病諸矣。予林卧有年，倦眸未醒，至君而重霧一披，劃如也。詩義策勳，必首君於中興麟閣，于喁吾黨，諒有契於予言。

録自〔明〕駱日升：《駱先生文集》卷二，《四庫全書存目叢書》集部第一七七册，第五一九—五二〇頁。

黄太史東崖

台丈靈心標映，高文囦雅，不肖所素知，亦海内所共知。至於正骨稜稜，崇論侃侃，近讀楚中程士之文，始識一班，而愧嚮者知之不盡也。每一展卷，輒擊節嘆服。半年碌碌，未及促膝班荆，共抒胸膈間事，亦謂聚首此中，嘉會易訂。昨過高居，門懸素旐，何以咏莪之痛毒我吉人，在台丈定傷含殮之未躬，而不肖更嗟聚散之靡恒也。思一登堂握手，復以瘠毁謝客，憑弔無從，忉怛滋切。戔戔不腆，比於徐孺之一束，惟破格鑒存，望城踴躃，壞牆綆塞。固知仁孝不能割情副禮，尚望愛此不貲，少增溢米，更於攀木之餘，毋替藏山之業，臨楮惓切。

録自〔明〕姚希孟：《文遠集》卷二一，《四庫禁燬書叢刊》集部第一七九册，第五五九頁。

答黄東厓掌院

讀手教，真社稷臣之用心也。部未必即覆，又或以一覆了事，而不實實施行，總不足救目前之禍。得台臺鼎語發明，先使端揆胸中了然，因使聖明胸中亦了然，信得舍此無他策，用此必有效，然後部覆乃爲不虚。此則廟社之靈，式賴於台臺，非區區一小臣之幸也。所諭南人或聞警而裹足，或撓之不使着手，此必有之事。但朝廷果發真信，則必立金石之令，必設董理之臣，果不起科，果授銜，果豁罪，果如李萍槎新限原主之説，則可不煩清理，而一切争執阻撓，立地自斷，惟難得如萍老其人者而行之。若津門，則馮留仙之才識允稱通敏，而河北河南，則王子房實實堪任，山東新撫公，聞其實心實才，此三公者，如可各肩其事，雖不特設總理，未爲不可也。魯、豫二省水利，未有成書，若津門、畿輔，則徐尚寶二書言之極詳，而汪司農亦屢見之奏疏。因其成算，神而明之，存乎其人，但使節鉞得人，則如盧觀象輩，聞尚有存者，召之可至，即南來冑監，亦有一二留心此事者。聞風連茹，終當有成。蓋此事見效，原在數年之後，但功效一見，卻是元氣日漸充周，把一个極窮極苦、無法可治之世界和身翻轉，無一病不消，無一美不集，便是真正中興。衍國祚於無疆，非僅補偏救弊、年挨一年而已。士伸於知己，遇老先生有俯信之意，不覺披肝露膽，實爲天下，非爲自己立言，大君子必能諒之。

録自〔明〕陳龍正：《幾亭全書》卷四十七，《四庫禁毀書叢刊》集部第十二册，第四八四—四八五頁。

候黄東厓相公乙酉

師相之在位也，身用而言不用，高躅遂飄然去之。身雖去，心未嘗不依依君側也，既去而國家禍變，遂至於此。向令一二法家拂士、識微守正者，猶得留上左右，寧坐視殞替乎？欺諛成風，醖兹酖毒，所以無商季之慘虐，無隋季之淫荒，無唐宋季之闇靡，而禍加酷焉。普天憤痛，殆無間於區區小大隱見之迹矣。海隅僻邑，去天尺五，目前情局，有不忍言。相公雖遠，得於傳述者，當復不殊。苟出而圖吾君，天之有定，非人之所能測也。每憶數年來，蒙相公之鑒拔與保護，不可枚舉，中心藏之，世世無斁之，實非此時筆舌所能宣者。出都未得一望見，歸里未得一通問，長懷耿然。適舍親之便，恭諗多福，一爵非多，舉家遥祝所寄意焉。程、朱二書，數年精力所定，實上體先皇之志而野修之，序中略言其意，相公能以清議回翔磅礴，翫繹其間，因纂以考全，因三賢以括六子，當知微意之有托也。

録自〔明〕陳龍正：《幾亭全書》卷五十，《四庫禁毀書叢刊》集部第十二册，第五三一頁。

明詩紀事

景昉字太穉，晉江人。天啓乙丑進士，改庶吉士，授編修，歷中允、諭德、庶子、少詹，進詹事，擢禮部尚書兼東閣大學士，參預機務。加太子少保，改户部尚書，進文淵閣大學士，引歸。唐王時，起原官，復告歸。國變後，家居十餘年卒。有《甌安館集》三十卷。

《國史唯疑》：文皇求張三丰愈切，而張愈固自匿。學道宜秉宿根，秦皇、漢武空褰裳濡足，況别有所假借求之乎！即復峯嶺輝煌，何足動神仙一盼？予嘗過之，詩云：「金碧酬初願，龍池動殺機。當年方外客，也護首陽薇。」頗自淡中。

《十五國風高言集》：田髩淵曰：「東厓先生詩，取境不一軌，選材不一家，曾讀其《戊子六月五日》紀事詩，後之尚論者，并可以原先生之心事矣。」

《静志居詩話》：相君務去陳言，專尚新警，其近體尤雕繪。如《侍楚王宴》云：「隆準衣冠高帝後，夥頤宮闕大江濱。」《登太和絶頂》云：「天野星躔包兩戒，國朝嶽瀆視三公。」《南臺燕集》云：「仙家閬苑琉璃浦，《禹貢》揚州篠簜田。」《贈友》云：「少從魯國稱男子，家近茅山得異人。」《壽樊叟》云：「公餘稺子燒松液，酒半材官舞蔗竿。」《集北郭草堂》云：「誰邀玉佩神仙客，自唱清歌《菩薩蠻》。」《答友》云：「枚叔賦遊梁上苑，伏生書重漢西京。」《寄友》云：「以吾一日長乎爾，如此三星粲者何？」要不作沿襲語。

《龍性堂詩話》：東厓先生當革代時，《有感》限韻詩八十二首，中如「有淚銅人甘戀漢，無情玉馬苦朝周」，「罍尊醉益看花感，絃管淒增落葉哀」，「元亮詩成題甲子，伯仁宴罷泣山河」，「春去尚憐望帝魄，信來誰答子卿書」，「雁横塞北昭君恨，花發江南庾信哀」，「唬鳥也知亡國恨，汗牛空信古人書」，「達官虚負白烏恨，狂客實含朱鳥哀」，「枯魚此日將書至，旅雁何年繫帛回」，哀聲險韻，不堪多讀。

《和敬堂集》：追維辛巳、壬午時，沸如蜩螗，天子疑於上，黨與成乎下。温陵二相，同日入政府。當遇巷之時，正人獲罪，如石齋公禍幾難測，東崖先生經筵申救，必霽而後已。於是不自安，不旋踵謝歸。所留連往復於本朝之故，一切寄意於單詞寸牘中，名曰《國史唯疑》。其文約，其旨該，顧甚惜，不以示人，獨留其副於高雲客氏。雲客，公之高足弟子也。滄桑之後，雲客以授林同人、吉人兄弟，同人又授鄭公允幾亭及予，於是三山始有鈔本，凡四家。先是公林居，余小子曾趨侍甌安館累晨夕，貽詩有「聲名轉大憂方始，文網多繁夢未安」之語，蓋猶有疊山對客之恨焉。韜光以來，更歷二十餘載，山川如故，夢若隔塵，手捧遺編，撫膺洒涕。

《榕城詩話》：晉江黄太穉景昉，天啓進士，後登槐鼎，著有《甌安館詩》及《鹿鳩詠》。其自序云：「徒以身叨禁從，出言有章，意欲斟酌情文，謬附於昔人和合朝野之誼。」此言可以爲館閣言詩之法。

田按：太穉博通當代掌故，所著《國史唯疑》，持論具有條理，爰立如此，可謂得人，乃不久而罷。思陵之不足與有爲可知矣。《甌安館詩》取法晚唐，輕俊鮮妍，於閩人成派別開生面。

録自（清）陳田輯撰：《明詩紀事》辛籤，卷十八，第三二五四—三二五六頁。

晉江縣志

晉江黄相國東崖，余曾見其所著《國史唯疑》於周元亮先生署中。書約一尺許，所載皆前明典故。蓋相國久典著作，晚席端揆事節，皆所目擊，固信書也。元亮先生曾許爲之刻行，卒不果。今相國既作古人，而周先生亦下世三載，不識此書相國家尚存副本否？相國於更代後，酒後風生，不無觚稜之感。與元亮先生席中曾一牴牾，繼各以啓事謝過。周先生啓中有曰：「傳書之約，老人幾怒其後期。」又曰：「不覺清酒三升，狂談遽發。」蓋道實也。近見相國長公知章云：「舊書經亂散失不全。」李子化舒云：「三山高雲客抄有副本。」《仁恕堂筆記》

黄東崖相國和予寄周芮公先生詩，中一聯曰：「徵書鄭重眠餐損，法曲淒涼涕淚横。」知己之言，讀之感歎。《梅村集詩注》

東崖先生詩如山水然：連岡叠嶂，逶迤平遠，中間亦有奇峰仄澗，深巖複壁，使遊者窈窕而忘歸。又如園墅然：前堂後榭，靚深宏敞，復有邃庭曲廊，層軒精舍，使過者紆迴而迷復。蓋其取境也不一軌，選材也不一家。以川嶽之精靈，寫浩蕩之胸臆。小儒戔戔，何足擬之？曾讀其《戊子六月五日紀事詩》，後之尚論者，並可以原先生之心事矣。

東崖先生相業名德著聞海内，予束髮即誦其文章，迄今三十年未嘗一日忘高山之思。今獲讀長公知白詩，綺合霞蒸，飛瓊戛玉，才情格律，俱極其妙，乃益信風雅之有箕裘，而盛德之必昌後也，不禁掩卷嘉歎者久之。《高言集》

右四則録自（清）周學曾等纂修：《（道光）晉江縣志》卷七十六《雜志下》，第一八四四—一八四五頁

年譜簡編

黄景昉，字可遠〔一〕，又字太穉，號東崖，〔二〕福建晉江人，是崇禎五十相中少數能「克保令名者」〔三〕，且宦績貫穿於啓、禎兩朝，自編修以至宰輔，幾與崇禎一朝相終始。南明隆武時期，唐王以其「敏慎弘亮，才堪救時」〔四〕，力爲起復，後因與鄭芝龍不合，〔五〕且見局勢已無可挽回，遂于隆武二年八月再次致仕。迄今爲止，學界對黄景昉的研究尚顯不足，僅限於對其生平的簡單介紹，〔六〕並且多本之《明史》本傳，故而其生平仍然模糊不清。黄景昉從政生涯大部分在崇禎一朝，長期任職于翰林院、詹事府，而崇禎一朝無實録，史事記載多有闕漏、未詳、舛誤之處，因此，通過對黄景昉生平的考證，既可還原其生平，且能借此將之與其相關的崇禎朝史事補正。故本文擬以《檗谷黄氏家譜》爲主線，輔以《國史唯疑》、《宦夢録》、《館閣舊事》及《屏居十二課》等黄氏著作，參酌《國榷》、《明史》、《崇禎實録》、《崇禎長篇》等史書，以年譜簡編的形式補正黄景昉生平。管見所及，未能周備，疏漏舛誤之處，祈請方家教正。

萬曆二十四年丙申（一五九六），一歲

十一月初六日卯時，黄景昉生。

按：景昉生卒年月及時辰見《檗谷黄氏家譜・景昉公傳》。〔七〕

祖父黄國彦，字士美，號觀石，素有才學，舉隆慶丁卯鄉試第七名，授新甯縣令，歷官泗州知州，改全州通判，終崇府左長史。爲新甯縣令時，豁田賦，均徭役。爲泗州知州時，由於該州刑法嚴於他州，故「悉輕弛之」；又該州「歲苦澇」，則「預爲修賑」。黄國彦卒于萬曆三十七年七月二十七日，享年六十九歲。後崇祀廣州府名宦祠，追贈資政大夫、太子少保、户部尚書兼文淵閣大學士〔八〕。

父黄宗彝，字秉甫，號屺湘，爲黄國彦次子，卒于崇禎四年辛未四月癸酉〔九〕，享年六十二歲。後追贈資政大夫、太子少保、户部尚書兼文淵閣大學士。

母謝氏，爲萬曆庚辰進士謝吉卿之女。謝氏課督諸兒，縱令力學，每出就試有司，爲浹旬不寐，試場屋，爲浹月不寐。對諸兒爲政亦有期許。長子景明爲長樂縣令，戒其勿煩刑。景昉經筵召對，面救鄭三俊，崇禎皇帝不納，切責三俊欺罔。聞信，闔家皆驚，謝氏則笑曰：「爲講臣不當如是耶？」謝氏卒于順治十二年乙未八月十二日，享年八十四歲。〔一〇〕

按：景昉自述曰：「余外祖海鹽令謝公吉卿，舉萬曆庚辰進士第五人。」〔一一〕（《宦夢録》卷一）

景昉昆季共五人，長兄景明，字可文，號澹叟，生於萬曆十八年。崇禎甲戌聯第進士，授長

樂令，擢禮部儀制司郎，督學廣西，遷浙江金衢兵巡道、布政使司右參議，崇禎十七年辭官。是年七歲。〔一二〕

次兄景曄，字可發，號餘庵，生於萬曆十九年。善文辭，後以鴻名碩學被授爲温州別駕。是年六歲。〔一三〕

四弟景昭，字可沖，號晉叔，萬曆三十四年丙午（一六〇六）八月三十日辰時生，後爲縣學生，隆武時薦授海陽縣令，之官三月即以世事日非辭官。〔一四〕

季弟景嘻，字可亭，號航厓，萬曆三十九年辛亥（一六一一）八月初八日卯時生，天啓六年受知于葛寅亮，補弟子員，崇禎十四年特拔爲廩膳生員。順治年間連開科舉，「不復問浮名」，歸隱於家。其妻子陳孺人爲進士刑部尚書陳道基孫女。〔一五〕

萬曆二十七年己亥（一五九九），四歲

二月二十八日戌時，景昉妻賴夫人生。賴氏卒於康熙三年（一六六四）甲辰十一月十五日卯時，享年六十六歲。〔一六〕

萬曆二十八年庚子（一六〇〇），五歲

萬曆三十年壬寅（一六〇二），七歲

景昉自幼好古能文，幼爲文，祖父黄國彦每奇之。〔一七〕

按：《家譜》於此處記載無確切年代，故系於此。

作「顧鴻雁麋鹿」時藝，即「博贍陸離」。〔一八〕

萬曆三十七年己酉（一六〇九），十四歲

七月二十七日，祖父黄國彦卒，享年六十九歲。〔一九〕

萬曆四十一年癸丑（一六一三），十八歲

景昉入泮，黄瑞台爲其業師。〔二〇〕

萬曆四十三年乙卯（一六一五），二十歲

景昉應鄉試，中式第十六名。〔二一〕鄭三俊爲其督學師，來宗道、姜性爲鄉試座師，徐觀復則是其鄉試房師。

按：《宧夢録》卷一云：「太宰鄭公三俊爲余督學師」、「嘗謁座師蕭山來公宗道」、「太僕姜公性，余副座師」、「禮部徐公觀復，余鄉試房師也」。《國史唯疑》亦云：「余鄉試房師徐觀復禮部語余：『前令仙游，以事與督學鄭公三俊左，卒爲所賞。』」〔二二〕

景昉所作鄉舉試文爲刑部尚書蘇茂相所稱讚。

按：《宧夢録》卷一云：「司寇蘇公茂相，初得余鄉舉牘，頗見奇，手柬奬藉，特治具款余。」

萬曆四十四年丙辰（一六一六），二十一歲

景昉會試落第。

按：《屏居十二課》自述：「余少爲家貧所累，公車十載，備歷苦景。」由此可見黄景昉不止一次參加過會試。

萬曆四十七年己未（一六一九），二十四歲

景昉會試再次落第。

按：《國史唯疑》記道：「己未二月午後，風雨驟作，黄塵赤霧四塞，天色晦墨如深夜。余時以計偕寓邸中，業上燈矣，徐乃漸明。未幾，而四路潰師報至，正其日也」。〔一三〕

天啓五年乙丑（一六二五），三十歲

二月，景昉會試中式第九十三名，〔一四〕與余煌、劉垂寶同出羅尚忠之門。

按：《宦夢録》卷一云：「都諫羅公尚忠，貴池人，余乙丑春遇之少司農鄭公三俊邸中，以鄭爲同里姻，遜余揖。鄭目余，笑謂羅曰：『此闈中名士，公且入闈，得此公焉。足矣。』比榜放，果出師門。師最精鑒識，所得士爲一時冠，鼎元余公煌、庶吉士劉公垂寶本《春秋》房孔公貞運落卷，師爲搜出之，二公終身執門人禮惟謹。」

廷試二甲第十八名。〔二五〕

按：《宦夢録》卷一記乙丑科廷試情形云：「乙丑廷試，初擬翁公鴻業第一，以其卷有『崩析』二字，不便進讀，已之。」

六月庚子，考選庶吉士，黄景昉名列第三。〔二六〕其詩文爲館師丘士毅、李康先所器賞。〔二七〕

按：景昉選爲庶吉士雖爲崔景榮所首識，實定自薛三省，「太宰崔公景榮，余觀政，恒肅揖堂前。屬試庶吉士，公分閲闈卷，首拔余。時少宗伯薛公三省與聯坐，公以閲卷事委之，實定自薛公手。」大學士魏廣微對其亦頗有賞識之意：「南樂魏師廣微，在閣殊不滿輿論，其人實清肅，班役輩無敢横索一錢者。頗留意人材，臨庶常試，舉省直知名士密先疏記，試日躬出巡行。過余及同鄉黄公文焕几前，各駐視少頃。會日暮，師以腹痛出。」

改選庶吉士謝恩禮，景昉由於到場稍遲而待罪，爲熹宗所宥免。《宦夢録》卷一云「庶常初謝恩，余與同年丘公瑜、李公覺斯、張公維機到稍遲，合疏待罪。得旨，念係新進書生，宥之。余《紀誤》詩有云：『因思適館初，獲事熹皇帝。同舍三四郎，大昕仍摇曳。』蓋追詠是也。」

八月壬午，詔毁天下書院。

是月，熊廷弼棄市，傳首九邊。

十二月，景昉割俸金賻吴裕中。初，御史吴裕中劾丁紹軾，閹黨借魏忠賢之力，矯旨廷杖吴裕中于闕下。裕中卒，因畏懼閹黨，無人敢臨其喪，唯景昉割俸金賻之。

按：參見《宦夢録》卷一第33條。

天啓六年丙寅（一六二六），三十一歲

正月，修《三朝要典》。

二月，以蘇杭織造太監李實奏，逮周起元、周順昌、高攀龍、繆昌期、黄尊素等。

五月，黄景昉請假歸，爲該批庶吉士之首。事因兹時璫焰方熾，景昉憂憤，無仕宦之意。

按：黄景昉雖呼魏廣微爲「魏師」、丁紹軾爲「閣師」，但景昉不黨于魏忠賢，對閹黨中人亦有意遠之，而對奉承魏閹者，景昉更是嗤之以鼻，《宦夢録》卷一第32條、第37條無詳細月份，故繫於此。

六月，《三朝要典》成，刊佈中外。

是月朔日，景昉爲劉光復《全集》作序。

天啓七年丁卯（一六二七），三十二歲

里居。

七月，庶吉士散館，景昉同年楊汝成、閃仲儼、馬之驦、劉垂寳俱以門户削籍爲民。

按：《宦夢録》卷一：「得散館報，同年削籍四人，或以梓里，或以師門，内亦有不可知者。庶吉士原以書生作養，未隸品官，何職可削？亦苛繩及之。朝議淆極，業預知其不久矣。」可見景昉對此甚爲不滿。

八月乙卯，熹宗崩，年二十三。遺詔以皇弟信王由檢嗣皇帝位。

十一月甲子，安置魏忠賢于鳳陽。己巳，魏忠賢宿阜城尤氏旅舍，其黨密報上旨，忠賢知必不免，自經死。

崇禎元年戊辰（一六二八），三十三歲

還朝。

按：景昉還朝未有確切月份，故繫於此。《宦夢録》卷一云：「逆閹誅，海宇歡聲雷動，余尚未萌出山意。會戊辰元旦，具章服拜慶，覺家嚴色微不懌，緣登極恩詔，諸同年多榮，所生庶常未授職，二尊人尚仍初服，所邑邑者此耳。久之，詢知王公建極、李公建泰各赴京題授有成命，余始黽勉爲趣裝計。」

六月戊戌，授翰林院編修。

按：《崇禎長編》載：「授庶吉士黄景昉爲編修。」〔二八〕

七月，管理誥敕，充經筵展書官。〔二九〕

按：此記載不見於史傳、方志，惟見《家譜》。

是月癸酉，袁崇焕召對平臺，景昉親見其人。〔三〇〕

按：《宦夢録》卷一云：「督師袁崇焕召至，自詡五年滅寇，舉朝聳動。嘗于會極門宣賜蟒衣玉帶等物，袁固辭云：『自來督臣只爲貪却蟒玉誤事，倘此行稍放尺寸，受未遲。』堅伏地不起，旁内璫譬曉之：『即辭宜具疏，無面却理。』始罷。余時偕李公建泰爲捧敕官，見其人，面如黄葉，昂首結喉，瞻視速，疑非成功相，私憂之。不兩年旋驗。」

十二月，同纂修《熹廟實録》。

崇禎二年己巳（一六二九），三十四歲

二月，以編修供役經筵展書。

按：《館閣舊事》卷上云：「展書官用編、簡資淺者二員，候講官出至講案，同出銅鶴□□立。講官叩頭訖，東展書官一躬，進至御案前，跪，膝行，手將講章展開，用金尺壓定。退，起身一躬，仍於銅鶴下立，收講章亦如之。西展書官次進，同前儀，例只一展一收，崇禎己巳二月，余忝供役，值講官倪元璐講章長，特再進前展。舊講章滿十二幅，以御案爲度，未有踰是者，事屬創見。」

四月丁未，爲記注官。〔三一〕

按：充任召對記注官的情形，參見《宦夢録》卷一第69、78二條。

六月，在起居館編纂六曹章奏。〔三二〕

按：張岱《石匱書後集》載：「(黄景昉)歷官中書，知起居注、編纂誥敕，諸所撰誥敕尤爲時所傳誦。」

十二月，召袁崇焕於平臺，下錦衣衛獄。

是年，景昉親訪申甫，知其師出必敗。

按：《宦夢録》卷一云：「庶吉士金聲、劉之倫請對，薦申甫才任將。即召見，拜副總兵。擢劉兵部侍郎，金改御史，監其軍。申甫本遊僧，好大言，余偕李公建泰、閃公仲儼夜訪之，西字臉，舉止猥陋，動稱犁庭掃穴，業知必敗。比師出，流丐、戲子皆從，未至盧溝橋戰潰死；劉趨援遵化，至白草頂，矢貫腦死；金謝病歸。聞二公素師事吾閩人柯仲炯，柯舊從董公應舉屯田，一妄男子耳。」

崇禎三年庚午(一六三〇)，三十五歲

五月，景昉與吏科給事中鍾炌主考湖廣鄉試，因試録砭切時政，致大學士温體仁、兵部尚書梁廷棟憾甚。

按：《家譜》本傳云：「五月差典湖廣鄉試，念詞林無言責寄，熟覩時事，憤慨填膺，抒發之二三場論策中。《録》出，舉朝悚歎，時貴不悦，政府烏程温公、大司馬鄢陵梁公憾甚。」〔三三〕《宦夢録》卷一云：「總憲鍾公炌，以給諫偕余典楚試，周慎詳穩。覩余《試録》中多鯁切語，屢相嫉訕。余媿謝其意，究亦不能從也。……司馬梁公廷棟自邊道拔任中樞，方以逐寇自功，覩余《試録》有『逆寇遁北，爲上威靈變化，諸臣無能發二策』等語，怒甚。温公體仁亦銜鯁刺，必欲處余。宗伯李公騰芳爲楚人，都諫鍾公炌爲同事，持不可。鍾爲余言，一日謁見，温聲色俱厲，云：『部科不肯任怨，該參的不參。』時盛傳温欲處南直、湖廣試官，指余及姜公曰廣言也。」

鄉試放榜次日，與鍾炌、黄宗昌拜謁楚王。

按：景昉認爲此楚王即爲楚恭王之子，非假，並對萬曆年間所争的「楚宗案」持否定態度。《宦夢録》卷一云：「放榜次日謁楚王……即三十年前所喧争假王也。余以汝陽眉宇驗之，殊非假，不審諸公昔何緣作許葛藤。」並親訪吴裕中家「庚午，典楚試，過其家，蕭然立壁耳。屢屬余誌其墓，未果。」

鄉試返程，景昉沿途觀覽景陵、襄陽、武當、信陽等各處名勝。

入朝後，景昉爲姚希孟所稱讚，並以意氣相期。

按：《宦夢録》卷一云：「詹事姚公希孟，高持清議，嶽嶽少許可，於余初亦淡然耳。

自楚歸，遂承獎飾，深以意氣相期。」

八月，殺袁崇焕。

崇禎四年辛未（一六三一），三十六歲

三月，廷試，充掌卷官，親見陳于泰、吴偉業、張溥試卷。

按：參見《宦夢録》卷一第54、109條。

四月卅日癸酉，景昉父宗彝卒，聞訃奔歸。

五月朔，因久旱，崇禎皇帝躬出南郊祈雨，景昉爲導駕官。

按：《宦夢録》卷二云：「辛未春，久旱。五月朔，上躬出南郊步禱，史館充導駕官，余與焉。先一夕，宿右掖門外，候黎明駕出，忽徧體狂熱，神驚肉戰，終夜不成寐。晨逐隊踉蹌，幾仆，不揣何故？是夕爲先嚴大故之期。」

八月，刑科給事中吴執御疏劾周延儒，並及延儒欲以楚録事斥逐黄景昉。景昉辨斥逐之事，實爲温體仁，非周延儒。

按：《明儒學案》記此事云：「塘報、奏章，一字涉盜賊，一字涉邊防，輒借軍機，密封下部，明畏廷臣摘其短長，他日敗可以捷聞，功可以罪按也。詞臣黄道周，清嚴不阿，欲借《試録》處之，未遂其私，則遷怒儀部；黄景昉《楚録》，箴砭異同，必欲斥之。」[三四]《宦夢

録》卷一云：「周公延儒在閣日，雅以文事知余，躬求余誥命。余聞訃歸，特賜吊。歸後閲給諫吴公執御疏云：『以《楚録》砭切異同，欲逐詞臣黄某。』周辨揭云：『詞臣何仇而至欲逐之。』余愕然，當時下石余屬烏程，非屬宜興。雖默感給諫意，而亦以其言爲失實也。」

自是年始，景昉家居二載，不復問人事。

崇禎五年壬申（一六三二），三十七歲

里居。

崇禎六年癸酉（一六三三），三十八歲

是年秋，長兄景明應癸酉科鄉試，中式第十名。

按：《宦夢録》卷二云：「余以辛未夏奔父訃歸，家居二載，不復問人世事。值癸酉秋，伯兄可文舉於鄉，始出與應酬。」

林胤昌講「旦氣之學」於「在茲堂」，景昉爲其堂題聯。

按：景昉自記有云：「選部林公胤昌，開講社筍江壇側，孝秀多從者，余爲題堂聯云：『泉山群拱紫，襟江帶海，斯文重遇在茲時；閩學首尊朱，窮理致知，吾黨更觀未發處。』稽閩學始楊龜山，以静觀喜怒哀樂未發氣象爲宗，至紫陽微屬轉解。今人率遵朱遺榻，有沿流忘源之弊，故聯語及之。」又云：「兵憲曾公櫻嘗於講社極言：『士大夫宜安貧。』余曰：

『以愚所見，祇安富足矣。』曾駭問何故？余曰：『公試觀海内仕紳，那箇是真貧的？自通籍後，誰無數畝之田，數椽之屋，但肯安心於此，勿復生事旁求，即以稱賢士大夫可也。』座頗稱善，謂余言陰中世情。」〔三五〕

崇禎七年甲戌（一六三四年），三十九歲

抵京，復除原職。

按：景昉《甌安館詩集》卷十九有《先封史誕辰寔值中秋余以乙卯舉於鄉歲閏八月得馳觴為壽去之二十年甲戌伯兄可文成進士歸適中秋再閏而先封史不復作矣涕述寄仲兄可發兼示可沖可亭二弟》，又曾異撰《紡授堂詩集》卷八有《秋日黄可遠太史道過三山納姬姬爲鄭解元之後幾淪落吾友文忠公孫葉君節收而嫁之走筆爲花燭詩紀事》，且曾氏該詩係於甲戌年，則景昉自里中返京當在是年秋後。

十二月，蔣德璟因涉崇禎六年南直隸鄉試「鄭雅孫等七卷策論多用禪語」事〔三六〕，景昉求解于錢士升。

按：《宦夢録》卷二云：「同邑蔣公德璟以癸酉南闈事回奏，時主考丁進業革職，勢垂劇。余詣錢公士升邸，力言之。既得旨，錢貽余札云：『令親事已奉處分，及於寬政，皆聖恩也。先此奉慰。』蔣得降級照舊，實錢公偕何公吾騶力。時温公體仁病，王公應熊被糾，同不

入直，不然事正難測耳。」

是年，長兄景明會試聯捷，中五十一名進士。〔三七〕

崇禎八年乙亥（一六三五），四十歲

三月，轉詹事府左春坊左中允兼翰林院編修。

按：《國榷》卷九十四「思宗崇禎八年正月庚申」記：「進姜逢元太子少保禮部尚書，李建泰、黃景昉、張維機、丘瑜爲左右諭德。」有誤。《家譜》記「四十歲，三月，轉左春坊中允兼翰林院編修」更爲準確。據《明史·職官志二》載「按詹事府多由他官兼掌。天順以前，或尚書、侍郎、都御史，成化以後，率以禮部尚書、侍郎由翰林出身者兼掌之。……嗣是，出閣講讀，每點別員，本府坊局僅爲翰林官遷轉之階。」〔三八〕可知詹事府坊局「僅爲翰林官遷轉之階」。又張岱《石匱書後集》卷十三《黃景昉傳》記景昉曾「陞左中允」，故景昉先陞左春坊左中允兼翰林院編修，而後再陞任左諭德。

八月，補日講官暨經筵講官。

按：《宦夢録》卷二載景昉初充日講官時的窘迫狀云：「初，余題日講官，窘甚，念平日捧敕御前，手猶微戰，兹保無隕越羞。既未繇辭免，祇得黽勉供事。盤辟前，牙籤在手，直信口講去，毫無懼意，緣事急併競，懼亦所不遑，始知蘇子瞻所云：『樂事可慕，苦事可畏，此未至時心耳。及苦樂既至，以身履之，求畏慕初不可得。』數語妙甚，明乎畏慕之猶屬第二念也。」

十一月，文震孟、何吾騶因忤首輔温體仁而去職〔三九〕，景昉爲其送行。

按：《宦夢録》卷二記文震孟、何吾騶去職緣由：「吴門文公震孟在講筵專講《春秋》，上每傾聽，亦以其神采英毅異恒人，故入閣。甫踰月，會太宰謝公陞疏攻許都諫譽卿，閣擬重譴，公力捄不能得，微愠，云：『諫官獲革職爲民，是極榮事。』温公體仁怒，遽以上聞，謂股肱心膂之臣，作此違禮蔑法之語。得旨，閑住去。余輩送之郊。……香山何公吾騶亦坐吴門累，罷歸。」

崇禎九年丙子（一六三六），四十一歲

正月，陞左春坊左諭德兼翰林院侍讀。

按：《家譜》未記詳細月份，僅記「旋陞左春坊左諭德兼翰林院侍讀」，惟張岱《石匱書後集》記「丙子，轉左諭德」。而據前文分析，可推測《國榷》卷九十四「崇禎八年正月庚申，進姜逢元太子少保禮部尚書，李建泰、黄景昉、張維機、丘瑜爲左右諭德」中，黄景昉的陞任當在九年正月，而非在八年正月。又，景昉在崇禎九年爲周如砥《道德經集義》所作的傳後，署「左春坊左諭德兼翰林院侍講晉江黄景昉撰」，亦證崇禎九年景昉任此職。〔四〇〕

四月，大學士錢士升乞休，景昉爲其送行。

按：温體仁忌憚錢士升，故陰謀以吴鯤化訐奏其弟錢士晉之事逐之。同時，錢士升因所上「四箴」及擬重處武生李璡事而積忤于崇禎皇帝，故而力請乞休。景昉爲其送行，錢氏則以「世道人心爲囑」，見《宦夢録》卷二第10條

九月，黄景昉與閔仲儼主考順天鄉試，其所選策仍剴直如《楚録》，且加峻焉。

按：舊例，黄景昉應主考應天鄉試，由於湖廣鄉試試録得罪首輔温體仁，故特改其主考順天鄉試，因「輦下習煩囂，口語嘈嘈，風波易起」。楊士聰《玉堂薈記》亦云：「自庚午姚現聞希孟以中式生被處，北闈遂爲畏途。蓋輦轂之下，議論易生，風波易起也。」(四二)

又按：《館閣舊事》卷上記此次鄉試云「丙子北闈，余先率諸同考，告天矢誓曰：『王畿首善，大比賓賢，務得真才，以光盛典。凡我同事，矢慎矢公，如或懷私，明神鑒殛。』後風波屢起，部科吹求，聞先帝宫中，至懸金募發憒情弊，究莫能點者。即余於《易》、《書》落卷搜取三人，内一係同鄉不爲嫌，總心事皦然。」

又按：此次順天鄉試，本因清軍入寇而議改期，後偵得清軍已出關，而改在九月二十九日，《國榷》記云：「己巳，順天始鄉試，主考□□黄景昉□□閔仲儼。十月榜出，百二十四人，例百五十五人，時真定、保定、永平之士被警不至。」(四三)對於鄉試的考試、閱卷情形，《宦夢録》卷二云：「北闈考試官出東長安門，乘輿詣順天府宴，宴罷入闈，比撤棘，仍騎馬歸。

次日宴，往返亦如之。闈中略倣會試體，用中書官寫白紙題捲入大竹筒，加小銅鎖，外黄絹裝裹，具香案拜，府丞鼓樂接出進呈，始闔闈試。填榜夕，先畫格填號呼『草榜』，余紀事詩『烏絲畫榜馳爲帖，黄袱裝題鎖入筒』指是。……闈中例，房考呈卷，主考閲定去取，落卷從無經目者，意省煩，亦避形跡。余不可，悉取《易》、《書》二房皿字號落卷繙閲，《易》拔張羅俊、王龍賁，《書》拔葉永華。……其不能遍及他經者，職也；即一經落卷，僅能閲皿字號，而不能遍及於貝字號者，勢也。僅此三生已費余多方曲折矣。王爲同郡人，亦無疑者，大都心事皦然。」

是年，景昉因鄉試解元卷「文體荒謬」降二級。事緣鄉試榜出，景昉以馬之驪爲解元，下第者吹索字句，大學士温體仁令陳啓新以「文體荒謬」疏劾黄景昉，以致景昉與閃仲儼同降二級，馬之驪停四科會試。

按：陳啓新彈劾景昉事，《崇禎實録》記在崇禎十年十二月戊辰、《國榷》記在崇禎十年十二月戊午，皆誤。依黄景昉的自述及《明史》所言，則此事必定在温體仁當政之時，而體仁在十年六月已致仕，十一年七月卒，則可證此事必定不在十年十二月，筆者推斷當在順天鄉試之後，丁丑科會試之前。

景昉于陳啓新之彈劾，雖疏辨道：「吏科無衡文之權，啓新非知文之士，擅肆譏評，殊屬

厚顏。」但崇禎皇帝以「御筆塗吏科句」，最終，馬之驪停四科會試，黃景昉降級。〔四三〕

對於陳啓新的彈劾，《宦夢録》卷二解釋云：「陳啓新疏摘北闈元卷，自有公論，事緣大理少卿史𡎴爲北畿要人，其姻親靡入彀者，憾甚，陳即史武舉門生。史與政府厚，部科惴惴，百計求悦其意。聞上於宫中懸金募發科場弊，廠衛大無所得，僅以一胡維孚應命，復於余無涉。會史忽丁艱去，風波始息。」

崇禎十年丁丑（一六三七），四十二歲

三月，充廷試彌封官。

六月，大學士温體仁引疾免。

是月望日，景昉爲趙用賢《松石齋集》作序。

崇禎十一年戊寅（一六三八），四十三歲

正月，陞詹事府右春坊右庶子兼翰林院侍讀。

按：《國榷》記云：「張四知爲禮部左侍郎，協理詹事府，王鐸爲詹事，余煌、華琪芳、黃景昉爲左右庶子。」〔四四〕《家譜》則記：「陞右春坊右庶子兼翰林院侍讀。」其中，景昉兼任「翰林院侍讀」的記載，僅見於《家譜》。

二月，崇禎皇帝御經筵，問用人之道，黃景昉因面奏言鄭三俊「四朝元老，至清無儔，不當久

繫獄」，並言成勇、朱天麟「廉能素著」，不得獲考選，爲考選不公。三俊旋獲釋，成勇、朱天麟俱改官。〔四五〕

按：景昉自述其與成勇「僅一識面」、與朱天麟則「並面未識」，見《宦夢録》卷二第63條。

四月，遣景昉册封江西淮府，册封禮畢即行，盡卻淮府饋贈。

按：景昉自記云：「淮藩册封禮竣，讌殿上，具太牢用樂，饅頭大如車輪，王坐立南向，揖必三。越日，爲曲宴，宣勸甚勤，始終不出一語，疑藏拙。然淮故貧藩，宴辦自所封郡王手。余趣辭去，僅留二日，領瓷器數種而已。」〔四六〕《石匱書後集》則云此次册封「省貧藩無算」。

又按：景昉遣册封江西淮府，實緣于首輔張至發「嫉忌」。張岱《石匱書後集》載景昉疏奏成勇、朱天麟考選不公後，「首揆益加嫉忌，景昉即以封差行。」此時首輔爲張至發，舊黨于温體仁，而張與田惟嘉有師生關係，史𡎺與田維嘉亦有關係，景昉順天鄉試已得罪史𡎺，而疏奏考選，則既爲吏部尚書田惟嘉所恨，亦爲首輔張至發所「嫉忌」。從《國榷》的記載即可看出張、田、史三者關係：「檢討楊士聰論陸自嶽、沈迅、張若麟鑽營，命覈三人治狀。于是，吏部尚書田惟嘉奏辨，項煜又論之。士聰劾惟嘉諱三人之罪，開復考滿裁俸日月，欺蒙有據，及前太僕寺少卿史𡎺通關佈置。命若麟及史𡎺各回奏。唯嘉于張至發爲師生，史塋特虎而鶩，父喪家居，頤指諸大吏爲威福，人莫敢言。」〔四七〕而黄景昉之所以没被吏部尚書田維嘉彈劾，則是由於内閣誤傳爲楊廷麟所奏，楊氏因此遭田維嘉誣陷，《宦夢録》卷二云：「余既以經筵面對成公勇、朱公天麟不宜先轉部曹，上著閣臣傳吏部察奏。時閣傳偶誤，以余奏爲編修楊公廷麟奏，冢宰田公唯嘉恨楊甚，遂摘江右考選某事誣楊，經楊疏辨明，田始知誤，不便再改口攻余。」

五月，景昉爲凌義渠《奏疏》作序。

六月，經萬年縣，景昉得知楊嗣昌、程國祥、蔡國用、范復粹入閣，因此數人非輔弼之才，爲悵惘累日。

按：參《宦夢録》卷二第80條。

秋，抵家省母。

冬，黄景昉作《鹿鳩詠序》。

按：序文參見《詩文輯存》。

崇禎十二年己卯（一六三九），四十四歲

是年，景昉築其父屺湘公墳，工竣還朝，逼臘入都。又，據《宦夢録》卷二載，是年景昉深受「匿名貼」之謗。

崇禎十三年庚辰（一六四〇），四十五歲

三月，充廷試受卷官。

案：景昉嘗記庚辰科廷試情形，參見《宧夢録》卷三第12條。

是月，崇禎皇帝下詔撤各鎮監視中官，高起潛亦在其中，但其擁重兵關外不願撤回，大臣慮有變，而無敢言者，景昉召對力言此事。

按：《石匱書後集》記云：「庚辰（十三年），差竣報命，轉少詹事，同詹翰官入對。時太監高起潛擁重兵關外，驟撤回，未至。中外慮有他變，無敢言及者。……景昉面對時，即昌言御前，以『才撤回監視，而遼撫即有警報，疑此中或有隱情。』」〔四八〕《明史》本傳亦云：「嘗召對，言：『近撤還監中官高起潛，關外輒聞警報，疑此中有隱情。臣家海濱，見沿海將吏每遇調發，即報海警，冀得復留。觸類而推，其情自見。』帝頷之。」〔四九〕

四月辛酉，陞詹事府少詹事兼翰林院侍講學士。〔五〇〕

按：景昉以少詹事署理府事，並負責考察屬員，詳參《宧夢録》卷二第91條。

五月，大學士姚明恭致仕，景昉爲其送行，適聞崇禎皇帝諭令五府九卿議處薛國觀。

按：參見《宧夢録》卷二第88條。

秋，再題補經筵講官。〔五一〕

按：對於講筵情形，參見《宦夢録》卷三第15條。

八月，黄道周下獄，景昉趨視之，並於講筵以「用舍喜怒之間，須再加斟酌」規勸崇禎皇帝，以救黄道周。

按：黄道周下獄，景昉曾趨視之，險遭不測。「故事，朝紳下詔獄，同鄉、同事咸送至獄門而反。後因茲厲禁。憶庚辰八月，宫詹黄石齋公廷杖繫西曹，余一趨視之圜中，旋爲緝事者偵知，禍幾不測云」〔五二〕。併于經筵時，規勸崇禎皇帝。《宦夢録》卷三云：「經筵，余叨講《尚書》『帝慎迺在位』章，末以『審幾』爲祝，願上『廓大公之道以應無窮，斂神武之威而歸不殺，及舉錯合萬方公論』云云。時黄公道周繫未釋，故微及之。司寇劉公澤深出遇余，舉手曰：『知公講苦心，言言規諷。』余亟遜謝之。空言濟得甚事。」

十二月，陞詹事府詹事兼翰林院侍讀學士，署掌詹事府事。

按：《家譜》此處記載與他書稍異，如《明史稿》、《明史》、《石匱書後集》等書記在崇禎十四年，未記年月，故此處採《家譜》之説，且兩説兼存。

崇禎十四年辛巳（一六四一），四十六歲

二月，京察，奉有「學行素優」之旨。

四月，以原官改掌翰林院印。

按：景昉初掌翰林院印，即與吏部尚書李日宣密商起復廢謫諸臣。《宦夢録》卷二云：「余初掌院篆，念前後輩廢謫多，與太宰李公日宣密商，自羅公喻義而下得九人，各詳開履歷予之。」景昉未言其所列爲何人，故無可考，而羅喻義實未復職。李日宣奏起廢諸臣則是崇禎十五年正月的事，故可推測此次景昉雖開列九人履歷予李日宣，或未奏報，或於崇禎十五年正月時合奏，但從崇禎十五年正月崇禎皇帝諭令李日宣「開列自崇禎元年以來並列之」，則後者可能性更大些。

是月，召前大學士周延儒。

按：自周延儒復相，黄道周之獄始有轉機。此前數次定黄道周之罪，皆「屢讞屢駁」。此時景昉偕蔣德璟、王家彦求救于大學士謝陞，謝陞歎息道：「死矣。得遲秋後爲幸。」黄道周同年張四知、陳演亦不肯出一語相救；錢龍錫屢貽書其門人魏炤乘，使其相救，而魏炤乘「竟視漠如，且若有深仇宿憾」，並對黄道周「下石矣」；坊間則有造蜚語者，謂「蔣抵死周旋，余抱頭痛哭」，欲借此牽連蔣德璟和黄景昉。景昉對此，頗有感懷。參見《宦夢録》卷二第102、105條。

七月，再題補日講官。

八月，重建太學成，崇禎皇帝躬臨太學行釋奠禮，欽點黃景昉、宋之普、房可壯、宋玫、朱兆栢、丘瑜、孫從度、朱統鍗等八人分奠。〔五三〕

按：黃景昉曾記道：「舍官詹事時……值臨雍，遣啓聖祠行禮，同分獻八員，各賜生羊一雙，酒十瓶，甜食一盒。」參見《館閣舊事》卷上第108條。

同月，輪講經筵。

按：景昉曾自記云：「余嘗於崇禎辛巳年八月輪講一次。」參見《館閣舊事》卷上第27條。

十月，周延儒入朝，以大學士直文淵閣。

按：周延儒入朝，其門生、故人皆力請其解救黃道周，周延儒亦頗自任，吳甡《憶記》記道：「辛巳十月，宜興入，問予：『今最急當入告者何事？』予言：『自韓城在閣，皆嚴刻繩下，致主上疑猜日甚，如黃道周、解學龍逮繫兩年餘，痛楚備嘗，然果何罪哉！今內閣諸公皆言上欲殺之，愚獨謂英明之主，斷不肯有殺直臣名。公到，上信任甚篤，宜乘間以至誠感動，佐聖主行寬大之政，此爲最急務矣。』宜興曰：『俟從容圖之，然刑部爰書亦宜着意。』」〔五四〕直至此時，景昉才說道：「始竊竊有更生望。」

十二月，刑部尚書劉澤深上疏爲黃道周擬罪，周延儒揭救其間，崇禎皇帝遂定黃道周永戍辰州衛，解學龍、涂仲吉並戍極邊，葉廷秀邊遠，各充軍。

按：《宦夢録》卷二：「周公延儒再起元揆，得上意，筆舌鬆妙，善宛轉關生，揭救甚婉。讞上，黄公等得免死，各遠戍，黄加『永遠』，坐贓五百餘，諸同志陰醵金輸納，不使黄知也。」

景昉爲黄道周所撰行狀亦云：「江撫解公陞任，薦僚屬疏例下部，不足勞萬幾，聞有僉貼其旁致上怒者，遂得扭逮之命。比入獄，廷杖擬罪，屢嚴駁，聲息洶洶，莫必其命。余爲拉同鄉蔣德璟等謁謝德州請之。謝太息曰：『死矣，遲秋爲幸。』聞之失色。總承韓城毒炎之後，餘威尚震，武陵雖出督師，柄得遥參，宣督遂入爲中樞，同憾公前疏刺骨；同年費縣、井研交誼漠如；滑縣且下石矣。宜興周公新召至，衆喁喁望丰采，諸名流力慫恿之，婉代開釋，得免死，改戍。周公又于講筵平章他疏，馴語及公。余與蔣公贊其説，初冀得脱戍幸矣，竟復原官，實出望表。本聖主乾斷，度越百王，天下亦以是亮周公焉。」〔五五〕

是年，景昉爲方以智《激楚》作序。

崇禎十五年壬午（一六四二年），四十七歲

正月初五日至初十日，崇禎皇帝親行祈穀禮，景昉爲上香導引官。〔五六〕

戊戌二十八日，吏部尚書李日宣奏起廢諸臣，崇禎皇帝命「開列自崇禎元年以來並列

之」。景昉遂於此時疏請恢復庶吉士考選及召還修撰劉同升、編修趙士春。

按：黃景昉的疏請，無確切年月，從前文推測，則應是其初掌翰林院印時，即開列予之李日宣，而直至崇禎十五年正月李日宣始上奏，而崇禎皇帝命李日宣「開列自崇禎元年以來並列之」，而後才有景昉「爲項公煜、劉公同升、趙公士春疏請復官」事，故將之繫於此。見《宦夢録》卷二第110、111條

又按：據其自記，則《明史・黃景昉傳》所言：「時庶常停選已久，景昉具疏請復，又請召還修撰劉同升、編修趙士春，皆不報。」記載舛誤之處有二：其一，從引文中「余疏末附言：『起居注體宜正，庶吉士官宜復』」即可看出，疏請復庶吉士考選與召還劉同升、趙士春爲同一奏疏，而趙士春、劉同升雖没有當即復職，但是年九月仍以原官先後復職。〔五七〕其二，黃景昉疏請恢復庶吉士考選，得崇禎皇帝御批允行，並在崇禎十五年九月下令恢復舊例，從崇禎十六癸未科新進士中考選庶吉士。〔五八〕故《明史》言此二事「皆不報」有誤。

五月，會推閣員，景昉名列第二。

按：《國榷》記云：「（五月甲申）先是，大學士周延儒、陳演請補閣員，下吏部。尚書李日宣謂：『故事，廷推重詹、翰，銓、憲之長附之，年來中外兼用。』命文選郎中盧化鰲會吏科都給事中章正宸、河南道御史張煊，擬八人，稍增至十三人，禮部右侍郎蔣德璟、詹事

黄景昉、尚寶司卿姜曰廣、禮部右侍郎王錫衮、國子祭酒倪元璐、少詹事楊汝成、右諭德楊觀光、禮部右侍郎李紹賢、刑部尚書鄭三俊、吏部左侍郎劉宗周、兵部右侍郎吴甡、刑部右侍郎惠世揚、都察院左都御史王道直。」〔五九〕

又按：《館閣舊事》卷下，黄景昉自云：「余與蔣公同邑，廷推蔣公第一，余次之，並蒙點用，里中頗稱奇。」據此可知，景昉廷推時名列第二。《家譜》稱「名列第一」，誤。

此次枚卜，大僚及臺諫不得與會推者，造二十四氣之説，摇惑中外，崇禎皇帝深信此説。

按：所謂二十四氣之説，李清釋云：「大僚及臺諫以枚卜搆競不休，其不得與會推者，遂造爲二十四氣之目，摇惑中外。以吴甡爲殺氣，下注『再生吴起』。……黄輔景昉爲時氣，下注『賽黄巢』。」〔六〇〕

「二十四氣」之説，創自何人，景昉認爲「莫測所自」，但有流傳出自宋之普之手：「聞蜚語流傳爲山東人自相排擠致然，或疑出宋公之普手，無確據，未知信否。」（《宦夢録》卷三）而孫承澤記此事則認爲是吏部侍郎蔡奕琛所爲：「吏部侍郎蔡奕琛貪狡異常，御史成勇參之，下撫按察，經年不敢問。科臣袁凱、孫承澤力糾，逮之至京，復揑二十八宿錦囊計邪説，希飾罪。刑部審明，擬奕琛戍，發遣。後復揑二十四氣匿名帖，托其親官金吾者揭之皇城内外。前此爲枚卜處分六人，此番劉公、金公皆氣中人，蓋已深中其毒矣爾。」〔六一〕

此說何以爲崇禎皇帝所聽聞，並深信不疑，筆者認爲此事由陳演上達的可能性較大。《國榷》於此有記云：「初，大學士陳演所親廖惟一試御史，才庸甚。及考職，托左副都御史房可壯爲之地，不納，張煊又加厲焉，惟一坐調，演憾之。適上游西苑，召周延儒、陳演，延儒辭足疾，演入舟中云：『枚卜皆數人主持，故濫。』上怒甚，欲重譴之。」〔六二〕

景昉因列名「二十四氣」之說，而深受牽連。

按：《宦夢録》卷三云：「方枚卜，有倡爲二十四氣之説，徧帖都下。凡時流稍負才名者，咸羅入其中，余偕吴公甡與焉，莫測所自。後省臺屢有及之者，姜公埰至蒙重譴。余嘗於御前同吴公叩頭詳白其故，議始息。」吴甡在《憶記》中記此事云：「臣甡偕臣景昉復奏：『姜埰疏内小人以朋黨之説壅蔽人主，乃宋臣歐陽修曾有論著言之痛切。臣等未枚卜先，即聞小人造言二十四氣，兩臣名亦與其中，以匿名文書不必窮詰。今埰言及此，臣等不敢隱默。二十四氣，或即朋黨之意，而立名新奇，易炫聽聞。臣等蒙聖明簡在，所司不過票擬及召對奏聞而已。擬旨皆取决聖裁，奏對皆仰承清問，未嘗譽一人，毁一人，顛倒一事，上所洞鑒，朋黨何爲？臣等在天啓朝，魏、崔欲傾陷不肯依附之人，皆誣以朋黨。魏、崔誅，而上所録用者，即不依附魏、崔，魏、崔所誣爲朋黨之人也。今非魏、崔時，小人復造此言，臣等竊抱憂惶。』上曰：『匿名文書，朕豈不知爲奸人誣造，卿等所奏，朕知道

了，不必疑慮。』臣甡、臣景昉叩頭退。」〔六三〕

六月，召對中極殿，稱旨，陞禮部尚書兼東閣大學士。隨題充實録、會典總裁官，同知經筵日講。是月，黃景昉與蔣德璟同日入閣，亦稱「温陵盛事」。

按：對於此次枚卜，楊士聰評價云：「六月之薦，從衆望也。」〔六四〕但從現有史料上看亦並非全無私情，如宋玫獲推，即爲周延儒所定，而李日宣不知；〔六五〕吴甡入閣同樣也是由周延儒所推舉，雖然大學士陳演不同意，但周延儒以整頓京營爲詞薦舉吴甡入閣。

黃景昉因在會推名單中，故而親歷此次枚卜事件，自記云：「召對，余幸偕蔣公德璟、吴公甡蒙點用。自詞林外，同列名廷推者六、七人，宋公玫、房公可壯、張公三謨，對亦辨晳。……越日，上尚青袍御中左門，皇太子、二王旁侍立，召吏部、都察院切責濫徇狀。太宰李公日宣、吏都諫章公正宸、掌道御史張公煊，同前推宋公、房公、張公俱下獄，聖怒赫然。」參見《宦夢録》卷三。

又按：崇禎皇帝因聽信蜚語，認爲李日宣會推閣員「徇情濫舉」，命下之刑部獄。《國榷》記云：「明日，下日宣等六人刑部獄，奪職。」〔六六〕黃景昉和蔣德璟爲此辭禮部尚書兼東閣大學士的任命，力救日宣，上言道：「臣等並在會推中，若諸臣有罪，臣等豈能安！」周延儒等交章申救，皆不許，李日宣遂下刑部獄。〔六七〕讞上，刑部侍郎惠世揚、徐石麟「擬李日宣等貢舉非其人律，擬杖」，崇禎皇帝認爲二人「黨比」，故意輕擬，命削惠世揚籍，徐石麟鐫二級，並欽定李日宣戍重慶、章正宸戍湖廣、張煊戍陝西，房可壯、宋玫、張三謨削籍。〔六八〕定罪之時，景昉等人欲爲李日宣、章正宸、張煊等祈寬，但周延儒以「恐傷聖度」爲言，不允。最終，景昉對此次會推枚卜感慨道：「自己巳枚卜喧呶後，茲再見云。」在此次處分李日宣後，崇禎皇帝明諭「此後枚卜照舊推詞林，惟吏部尚書、都察院左都御史准陪推，餘槩罷寢」，但「甫踰年，而所爲特簡者仍見告矣」，所謂特簡即魏藻德以禮部右侍郎入閣之事。參見《宦夢録》卷三第32、33、34條。

八月，黄景昉與周延儒、蔣德璟借崇禎皇帝感歎講筵官不得其人之機，求赦免黄道周。不久，崇禎皇帝赦免黄道周，並復任少詹事。

按：《宦夢録》卷三云：「召對，周公爲張采、張溥祈寬云：『二人肯讀書，博通經史，爲東南士子所宗。諸言官離書生未久，夙慕其名，致隨聲附和，非他有所黨比。』因言：『即如黄道周，亦以多讀書得海内士大夫心，與張采、張溥同。』蔣公因稱其博學清修狀。余進曰：『道周見蒙永戍，凡永戍之苦視死刑尤甚。死刑罪止其身耳，永戍且及子孫，閩楚隔遠，道周子幼家貧，流離可憫，倘可改充附近戍，徼恩非淺。』周公旁颺言曰：『也不争近戍、永戍，皇上倘憐其才，倒不如索性用他。』上不答，微笑。退，隨奉御批：『黄某准赦罪復職。』閣中驚喜相賀，朝野歡傳，競頌聖天子如天賜，有泣下者。」

是月召對，景昉極言葉廷秀清苦力學，且思負咎圖報，崇禎皇帝雖有赦免之意，因省、臺薦舉解學龍，使崇禎皇帝生疑，而終不果。

按：《宦夢録》卷三云：「黄公道周既復官少詹事，余因召對，爲同年葉公廷秀極言其清苦力學，且銜恩負咎圖報狀，上業有轉圜意。會省臺連章稱贊，併薦及解公學龍等，疑竇開，機會遂塞。上恩威自出，惡臣下矯之爲名，諸臺省非可徧諭，往往以急性激成滯局，事非一端。」

九月，崇禎皇帝賜游西苑，閣臣、勳臣、部臣共十三人，景昉亦與其列。

是月，倪元璐爲兵部右侍郎兼翰林院侍讀學士。初，周延儒欲改内閣大學士一人爲兵部侍郎兼學士，擬以景昉任之。景昉力辭。延儒迫於衆論，遂即家起倪元璐。

按：《宦夢録》卷三云：「周公延儒每語人：『宰相不答錢穀之問，詞林改計部，非是。惟兵機宜諳曉，備帷幄籌。』議改一員爲少司馬兼學士，初擬余，辭。再擬同里蔣公，亦辭。周公意怫然，逼於衆議，廼即家起倪公元璐爲之。余輩所爲力辭者，固以樞貳儲督撫選，封疆重寄，未易擔承。時大司馬陳公新甲勢方横，亦不樂與共事故也。」

戊子，誅兵部尚書陳新甲。

十月戊午，誅劉元斌、王裕民。〔六九〕

按：景昉以爲此即周延儒被勒自盡之緣由。參見《宦夢録》卷三第41條。

壬戌，駙馬都尉鞏永固請復建文帝廟號、謚號，景昉亦力言此事，然崇禎皇帝以此事「事體重大」，躊躇不果，最終亦未得施行。

按：參見《宦夢録》卷三47條。

十一月，黄景昉疏諫處白廣恩之法，崇禎皇帝不聽。

按：參見《宦夢録》卷三第75、76條。

講筵例以寒暑暫輟，是月輟講後，崇禎皇帝仍命每日進講。

參見《宦夢録》卷三第66條。

閏十一月，劉宗周因疏救姜埰、熊開元而擬罪，黄景昉封還崇禎皇帝詔書，求解于首輔周延儒，最終，崇禎皇帝御批劉宗周免職，不擬罪。

按：景昉記其票擬熊開元奏疏，參見《宦夢録》卷三第68條。

景昉封還崇禎皇帝詔書以救劉宗周之舉見《宦夢録》卷三第69條。

十二月，劉宗周革職爲民；姜埰、熊開元廷杖後，仍下鎮撫司；金光辰降三級調用。

崇禎十六年癸未（一六四三），四十八歲

二月，黄景昉遣祭國學。

按：參見《甌安館詩集》卷十《癸未二月上丁遣祭國學禮成識》。

三月，吴甡以禮部尚書東閣大學士兼兵部尚書督師平寇。

按：吴甡雖受命督師平寇，但遷延不出。《宦夢録》卷三云：「至是楚承天陷，上特御文華殿嘉贊吴公，屬以剿寇復仇之任，無所辭。……吴公甡既受命，議繇晉入秦，偕秦督出襄、鄧恢楚，咸云：『西北事見有秦督在，賊方南下，不若開府金陵，泝潯陽、武昌，規復承、郢便。』因議調邊鎮唐通兵，議挑選京營兵三千護行，議移袁公繼咸爲江督，通往來路。時寇未出口，道梗，留有所待。上于唐弁、袁督議未允。周公代請，尚在次且間。」

是月，景昉上言閩、粤兩省應同擔福建水師赴登州之餉金。旨允行。初，議調福建水師三千赴登州，計需費七萬金，巡撫張肯堂「慮難猝辦」，景昉遂助爲言。

按：據錢謙益《牧齋初學集》卷八十七《請調用閩帥議》，落款在癸未三月朔日，故將此事系於此。〔七〇〕《宦夢録》卷三云：「閩水師三千赴登，計費安家行糧七萬金，閩撫張公肯堂面對，慮難猝辦。余進曰：『水師惟鄭芝龍頗精，鄭鎮漳、潮間，閩、粤共之，費宜兩省分辦爲是。』旨允行。」〔七一〕

四月，大學士周延儒自請督師禦胡，襄城伯李國禎請選官舍鋭士從征。

按：《宦夢録》卷四云：「寇北折思遯，久屯駐三河、武清間，諸援兵莫敢擊。周公慨具揭，身請視師。上悦，即召見，諭『本日酉時出東方吉』，褒奬良至。周公退，趣裝不復過家，抵城門，夜深，已上鑰矣。坐門勳臣特疏聞，啓鑰驗出，留郊外二日遂行。」

五月，景昉疏奏陝西、河南戰守事。

按：痛史本《崇禎長編》在崇禎十六年十一月甲寅日收録了景昉疏奏陝西、河南戰守事的奏疏，但據史傳及其自述，景昉致仕在是年九月己亥日，並且得旨即歸，無在朝之理。而據奏疏中「賊入潼關，不惟資彼形勢，恐强兵健卒舉而附之，不可伏制」一句，則可推測景昉上此疏時李自成尚未破潼關。又據《國榷》五月丙申日的記載，因巡撫河南右僉都御史秦所式上言中州大勢，崇禎皇帝諭令「延綏、甘肅、寧夏各兵即遣監軍速馳河南，聽豫撫調發」[七二]，而景昉奏疏中所云：「惟有速飭三邊總督，由興縣渡河，直趨榆林，提調甘、延、寧三撫，汲汲拊循邊兵，鼓勵邊將，使其齊輯捍剿」及河南形勢，于秦所式所言實有補充之處，似此奏疏當上于崇禎皇帝諭令之後不久，故繫於五月。同時，此疏奏在稱謂上稱景昉爲大學士，而景昉在九月已致仕，則又可推斷此奏疏應是在景昉致仕前所上，並且崇禎皇帝將之留中至十一月始下，故而所記在十一月，而不是其上疏的日期。

甲午，召大學士周延儒入朝。

丙午，吏部尚書鄭三俊以誤薦吴昌時引咎罷。

丁未，黄景昉與蔣德璟、吴甡同陞爲太子少保、户部尚書兼文淵閣大學士，蔭子入國子監，並賜金幣。

戊申，罷吴甡督師，以其逗延未行也。未幾，吴甡致仕。〔七三〕

按：吴甡罷後，景昉語李清：「吴公必有後禍。」後果如其言。《三垣筆記》載：「吴輔甡行後，黄輔景昉語予曰：『吴公必有後禍。』予問故，景昉曰：『每閣中見劾周疏，必云發蹤由吴，恐浸入聖聽，禍同連雞耳。』其意蓋指陳輔演也。演素與甡不協，故云。」〔七四〕

丁巳，以周延儒蒙蔽推諉，諭府、部、科、道等官勘議，並勒其致仕。

按：景昉對於周延儒推諉不答之舉，解釋其緣由云「余杜門候旨三日，出廷謝，始知昨晚周公奉府部看議事。詢故，云：昨朝罷召對，司馬馮公元飈力言袁繼咸不任江督狀，上面命推换，咸舉吕公大器，上顧周公問：『吕大器何如？』不答，因致怒，有『玩誤推諉』之批。周公所爲不答者，慮吕難獨任，又袁督爲吴公甡力薦，吴得罪，馮公略窺測微指，因以爲逢耳。要之聖怒特借端發，意别有在。」《宦夢録》卷四。

戊午，魏藻德以少詹事兼東閣大學士入閣。

按：關於魏藻德入閣之過程，景昉記道：「通州魏公藻德，前同熊開元、吕兆龍面對，頗稱旨。疏留中半載不下，忽召入文華殿獨對。退詣閣，述其故，微露上意。周公尚未悟，曰：『得無以錢糧兵馬事相煩乎？』余曰：『非也，上或舉行先朝商文毅、彭文憲故事耳。』余輩晚出閣，及金水橋得旨，魏某以禮部侍郎入閣矣，周公始服余先見。」魏藻德超擢入閣，景昉對崇禎皇帝此舉頗有看法，認爲：「詞林舊無三載入閣者，即商、彭二公祇以本官加侍讀，無驟晉卿貳例。」參見《宦夢録》卷四。並以詩記此事，見《紛紜行釋》第八首。

又按：魏藻德通籍三年即入閣，景昉認爲此事與馮銓有關。《宦夢録》卷四云：「涿州馮公銓……即通州暴致亨融，抑或其力。」

是月，唐通疏劾趙光抃，黄景昉票擬駁之，始失上意。

按：此事景昉雖未言及具體日期，但據其所述，當在周延儒督師還朝後。《宦夢録》卷四云：「西協總兵唐通忽疏侵薊督趙光抃，語不倫，余擬旨下部察奏發改。奉御批：『公平出自政本，朕知識寡昧，惟輔臣是賴，鎮臣非萬分屈抑，安敢上疏？仍改擬。』余具揭謝，因言：『文武一體，情意固貴流通；上下相維，紀綱尤宜嚴肅。不便以鎮將單詞遽罪督臣。』併及近旨太優假鎮臣狀。諸同官沮余，謂：『批嚴切，姑引罪足矣。』余不可。上覽奏不懌，意亦微悔。及周公還自軍中，獨召對，猶語及之。余所爲失上意始是。」

陳燕翼疏攻黃澍中州決河之事，景昉票擬其罰俸，崇禎皇帝不允，下旨並究部科掌印官，並處陳燕翼降調。景昉自媿不能留一同鄉賢者。

按：此事據孫承澤《山書·用人聽言》繫於五月。[75]《宦夢録》卷四云：「給諫陳公燕翼疏攻黃御史澍，頗極醜詆。上怒，著議處。部未覆，陳忽題某差行，旨併究部科掌印官，陳遂降調。自媿不能留一同鄉賢者。顧其時風波大作，陳原擬罰俸，不准，即吏、户科二都諫且幾累及。所處光景有岌岌不可再留之勢，非事外人所知。」

六月，黃澍出任湖廣巡按御史，疑有排擠，景昉以《會典》「南人不差三邊，北人不差兩廣」之制爲毛士龍説情，觸怒崇禎皇帝，至是遂謀去益決。

按：據景昉自述，此事在陳燕翼疏劾黃澍事後，故繫於此。參見《宦夢録》卷四第16條。

七月，李建泰任吏部左侍郎。

按：李建泰與姜曰廣同被推選爲吏部侍郎，内閣「隱右李」，且姜曰廣不甚得上意，故李建泰遂被點用爲吏部左侍郎。見《宦夢録》卷四第52條。

八月，景昉力争惠世揚削籍事，再忤崇禎皇帝之意。

按：據蔣德璟《敬日堂外集》卷八《記惠司寇事》，事在「癸未八月」，故繫於此。惠世揚削籍一事，並非如《明史》所言因惠世揚「遲久不至」，實則崇禎皇帝不願起用惠世揚，因鄭三俊及閣臣力請，而「勉從」。故而鄭三俊罷，則立擢方岳貢任左副都御史，且因鄭三俊「朦薦」，並及惠世揚。景昉因此具揭力争，但崇禎皇帝不允。景昉也因此而再次違忤崇禎皇帝之意，見《宦夢録》卷三。

是月，景昉因力争操江與推任南京守備事，再次觸忤崇禎皇帝，以致在閣日，有不啻以日爲歲之感。

按：《宦夢録》卷四云：「操江高公倬甫任，衆堅執宜换，啓上疑。忽有旨，文操臣缺，著裁革歸併勳臣，以誠意伯劉孔昭總其事。余同蔣公揭稱『官制驟易，將來統轄、呼應、聯絡均非便』，求發部院詳酌，復傳諸部科執奏，不聽。……南守備魏國病，予告。御批問勳臣誰可任此？余同蔣公回揭：『勳舊諸臣概少來往，未有確見，不敢輕易推舉。』旋奉批：『外廷見聞甚廣，豈有勳臣才品通未一識之理，不過云此該部事，部推有一不商確輔臣者乎？未可諉不知，仍着具奏。』蓋上疑已深，詞厲意猜，非復如平日温藹氣象矣。」

又按：景昉在推任南守備事之後，即深感崇禎皇帝對其不信任，御批「非復如平日温藹氣象矣」。而景昉認爲崇禎皇帝對其猜疑，是因此前起廢復官疏多由其票擬，並且吏部尚書鄭三俊曾爲景昉所疏救，趙光抃則是其同門，而其票駁唐通揭奏趙光抃事，則更令崇禎皇帝生疑心，故而深疑景昉有黨比形跡。雖然景昉不久即致仕歸，但此段時間認爲是「不啻以日爲歲」。參見《宦夢録》卷四第66條。

景昉值閣，所票章奏較連日爲多，蓋崇禎皇帝欲以此令景昉「鞅掌見困」。

按：《宦夢録》卷四云：「蔣公遺祭國雍，余獨守閣。是日疏最多，余手票六十餘本，他汎嘗出旨者不與焉，殆百餘矣。察連日先後鮮爾，豈上意欲以鞅掌見困乎？亦漏下即出，寡駁者。」

是月，會試以太子少保户部尚書武英殿大學士陳演、少詹事兼東閣大學士魏藻德主禮闈。

此次會試輪序當屬蔣德璟爲主考，但最終魏藻德越蔣德璟、黄景昉主會試。

按：《國榷》云：「故事，内閣首次主試。時推四人，陳演、蔣德璟、黄景昉、魏藻德，上命演、藻德，皆有成心。故不數日景昉予告。」〔七六〕此事，除崇禎皇帝眷顧魏藻德外，魏藻德亦有意越次主會闈，故非藻德不謀而得，見《宦夢録》卷四：「會闈副考序屬蔣公，通州魏公得上眷，暗垂涎其側，一夕偶云：『誤蒙大用，致鄉會試不得與，班役有怨色。』蔣公漫以將來事慰之，答云：『安能邑邑俟此乎？』衆始疑訝，至是，果越次點魏。」崇禎皇帝以陳演、魏藻德主會試，實則欲以陳演、魏藻德爲首、次輔，陳演既已爲首輔，會闈越次用魏藻德，則意示輕蔣德璟、黄景昉。楊士聰對此也説道：「宜與既罷，興化同時閑住，雖各有其

事，而先後薦用之人，豈能復安，則兩晉江及巴縣之罷必也。癸未主考越兩晉江而及通州，則已示其意矣。」〔七七〕

會試前夕，景昉揭奏「部覆舉子開復並諸陳乞疏」留中事，旨始下。

按：參見《宦夢録》卷四第68條。

會試放榜次日，景昉上疏請辭。

按：《宦夢録》卷四云：「會榜放，陳、魏二公入，余勉追陪。晚出，垂登車，私語蔣公曰：『明晨不復進是矣。』」又云：「具揭稱病，出直，奉暫假調理旨，次日即上疏，堅卧求歸。越數日，得請。余先寄家中書云：『聞罷官報是好消息，家中可酌酒相賀。』余非忍恝然者，顧國家事實難措手，意嚮倏移，扞格恒生，徒强顔伴食何益？大臣『以道事君，不可則止』，即聖門律令，亦祇得如是耳！」

九月，壬辰朔日上疏。己亥八日黄景昉致仕。

按：對於黄景昉致仕日期，《國榷》謂九月壬辰「予告」，《明史》則謂己亥日「致仕」，查陳垣《二十史朔閏表》崇禎十六年九月壬辰爲朔日，則己亥爲九月八日，相差八日。《宦夢録》載：「次日即上疏，堅卧求歸。越數日，得請。」又：「得旨即辭朝行，計期未十日也。」楊士聰《玉堂薈記》云「出闈之日，黄以一疏准辭」，實即放榜之日，景昉告病，次日上疏乞歸。按此，即九月壬辰朔日上疏乞休，於己亥日得請，共計八日，正符合景昉所説「計期未十日」，故《國榷》所記「壬辰」日乃其稱病乞休之日，《明史》所記己亥爲得旨致仕之日。

景昉得旨即歸，臨行上疏，以「簡發章奏，愛惜人才，稽古遜心，詢謀舍己」爲規勸。

按：《宦夢録》卷四云：「余早自束裝，聞命後，疏辭銀幣，得旨即辭朝行，計期未十日也。仍具疏勸上『簡發章奏，愛惜人才，雄斷仍本小心，詢謀無妨舍己，毋以仁義不效，輒疑王道爲迂闊。或狂愚可矜，尚望神威稍霽』云云。自知非入耳之談，葵藿之忱，笱梁之誼，實亦不能已已。疏竟留，踰歲始下。」

景昉致仕後，奉旨馳驛行，自北京出發，經天津、德州、臨清、濟甯，出黄河，歷徐州，抵高郵，途經楊州、蘇郡、杭州、衢州、常山、玉山、鉛山，抵江閩分界車盤驛，過分水關，遂入閩。〔七八〕

按：景昉《宦夢録》卷四於致仕抵里之沿途經過所述甚詳，然未注明確切時間，故撮要繫於後，以存梗概。

過臨清，卻劉澤清饋贈。

參見《宦夢録》卷四第81條。

過濟寧，遇待罪聽勘之周延儒，景昉有永訣之感。

參見《宦夢録》卷四第82條。

過淮，晤路振飛、黄文焕。

參見《宦夢録》卷四第85條。

過揚州，遇御史楊仁願。

參見《宦夢録》卷四第92條。

過無錫，遇高世泰。

參見《宦夢録》卷四第87條。

武林遇姜曰廣，景昉問及其與陳演同事南闈之事。

參見《宦夢録》卷四第95條。

過杭州，景昉見該城守備空虚，心憂慮之。

參見《宦夢録》卷四第98條。

景昉經車盤驛，過分水關，遂入閩。

參見《宦夢録》卷四第102、103條。

至延平，會門人祁熊佳，聞王應熊驟歸事，默然不喜。

參見《宦夢録》卷四第104條。

除夕前五日，抵家。

明崇禎十七年／清順治元年甲申（一六四四），四十九歲

三月壬辰，蔣德璟致仕。

丁未，崇禎皇帝自縊于萬歲山，明亡。

四月，清兵破李自成於山海關。

五月，清兵入北京。福王即位于南京。

是月，景昉著《宦夢録》。〔七九〕

按：據黃景昉《甌安館詩集》卷三十《變聞大臨》所云：「三月凶音五月聞，迢迢閩嶺隔燕雲。興亡舊例今翻覆，覆國驚看到聖君。」其聽聞北京傾覆，已至是年五月。

順治二年／弘光元年／隆武元年乙酉（一六四五），五十歲

閏六月，唐王聿鍵即位于福州。是月，唐王下詔徵召諸舊臣，景昉以崇禎朝舊輔亦在徵召之列。

按：陳燕翼《思文大紀》云：「孤今監國閩省，遵照祖制，舉用閣部等官，虛心聽納，惟慎惟公。除不忠先帝皇上、負國害民者概不敢用外，藩院諸衙門既會議確當，即允所啓，分別攝事還職。……計開：內閣（舊）何吾騶、蔣德璟、黃景昉；（新）黃道周、朱繼祚、丁

魁楚。……」〔八〇〕

景昉力疏辭召。

按：《明季南略》云：「德璟、景昉、欲楫皆力疏上辭。」〔八一〕

十一月二十七日，唐王遣中書舍人陳翔赴晉江以原官敦聘黄景昉入直，始赴任。

按：《思文大紀》載：「敕吏部云：『方今中興事重，政務繁多。惟舊輔黄景昉受簡先帝，敏慎宏亮，才堪救時；舊輔高弘圖直道壯節，望重具瞻。即着吏部補本起用。仍着中書舍人陳翔遵旨前去晉江，敦聘二輔臣來。』」〔八二〕

加景昉少傅，晉武英殿大學士。

按：景昉加少傅、晉武英殿大學士之記載，僅見錢海岳先生所撰《南明史·黄景昉傳》及《宰輔年表》，不知其所據爲何，姑存之。《家譜》記：「隆武時，叙捐助功，晉勳階二級。」因未載確切日期，故繫於此。〔八三〕

是年，陳龍正致書黄景昉。

按：陳龍正《幾亭全書》卷五十《候黄東厓相公》，標注云「乙酉」，即清順治二年，故繫於此。參見附録「其他」。

順治三年/隆武二年丙戌（一六四六），五十一歲四月，因清軍連陷吉安、撫州，關警頻傳，人心惑亂，小寇紛起，致使福京根本之地動摇。景昉議及歸併事權，以憲臣兼制二撫及兵道移駐福清等事，唐王敕諭景昉曰：「所議卿其確議力行之！」〔八四〕

七月，鄭芝龍暗通洪承疇，盡撤關隘之兵，清軍既破浙東，長驅入閩。〔八五〕

按：景昉曾詠鄭芝龍通清事，參見《三山口號釋》其一。

八月，黄景昉知時局不可挽回，再次致仕。

按：傳以禮《華延年室題跋》卷下《殘明宰輔年表》載景昉八月走泉州。温睿臨《南疆逸史》卷二十則記：「隆武建號福州，德璟、景昉同起入直。明年八月，帝蒙難，德璟絶粒而卒；景昉歸家，至壬寅七月卒。」〔八六〕

又按：景昉致仕後即居泉州。《晉江縣志》記載其府第之位置云：「大學士黄景昉宅在寬仁鋪。靈慈宫溝有歐安館。」〔八七〕

九月，蔣德璟卒。

是月，唐王被擒，隆武政權亡。

按：景昉有詩感慨隆武政權之速亡：「靈源閣燬事先知，寇到延津蹕乍移。六十年來騎馬去，君王猶擅玉爲池。」

順治四年(一六四七),五十二歲

八月,鄭成功圍泉州,景昉外孫郭顯謀内應,爲趙國祚所偵知,而遭屠戮。景昉亦因此受牽連繫獄。

按:《(同治)福建通志》記此事云:「鄉紳郭必昌之子顯欲爲成功内應,謀洩,國祚捕而戮之。顯母,故明閣臣黄景昉女也。國祚並繫景昉等。」〔八八〕據此,則景昉曾因其外孫郭顯内應鄭成功而被牽連繫獄。景昉卒于康熙元年,故其雖被繫獄,但並未被處死,筆者管見所及也只記其被繫獄之事,而後事何如,則仍有待考證。但從後來的記載來看,在泉州圍解之後,景昉必定被放出,且以善終。而以景昉謹慎的性格,並且致仕後「決意終隱,或詢朝政,弗答」的態度來看,則可推測景昉參與内應之事的可能性不大,因而能免於屠戮,但因未見有史料説明此事,故而只能推測。

順治十一年甲午(一六五四),五十九歲

三月十三日酉時,仲兄景曄卒,享年六十四歲。

作書致王忠孝。

按:此書未署年月,據書中「自三山奉教後,世界滄桑……八載於斯」,當指隆武政權滅亡後之八年,故繫於此。王忠孝曾在鄭成功圍攻泉州時,舉義師回應,而景昉又曾因外孫郭顯事被繫獄，則其致王氏信函談及其在清初局蹐不安的處境，更可見景昉致仕後絶口不言政事，實爲求自保。

順治十二年乙未（一六五五），六十歲

八月十二日亥時，母謝太夫人卒，享年八十四歲。

順治十三年丙申（一六五六），六十一歲

作《屏居十二課》。

按：此書景昉未言其確切寫作、完稿時間，但據景昉文中所言「余晨起持蔬素者，十載于兹」、「余年業六十餘」，林胤昌亦云「今屏居十餘年，歷滄桑變幻，先生自課十二」，則是書當爲景昉致仕十年後之作品。並且此書有林胤昌跋文，而據乾隆《泉州府志》記載，胤昌卒于順治十四年，故是書必在林胤昌生前完稿，姑暫繫于此。

爲《家譜》作《睦宗十二志序》

按：該序文文末景昉題曰：「甲申後十有三年十三世孫景昉謹題」，故繫於此。

康熙元年壬寅（一六六二），六十七歲

六月十八日卯時，弟景昭卒，享年五十七歲。

七月二十二日戌時，景昉卒，享年六十七歲。景昉生四子：知白、知雄（出繼景昭）、知古、知今。

按：據《家譜》記載，景昉卒前詠詩二首，曰：「國亡身合殉，家破弟先歸。傷心陵北望，松栢不成圍。（一首）嬉遊皆假合，啼笑亦隨緣。耿耿孤明處，佯狂二十年。（二首）」可見其身處易代之後，局促不安的處境，及其對勝國的感情。

景昉一生著述閎富，有《湘隱堂文集》四十卷、《甌安館詩集》三十卷、《古史唯疑》十六卷、《國史唯疑》十二卷、《制詞》十卷、《古文篿卜》四卷、《六朝詩話》二卷、《唐詩話》十卷、《宋詩話》八卷、《連娷齋噓言》今存二卷四卷、《古今明堂記》六卷、《奏疏》二卷、《試録》二卷、《講章》一卷、《館閣舊事》二卷、《經史要論》六卷、《對句》一卷、《尺牘》二卷、讀《洪範》《豳風》《月令》《易林》各一卷、讀《世説新語》《何氏語林》二卷、《朱陸集》二卷、《雜記》一卷、雜著《三攷》、《四徵》、《五懷》、《六化》、《七遺》、《八鍼》、《九説》、《十志》、《十二課》、《十五繹》之類若干卷，總數百萬言。參見《屏居十二課·著書》條。

【尾注】

〔一〕黄景昉字可遠的記載僅見《櫱谷黄氏家譜·景昉公傳》。《櫱谷黄氏家譜》，以下簡稱《家譜》。

〔二〕黄景昉自記有明一代同號東崖者共六人：「本朝李狀元旻、許襄毅進、翁襄敏萬達、王參議激、虞督府以及王心齋之子璧，皆號東崖，與余同。附記於此。」〔明〕黄景昉著，陳士楷、熊德基點校：《國史唯疑》卷十二《補遺》，上海：上海古籍出版社，二〇〇二年，第三七四頁。

〔三〕〔清〕張廷玉等，《明史》卷二五一《贊》，北京：中華書局，一九七四年，第六五〇六頁。黄景昉曾感慨道：「屈指十七年間，輔臣縊死者二人：韓城、宜興；遣戍者三人：長山、華亭、興化。餘爲民，閑住尤多。他若逆案中追拟徒、贖諸人尚未概論，盤水氂纓，莫有峻於此時。」〔明〕黄景昉：《宦夢録》卷二。

〔四〕〔清〕陳燕翼，《思文大紀》卷三，《臺灣文獻史料叢刊》第一一一種，臺北：大通書局，一九八七年，第四五頁。

〔五〕〔清〕曹溶，《崇禎五十宰相》（初稿），周駿富輯：《明代傳記叢刊》第四二册，臺北：明文書局，一九九一年，第八八二頁。

〔六〕迄今爲止，對黄景昉生平的介紹，以熊德基先生的《國史唯疑》序爲最詳，而熊先生所依據的史料即是此本《櫱谷黄氏家譜》。黄一農先生在考證《鐸書》闕名序文時，也簡單地考證了黄景昉在天啓、崇禎間的仕宦經歷，並談及他和韓霖的關係及其對天主教的態度，參見氏著《明末韓霖〈鐸書〉闕名前序小考——兼論歷史考據與人際網路》，《文化雜誌》（澳門）二〇〇〇年第四〇—四一期，第一一五—一二六頁。

〔七〕《家譜》不分卷《景昉公傳》。

〔八〕《櫱谷黄氏家譜・大彦公傳》；〔清〕周學曾等纂修，《（道光）晉江縣志》卷四十三《人物志・宦績之四》，福州：福建地方志編纂委員會主編：《福建地方志叢刊》，福建人民出版社，一九九〇年，第一一八五—一一八六頁。

〔九〕《家譜》記卒於崇禎辛未年二月十二日吉時疑誤。從《宦夢録》。

〔一〇〕《家譜》不分卷《宗彝公謝太夫人傳》

〔一一〕引文所説「萬曆庚辰進士第五人」，非該榜第五名，查《明清進士題名碑録索引》可知謝吉卿爲三甲第一百零八名，實爲該年晉江籍進士的第五人，排在其前面的是温顯、黄克纘、洪有復、陳紹功。（參見朱保炯、謝沛霖編：《明清進士題名碑録索引》，上海：上海古籍出版社，一九九八年，第二五六二—二五六三頁。）

〔一二〕《家譜》不分卷《景明公傳》；《（道光）晉江縣志》卷四十四《人物志・宦績之五》，第一二〇七頁。

〔一三〕《家譜》不分卷《景曄公傳》。

〔一四〕《家譜》不分卷《景昭公傳》。

〔一五〕《家譜》不分卷《景嘻公傳》。

〔一六〕《家譜》不分卷《景昉公傳》。

〔一七〕《家譜》不分卷《景昉公傳》。

〔一八〕《（道光）晉江縣志》卷五十六《人物志・文苑之二》，第一三五〇頁。

〔一九〕《家譜》不分卷《大彦公傳》。

〔二〇〕《家譜》不分卷《景昉公傳》；《(道光)晉江縣志》卷三十一《選舉志・貢生》，第八六〇頁。具體考證，參見拙著《綸扉宦夢：黄景昉與晚明政局》，北京：中國社會科學出版社，二〇二二年，第三二頁。

〔二一〕《家譜》不分卷《景昉公傳》。

〔二二〕《國史唯疑》卷十二《補遺》，第三六七頁。

〔二三〕《國史唯疑》卷十一，第三二五—三二六頁。

〔二四〕《家譜》不分卷《景昉公傳》。

〔二五〕《家譜》不分卷《景昉公傳》。

〔二六〕《家譜》不分卷《景昉公傳》。《明熹宗實録》卷六十，天啓五年六月庚子。許堯俞，原爲「□□俞」，據朱保炯、謝沛霖編《明清進士題名碑録索引》歷科進士題名録之天啓五年乙丑科補，第二六〇三頁。

〔二七〕《宦夢録》卷一。《明熹宗實録》卷六十載「天啓五年六月甲辰，以禮部右侍郎丘士毅、李康先教習庶吉士。」可爲證。（第二八五八—二八五九頁）

〔二八〕《崇禎長編》卷十，崇禎元年六月戊戌，第五五五六頁。

〔二九〕《家譜》不分卷《景昉公傳》。

〔三〇〕《崇禎長編》卷十一，崇禎元年七月癸酉，第六二三頁。

〔三一〕《崇禎長編》卷二十「崇禎二年四月丁未」(第一二四三頁)記載與《家譜》不同，《家譜》記二月爲召對記注官，在月份上稍有差異，故兩者皆存。

〔三二〕《家譜》不分卷《景昉公傳》，《家譜》於此用「再」字，當是景昉此時兼任此職。

〔三三〕《家譜》不分卷《景昉公傳》

〔三四〕〔清〕黄宗羲著，沈芝盈點校：《明儒學案》（修訂本）卷五十五《諫議吴郎公先生執御》，北京：中華書局，二〇〇八年，第一三二八頁。

〔三五〕見《宦夢録》卷二，參見〔清〕郭賡武、黄任、懷蔭布纂修，《（乾隆）泉州府志》卷四十四《明列傳・林孕昌傳》，上海：上海書店出版社，二〇〇〇年，第四六六—四六七頁。按：據此，則《國榷》卷九十二崇禎六年二月丁卯條所記「王錫衮、黄景昉、李建泰、劉若宰管理文官誥敕」有誤。（第五六〇三頁）依景昉自述，崇禎六年仍爲丁憂之期，不可能履任。

〔三六〕〔明〕談遷著，張宗祥點校：《國榷》卷九十三，崇禎七年十二月戊戌，北京：中華書局，二〇〇五年，第五六八二頁。

〔三七〕《家譜》不分卷《景明公傳、景昉公傳》

〔三八〕《明史》卷七十三《職官志二》，第一七八五頁。

〔三九〕此事詳見《國榷》卷九十四，崇禎八年十月癸巳、崇禎八年十一月庚戌、癸丑，第五七一六、五七一八頁。

〔四〇〕〔清〕丁丙：《善本書室藏書志》卷二十二《道德經集義》，《續修四庫全書》史部第九二七册，第四二四頁。

〔四一〕〔明〕楊士聰：《玉堂薈記》卷上，《叢書集成新編》第八八册，臺北：新文豐出版公司，一九八五年，第七〇四頁。

〔四二〕《國榷》卷九十五，崇禎九年九月己巳，第五七五九頁。

〔四三〕《崇禎實録》卷十，崇禎十年十二月戊辰，第三一五頁。據《宦夢録》卷二記：「宫諭閔公仲儼初偕余典畿試，同降二級」（卷二第112條），可知此次被彈劾降二級，諸書未見載，故補之。《國榷》卷九十六，崇禎十年十二月戊午，「副考□□閻仲儼」誤，應爲「閔仲儼」；「主考□□黄起有奏辨」亦誤，實爲「黄景昉」，特改之。（第五七九五頁）

〔四四〕《國榷》卷九十六，崇禎十一年正月戊寅，第五七九七頁。

〔四五〕《明史》卷二五一《黄景昉傳》，第六五〇三頁。

〔四六〕《石匱書後集》卷十三《黄景昉傳》，第九九頁；《宦夢録》卷二，第一六六—一六七頁。

〔四七〕《國榷》卷九十六，崇禎十一年二月丁未，第五八〇一頁。

〔四八〕《石匱書後集》卷十三《黄景昉傳》，第九九頁。

〔四九〕《明史》卷二五一《黄景昉傳》，第六五〇三頁。

〔五〇〕《國榷》卷九十七，崇禎十三年四月辛酉，第五八六二頁。

〔五一〕因其經筵時，以黄道周繫獄事規勸崇禎皇帝，故其題補經筵官必在是年八月之前。

〔五二〕《國史唯疑》卷八，第二四四頁。

〔五三〕〔明〕陳鎬撰，〔清〕孔胤植補：《闕里志》卷二三，國家圖書館藏清刊本。

〔五四〕〔明〕吴甡：《憶記》卷三，《四庫禁毁書叢刊》史部第七一册，第七一三頁。

〔五五〕〔清〕李遜之：《崇禎朝野紀》，《臺灣文獻叢刊》第二五〇種，臺北：大通書局，一九八四年，第一四二頁。

〔五六〕〔清〕孫承澤著，王劍英點校：《春明夢餘録》卷十四《祈穀紀》，北京：北京古籍出版社，一九九二年，第二〇四—二〇五頁。

〔五七〕《國榷》卷九十八，崇禎十五年九月丙子、辛巳，第五九四一、五九四二頁。

〔五八〕《國榷》卷九十八，崇禎十五年九月庚寅，第五九四三頁；卷九十九，崇禎十六年十月庚午，第五九九五頁；崇禎十六年十一月辛亥，第六〇〇二—六〇〇三頁。

〔五九〕《國榷》卷九十八，崇禎十五年五月甲申，第五九二七頁。

〔六〇〕〔明〕李清著，顧思點校：《三垣筆記》附識中《崇禎》，北京：中華書局，一九八二年，第二〇〇頁。

〔六一〕《春明夢餘録》卷四十八《都察院》，第一〇五七頁。

〔六二〕《國榷》卷九十八，崇禎十五年七月乙亥，第五九三四頁。

〔六三〕《憶記》卷四，第七一六頁

〔六四〕《玉堂薈記》卷下，第五五頁。

〔六五〕《三垣筆記》附識中《崇禎》，第二〇一—二〇二頁。

〔六六〕《國榷》卷九十八，崇禎十五年六月辛酉，第五九三一頁。

〔六七〕〔清〕夏燮撰，沈仲九標點：《明通鑒》卷八十八，莊烈崇禎十五年，北京：中華書局，二〇〇九年，第三四六二頁。

〔六八〕《明史》卷二五四《李日宣傳》，第六五五六七頁；《國榷》卷九十八，崇禎十五年七月庚午、乙亥、甲午，第五九三三、五九三四、五九三六頁。

〔六九〕《國榷》卷九十八，崇禎十五年十月戊午，第五九四五頁。

〔七〇〕〔清〕錢謙益著，錢仲聯標校：《牧齋初學集》卷八十七《奏疏議》，上海：上海古籍出版社，一九八五年，第一八三三—一八三六頁。

〔七一〕此記載亦見〔清〕全祖望撰，朱鑄禹彙校集注，《鮚埼亭集内編》卷十《明太傅吏部尚書文淵閣大學士華亭張公神道碑銘》，《全祖望集彙校集注》，上海：上海古籍出版社，二〇〇〇年，第二〇三頁。

〔七二〕《國榷》卷九十九，崇禎十六年五月丙申，第五九七三—五九七四頁。

〔七三〕《崇禎實録》卷十六，崇禎十六年五月丁巳，第四七七頁。

〔七四〕《三垣筆記》卷中《崇禎》，第六七頁。

〔七五〕〔清〕孫承澤輯，裘劍平校點：《山書》卷十七《用人聽言》，杭州：浙江古籍出版社，一九八九年，第四五五頁。

〔七六〕《國榷》卷九十九，崇禎十六年八月乙丑，第五九八六頁。
〔七七〕《玉堂薈記》卷下，第七〇八頁。
〔七八〕楊正泰的《明代驛站考》所載的《明代驛路圖》從北京至福建的路線與黄景昉的路線相同。（楊正泰：《明代驛站考》，上海：上海古籍出版社，二〇〇六年，第一一二—一一九頁。）
〔七九〕參見朱曦林：《黄景昉〈宦夢録〉史料價值初探》，《古代文明》二〇一五年第三期。
〔八〇〕《思文大紀》卷一，第一三頁。
〔八一〕〔清〕計六奇撰，任道斌、魏得良點校：《明季南略》卷七《文武諸臣》，北京：中華書局，一九八四年，第三〇四頁。
〔八二〕《思文大紀》卷三，第四五頁
〔八三〕錢海岳：《南明史》卷二十三《宰輔年表》，北京：中華書局，二〇〇六年，第一三六一頁；卷四十一《黄景昉傳》，第一九九四頁。
〔八四〕《思文大紀》卷五，第九一頁
〔八五〕〔清〕温睿臨原本，李瑶勘定：《南疆繹史》卷三《唐王》，《臺灣文獻叢刊》第一三二種，臺北：大通書局，一九八七年，第四四頁。亦見《明季南略》卷八《清軍從容過嶺》，第三二五—三二六頁。
〔八六〕〔清〕温睿臨：《南疆逸史》卷二十，北京：中華書局，一九五九年，第一三九—一四〇頁。
〔八七〕《（道光）晉江縣志》卷十二《古跡志》，第二七八頁。

〔八八〕〔清〕陳壽祺等撰：《(同治)福建通志》卷二六八《國朝外紀》，臺北：華文書局，一九六八年，第五〇八三頁。亦見邵廷采《東南紀事》。〔清〕邵廷采：《東南紀事》卷十一《鄭成功上》，《臺灣文獻叢刊》第九六種，第一三四頁）

元明史料筆記叢刊　書目

南村輟耕録
〔元〕陶宗儀

草木子
〔明〕葉子奇

菽園雜記
〔明〕陸容

歸潛志
〔金〕劉祁

萬曆野獲編
〔明〕沈德符

水東日記
〔明〕葉盛

戒庵老人漫筆
〔明〕李詡

典故紀聞
〔明〕余繼登

玉堂叢語
〔明〕焦竑

寓圃雜記　穀山筆麈
〔明〕王錡　〔明〕于慎行

四友齋叢説
〔明〕何良俊

治世餘聞　繼世紀聞　松窗夢語
〔明〕陳洪謨　〔明〕張瀚

廣志繹
〔明〕王士性

今言
〔明〕鄭曉

三垣筆記
〔明〕李清

庚巳編　客座贅語
〔明〕陸粲　〔明〕顧起元

賢博編　粵劍編　原李耳載

〔明〕葉權　〔明〕王臨亨　〔明〕李中馥

玉鏡新譚

〔明〕朱長祚

山志

〔清〕王弘撰

雙槐歲鈔

〔明〕黄瑜

棗林雜俎

〔清〕談遷

玉光劍氣集

〔清〕張怡

五岳游草　廣志繹

〔明〕王士性

玉堂嘉話　山居新語

〔元〕王惲　〔元〕楊瑀

陶庵夢憶　西湖夢尋

〔明〕張岱

震澤先生別集

〔明〕王鏊　王禹聲撰　〔明〕王永熙匯輯

桂勝　桂故

〔明〕張鳴鳳

宦夢録　館閣舊事

〔明〕黄景昉